Der innere Raum

Carlo Leget

# Der innere Raum

## Wie wir erfüllt leben und gut sterben können

## Eine Ars Moriendi für unsere Zeit

Übersetzt von Stephanie Stiel
Unter Mitarbeit von Jürgen Burkhardt

Mit einem Vorwort von Erhard Weiher

Patmos Verlag

**VERLAGSGRUPPE PATMOS**

PATMOS
ESCHBACH
GRÜNEWALD
THORBECKE
SCHWABEN
VER SACRUM

Die Verlagsgruppe
mit Sinn für das Leben

Für die Verlagsgruppe Patmos ist Nachhaltigkeit ein wichtiger Maßstab ihres Handelns. Wir achten daher auf den Einsatz umweltschonender Ressourcen und Materialien.


Verlagsgruppe Patmos in der Schwabenverlag AG, Ostfildern
www.patmos.de
This translation of *Art of Living, Art of Dying* is published by arrangement with Jessica Kingsley Publishers Ltd, www.jpk.com


Umschlaggestaltung: Finken & Bumiller, Stuttgart
Satz: Schwabenverlag AG, Ostfildern
Druck: GGP Media GmbH, Pößneck
Hergestellt in Deutschland
ISBN 978-3-8436-1268-5

# Inhalt

# Vorwort zur deutschen Ausgabe

Schon in den 1920er-Jahren entstand in den USA eine Seelsorgebewegung, die Anfang der Sechziger niederländische Kollegen nach Europa brachten – und mit Verzögerung auch nach Deutschland. Diese neue Sicht von Seelsorge suchte nicht zuerst nach Möglichkeiten theologischer Verkündigung am Krankenbett. Sie lenkte die Aufmerksamkeit vielmehr darauf, was in der Seele von Menschen selbst vorgeht, wenn sie krank sind oder in Krisen geraten. Schon allein der Respekt für diesen „Import" und Transfer aus den Niederlanden motiviert mich, für das Buch von Carlo Leget ein Vorwort zu schreiben. Hinzu kommt, dass wir seit mehr als zehn Jahren in den Niederlanden in vielen Masterclass-Kursen zu Spiritual Care tätig sind. Dort fließen dann auch weiterentwickelte Konzepte aus Deutschland zurück in die Niederlande, und niederländische Ideen – siehe dieses Buch – befruchten die hiesige Szene. Carlo Leget ist im internationalen Kontext sehr präsent. Für Modelle von Spiritual Care ergeben sich daraus Brücken zwischen verschiedenen spirituellen Kulturen und Traditionen.

Ein Blick auf die Forschungs-, Praxis- und Ausbildungslandschaft zeigt, dass Modelle und Ausgestaltungsmöglichkeiten von Spiritual Care sich erst langsam etablieren und noch sehr in Entwicklung sind. Die Arbeiten sind noch rar, die nicht nur das Feld umreißen, sondern auch für die Berufspraxis erschließen. Hier legt das Buch von Carlo Leget beispielhaft eine theoretisch fundierte wie anwendungstaugliche Konzeption für die Begleitung von schwerem Schicksal betroffener Menschen vor. Man kann sicher sagen, dass in vielen Kulturen der Welt die Menschen schon immer eine „Sprache" und eine Ars Moriendi entwickelt haben, um dem Schicksal des unausweichlichen Todes zu begegnen. Nachdem allerdings in der Entwicklung der modernen Medizin die „Sprache" um Sterben und Tod verlorengegangen und die „Seele" aus der Vorstellungswelt der Humanwissenschaften, erst recht der Medizin, verschwunden war, hat erst die Psychologisierung ab den 1970er-Jahren durch Elisabeth Kübler-Ross und andere die Aufmerksamkeit auf die Dynamik in der Innenwelt der betroffenen Menschen gelenkt. Zwar konnte und kann die Medizin die „Außenseite" des Menschen behandeln. Für das Nichtmachbare und Unabwendbare am Schicksal bietet die instrumentelle Logik der Medizin keinen angemessenen Handlungsrahmen. Dafür braucht es einen eigenen Verständnis- und Begegnungsrahmen. Elisabeth Kübler-Ross war Psychiaterin. Sie hat verständlicherweise ihre Phasenlehre zunächst in psychologisch-psychiatrischer Sprache formuliert. Auch die Seelsorge dieser Zeit hat ihre Aufgabe vorwiegend als psychologisch orientierte Beziehungsarbeit und noch nicht als Raum für spirituelle – nicht nur religiöse – Kommunikation verstanden. Zur Zeit der neuen Seelsorgebewegung hatte „Spiritualität" noch keine der Postmoderne angemessene Bedeutung und erst recht keine Konjunktur wie später im Kontext von Medizin und Pflege. Mit der (Wieder-)Entdeckung der

Wichtigkeit der Spiritualität vor allem in der Konzeption der Palliativmedizin ist die Herausforderung verbunden, Zugänge nicht nur für die psychische und soziale, sondern vor allem für die existenzielle und spirituelle Dimension der Menschen zu finden, um sie auf ihren Krankheits- und Sterbewegen begleiten zu können. Mit dem Verlust der „Seele" als „Ort" für das Existenzielle muss ein neues Verstehen und eine kundige Umgangsmöglichkeit, also eine neue „Kunst" gefunden werden, um Menschen in ihrer Auseinandersetzung mit ihrem Schicksal begleiten und unterstützen zu können. Hier ist es die höchst hilfreiche Idee von Carlo Leget, das Paradigma vom „inneren Raum" vorzuschlagen, gleichsam als „Stellvertreter" für die von der Wissenschaft aufgegebene „Seele". Dieser Raum ist für ihn nun allerdings nicht inhaltsleer, wie ja auch die Seele nicht leer ist. Vielmehr ist er der „Ort" für den spannungsreichen und polyphonen Prozess, den Menschen in der Auseinandersetzung mit ihrem Leben und Sterben durchmachen. Im vorletzten Kapitel zeigt Carlo Leget auf, wie das Ars-Moriendi-Modell durchaus nicht religionsneutral bleiben muss, sondern auf den christlichen Glauben bezogen sein und dadurch eine transzendente Vertiefung erfahren kann.

Das Modell von Carlo Leget hat vielfältige Vorzüge:

- Es zeigt auf überzeugende Weise, wie eine Ars-Moriendi-Konzeption zu einer Erweiterung und Vertiefung einer Spiritual-Care-Praxis beitragen kann.
- Es ist anschlussfähig für Menschen mit wie ohne bewusste und praktizierte Spiritualität bzw. Religiosität.
- Es gibt einer Dimension einen Namen, der auch den patientenversorgenden Berufen in einer säkularen

Welt etwas sagt und mit der sie in ihrer Praxis etwas anfangen können.

- Es ist ein anthropologischer Ansatz, der die Grundthemen des Menschseins und aller Spiritualitäten und Religionen aufgreift und dafür einen gemeinsamen Verstehenshorizont schafft.
- Es gibt keine festen Inhalte einer Ars Moriendi vor, weder moralisiert noch idealisiert es, sondern gibt der je einzigartigen Dynamik von Menschen und allen möglichen existenziellen Fragen Raum.
- Es ist gerade auch für die Seelsorge ein wichtiges Modell dafür, wie Spiritual Care nicht einfach religionsfern zu verstehen ist, sondern dem Anliegen eines anspruchsvollen (und religionskompatiblen) Spiritualitätsverständnisses ausdrücklich gerecht werden kann.

Carlo Leget versteht es, in vielen Fallbeispielen ein Praxisfeld zu entfalten, das in der Postmoderne einer Ars Moriendi ein aktuelles und nachvollziehbares Gesicht verleiht. Ich wünsche diesem Buch viele interessierte Leserinnen und Leser: sowohl Menschen, die ihr eigenes Dasein tiefer verstehen wollen als auch die Angehörigen der Gesundheitsfachberufe. Dieses Buch hilft den beruflich Betroffenen, ihr Tun nicht nur als funktionelle, sondern letztlich als spirituelle Praxis erfahren zu können. Nicht zuletzt sei es allen Seelsorgenden empfohlen, weil es „Spiritualität" in einer sehr weiten, aber den existenziellen Herausforderungen am Ende des Lebens angemessenen Bedeutung vorstellt und entfaltet.

*Mainz, im November 2020*
Dr. Erhard Weiher

# Einleitung

Nach einem meiner Vorträge in Deutschland kam eine ältere Frau auf mich zu und sah mich an, als hätte sie ein Wunder gesehen. „Gütiger Gott, Sie leben!“, sagte sie. Als ich sie überrascht anlächelte, erklärte sie: „Ich hatte Ihren Namen schon einmal in Bezug auf die Ars-Moriendi-Tradition gelesen, aber irgendwie war ich zu dem Schluss gekommen, dass Sie jemand sein müssten, der vor langer Zeit, im Mittelalter, gelebt hat.“

In gewisser Weise hatte diese Frau mehr Recht als sie ahnte. Denn tatsächlich lebte ich seit vielen Jahren im Mittelalter, zumindest beruflich. Nach dem Theologiestudium in den 1980er-Jahren begann ich mit meiner Dissertation über die Theologie des heiligen Thomas von Aquin (Leget 1997). Über mehrere Jahre las ich jeden Tag lateinische Texte aus dem 13. Jahrhundert und quälte meinen Geist, um die feinen Unterscheidungen und tiefen Einsichten des „engelsgleichen Lehrers“ zu verstehen. Ich war fasziniert von der Art und Weise, wie der Aquinate das menschliche Denken an seine Grenzen brachte, um Gottes Unbegreiflichkeit zu würdigen. Dabei kam ich zu der Überzeugung, dass Thomas falsch interpretiert worden war, indem man ihn in späteren Jahrhunderten als Architekt einer theologischen „Treppe zum Himmel“ bezeichnete. Für mich selbst war er der denkbar beste Lehrer für die Suche nach Antworten auf meine damaligen zentralen Lebensfragen: Was ist der Zusammenhang zwischen dem Leben auf Erden und dem ewigen Leben?

Warum ist diese Information über meinen Werdegang wichtig? Weil jeder Text das Ergebnis eines großen und eigentlich unzugänglichen Prozesses der Intertextualität ist, da er in einem bestimmten Kontext geschrieben wird. Dieses Buch ist keine Ausnahme. Und um zu verstehen, was ich in diesem Buch zu tun versuche, ist es wichtig, ein wenig mehr über seine Entstehung zu sagen.

Ich bin in den Niederlanden geboren und aufgewachsen, wo ich auch heute noch lebe und arbeite. Zu der Zeit, in der ich die Theologie des 13. Jahrhunderts studierte, das war in den letzten beiden Jahrzehnten des zwanzigsten Jahrhunderts, entwickelte sich in Holland gerade eine spezifische Kultur zu den ethischen Fragen im Blick auf das Lebensende (Kennedy 2002; Leget 2013a; Schotsmans und Meulenbergs 2005). Die heftigen Debatten, von denen damals in den Medien häufig berichtet wurde, führten im Jahr 2001 schließlich zur weltweit ersten Gesetzgebung über Sterbehilfe und ärztlich assistierten Suizid. Aus meiner „mittelalterlichen" Perspektive heraus fiel mir auf, dass die Befürworter des Rechts auf Sterbehilfe in diesen Debatten versuchten, alle Bezüge zu Religion oder Spiritualität so weit wie möglich auszuklammern. Auf typisch niederländisch-pragmatische Weise wurde das Thema Sterbehilfe als eine Angelegenheit von freien, toleranten Bürgerinnen und Bürgern angesehen, bei der die spirituellen Überzeugungen im privaten Bereich verbleiben sollten. Zugespitzt kann man sagen, dass Sterbehilfe in diesen Diskussionen unter Intellektuellen als Zeichen von Aufgeklärtheit verstanden wurde. Demgegenüber wurden diejenigen, die Zweifel äußerten oder dagegen waren, als unvernünftig oder in abwertender Weise als religiös tituliert. Der Prozess des Sterbens entwickelte sich so zu einer neuen Art von säkularem Dogmatismus.

Nach meiner Promotion im Jahr 1997 begann ich mit einer empirischen Forschung in zwei Rotterdamer Pflegeheimen. Mein Ziel war es, eine Brücke zu schlagen zwischen den Diskussionen über das Lebensende in den Niederlanden und der vergessenen Weisheit des Mittelalters. Die zeitliche Distanz von mehr als sieben Jahrhunderten war allerdings enorm und die wechselseitige Betrachtung von Texten aus dem 13. Jahrhundert und den Lebenskontexten von Patienten des 20. Jahrhunderts war so inspirierend wie verwirrend.

Meine empirische Forschung bestand aus teilnehmenden Beobachtungen. Viele Monate lang war ich in die Betreuung schwerkranker und sterbender Patienten eingebunden und wurde herausgefordert, das bisher aus theoretischer Sicht Gelernte zu überdenken. Dabei erwies sich Thomas von Aquin unerwartet als inspirierender Mentor. Wenn ich zwei Dinge hervorheben sollte, die ich von diesem mittelalterlichen Autor gelernt habe, so wären es sein Respekt vor den Grenzen der menschlichen Vernunft und die Achtung, die er seinen Gegnern entgegenbrachte. In seinen theologischen und philosophischen Studien ist Thomas von Aquin ständig bestrebt, aus dem zu lernen, was er auf den ersten Blick für falsch hält. Diese Aufgeschlossenheit bereitete ihm übrigens in seiner Zeit viele Probleme.

Je mehr ich mich in die Betreuung von Patienten und deren Familien einbrachte, desto mehr beeindruckte mich, wie bedeutsam Offenheit und innere Freiheit sind, wenn es darum geht, wirklich aufmerksam zu sein für das, was Menschen erleben. Aber ich habe auch gelernt, dass, angesichts von etwas so Unverständlichem wie dem Tod, unser Verstand ständig dazu neigt, uns Streiche zu spielen. Es ist schwer, all die Unsicherheiten und Unklarheiten zu ertragen, die im Zusammenhang mit dem Sterbeprozess aufkommen können, aber vielleicht ist gerade das Ertragen der humanste Weg, um mit dem umzugehen, was uns als Menschen in einer solchen Situation ausmacht. Meine Erkenntnisse brachten mich dazu, das Konzept vom „inneren Raum“ zu entwickeln. Dieses Bild wurde für meinen Zugang zum Sterbeprozess zur zentralen Metapher. Es half mir, mit der inneren Polyphonie umzugehen, mit den vielen verschiedenen inneren Stimmen, denen man im Umgang mit dem Lebensende begegnen kann.

Auf der Suche nach einem Weg, meine Gedanken zum Konzept des inneren Raums weiter zu entwickeln, stieß ich auf die Tradition der Ars Moriendi aus dem 15. Jahrhundert. Diese Tradition sprach mich besonders wegen ihrer Einfachheit und Ehrlichkeit an. Ich war fasziniert von der Idee, dass diese Sterbekunst dazu gedacht war, den sterbenden Patient*innen und nicht ihren Begleiter*innen zu helfen. Und ich erkannte bald, dass wir in unserer zeitgenössischen Kultur mit denselben existenziellen Fragen zu tun haben, obwohl natürlich die Kontexte ganz anders sind. Ich behielt die in der mittelalterlichen Ars Moriendi beschriebenen Spannungsfelder bei, verwandelte sie jedoch in eine Mehrstimmigkeit und entwickelte dadurch ein Konzept, das auch Patient*innen des 21. Jahrhunderts sowie berufliche und ehrenamtliche Begleiter*innen im Umgang mit dem Lebensende unterstützen konnte. Meine erste Monografie über dieses Konzept wurde 2003 veröffentlicht und 2012 aktualisiert. Mein zweites Buch wurde 2008 veröffentlicht. Beide Bücher wurden mehrfach nachgedruckt und fanden sowohl bei den Begleitenden als auch in der Allgemeinbevölkerung großen Anklang (Leget 2003, 2008). Ich bin zu der Überzeugung gekommen, dass dieses Ars-Moriendi-Modell eine zugängliche und verständliche Sprache für den Umgang mit den großen Fragen zu Leben und Tod bieten kann. In den letzten fünf Jahren wurde das Modell in einer Reihe von Pflegeeinrichtungen und ebenso in der Pflegeausbildung eingesetzt und ist Gegenstand wissenschaftlicher Forschung. Die vorliegende Publikation baut sowohl auf bereits erschienenen niederländischen Büchern als auch auf bislang veröffentlichten Texten auf.

Der Aufbau dieses Buches ist wie folgt: Im *ersten Kapitel* wird der Kontext des „westlichen" Sterbens im 21. Jahrhundert skizziert. Ich werde darlegen, dass der Tod uns sozusagen „viele Streiche spielt", während unsere Kultur in weiten Bereichen gleichzeitig versucht, uns vom Gegenteil zu überzeugen. Im *zweiten Kapitel* steht die mittelalterliche Ars-Moriendi-Tradition im Mittelpunkt und zwar als hilf- und lehrreicher Kontrast zu unserer Zeit. Ich möchte zeigen, inwiefern wir im Wesentlichen immer noch mit den gleichen Fragen zu tun haben wie die Menschen vor sechs Jahrhunderten. Dabei wird sich auch zeigen, dass wir inzwischen zwar viele neue Lösungen gefunden, aber dadurch auch neue Probleme geschaffen haben. Wenn wir zwei wichtige Anpassungen vornehmen, kann uns das mittelalterliche

Ars-Moriendi-Modell heute hilfreich sein. Die erste Anpassung ersetzt das Ziel eines gesegneten Todes, auf den die mittelalterliche Kunst des Sterbens ausgerichtet war, durch das Konzept des inneren Raums. Die zweite Anpassung ist die Transformation der zweipoligen Spannung von Himmel und Hölle in eine Polyphonie von fünf zentralen Lebensthemen, die heute relevant sind. Das *dritte Kapitel* konzentriert sich auf das Konzept des inneren Raums und die Möglichkeiten, ihn zu erleben und zu fördern. Die *Kapitel vier bis acht* widmen sich den fünf zentralen Themen Autonomie, Leiden, Abschied, unerledigte Dinge und Hoffnung. Alle diese Kapitel haben eine ähnliche Struktur. Nachdem ich das zentrale Thema des Kapitels anhand eines Falles vorgestellt habe, werde ich Kernfragen herausarbeiten und mich dabei auf unsere zeitgenössische Kultur konzentrieren. Ich möchte zeigen, inwiefern das jeweilige Kapitelthema in unseren heutigen Kontexten oft einseitig behandelt wird. Indem wir dieses Thema dann in Form einer Spannung zwischen zwei entgegengesetzten Polen neu beschreiben, entdecken wir, wie man den inneren Raum für die Auseinandersetzung mit dem Thema weiterentwickeln kann. Nachdem ich alle fünf Themen auf diese Weise diskutiert habe, komme ich im *neunten Kapitel* zu der Frage, wie das Ars-Moriendi-Modell aus religiöser Sicht angewendet werden kann. Im *letzten Kapitel* diskutiere ich verschiedene Möglichkeiten der konkreten Arbeit mit dem Ars-Moriendi-Modell.

Niederländer*innen tun sich schwer, Autoritäten zu akzeptieren. Und obwohl ich meinen höchsten Respekt vor einem italienischen Denker des 13. Jahrhunderts eingestanden habe, bin ich wohl doch holländischer, als ich dachte. Dies könnte den Leser*innen helfen zu verstehen, wie dieses Buch ausgerichtet ist. Es fokussiert nämlich nicht auf eine scharfe Unterscheidung zwischen gut und böse, richtig oder falsch und auch nicht auf den Gegensatz zwischen dem, was man tun, und dem, was man unterlassen soll. Meine Absicht ist es vielmehr, mit diesem Buch einen Raum der Reflexion zu schaffen, der zu mehr innerer Freiheit verhilft. Ich werde daher Entwicklungen in unserer zeitgenössischen nordatlantischen Kultur kritisch hinterfragen, die uns unserer inneren Freiheit berauben und deren Auswirkungen auf uns reduktionistisch sind. In dieser Hinsicht nimmt dieses Buch eine moralische Position ein, und obwohl ich nicht beabsichtige, hier für oder gegen heikle moralische Fragen wie Sterbehilfe oder ärztlich assistierten Suizid zu argumentieren, halte ich meine Position keineswegs für relativistisch. In meinen Augen ist die Gesprächsqualität bei der Diskussion über diese Themen wichtiger als das Ergebnis. Sie sollte sich durch Offenheit, Ehrlichkeit und innere Freiheit auszeichnen.

Ich arbeite nun schon viele Jahre an diesem Thema und habe so vielen Menschen zu danken, dass ich gar nicht den Versuch unternehmen möchte, alle Namen aufzulisten. Es gibt jedoch eine Ausnahme: meine große Liebe und Inspiration Stephanie Stiel, die mir den Raum und die Unterstützung bot, dieses Buch zu schreiben und die sogar die Übersetzung ins Deutsche übernommen hat. Ich hoffe, dass dieses Buch als Ausdruck meiner Dankbarkeit geschätzt wird und ein Modell zur Verfügung stellt – übrigens betrachte ich dieses nicht als mein geistiges Eigentum, sondern als das der westlichen Kultur insgesamt –, von dem Menschen profitieren können, wenn sie vor ihrem eigenen Lebensende oder dem Lebensende derjenigen stehen, die sie begleiten. Dazu gehören auch die vielen Patient*innen, mit denen ich gearbeitet habe und die mich inspiriert haben, ihre Geschichten in diesem Buch aufzuschreiben.

Als ich im Sommer 2016 die englische Ausgabe dieses Buches schrieb, wurde bei meiner jüngeren Schwester Angelique („Liek“) Krebs diagnostiziert. Sie starb völlig unerwartet nach nur einer Woche. Der Verlust ist immens. Ich widme ihr dieses Buch in liebevoller Erinnerung.

Carlo Leget

## Kapitel 1
## Wie der Tod uns einen Streich spielt

Nach dem altgriechischen Philosophen Aristoteles ist der Tod das größte Übel, das einem Menschen widerfahren kann – und seine Theorie wurde unzählige Male von anderen wiederholt. Wie immer hat Aristoteles hier irgendwie recht, denn im Blick auf das unterschiedliche Ausmaß von zerstörerischen Ereignissen, die unser Leben betreffen können, ist der Tod das radikalste, weil es die Zerstörung der Person selbst ist. Aber vielleicht brauchen wir gar keinen so großen Geist wie den des Aristoteles, um uns davon zu überzeugen, dass der Tod nichts Gutes ist. Jeder, der eine verstorbene Person wirklich geliebt hat, weiß aus eigener Erfahrung, wie einschneidend ein Tod sein kann. Der Tod ist das Gegenteil vom Leben. Und obwohl wir wissen, dass alles, was lebt, zum Sterben geboren wird, hilft uns dieses Wissen nicht weiter, wenn wir einen schrecklichen Verlust erfahren. Der Tod lässt uns leiden und es gibt kein Entrinnen.

Angesichts der unausweichlichen Grausamkeit des Todes könnte so etwas wie eine Ars Moriendi oder die Kunst, gut zu sterben (Laager 1996) ein beruhigender Gedanke sein. Der Begriff könnte einen gewissen Reiz haben, weil er zu versprechen scheint, dass es einen Ausweg aus einer ganz menschlichen, hoffnungslosen Situation gibt. Wenn das Sterben als Kunst verstanden wird und erlernt werden kann, wird der Tod vielleicht nicht mehr so grausam und schrecklich sein. Gleichzeitig mag die Idee einer Kunst des Sterbens lächerlich klingen. Wie kann der Umgang mit unserem unausweichlichen, unglücklichen Ende mit etwas so Edlem wie einer Kunst verbunden sein? Ist der Ausdruck „Kunst des Sterbens“ möglicherweise nicht mehr als ein irreführender Euphemismus? Ein billiger Trick, um etwas Schreckliches als etwas Edles zu verkaufen?

Nach einem meiner Vorträge äußerte sich eine junge Frau nachdenklich: „Es ist merkwürdig“, sagte sie, „dass man über den Tod sprechen kann, denn er scheint doch gleichzeitig von einer Art Membran umgeben zu sein. Es ist, als ob man ihn nicht wirklich berühren kann. Du kannst versuchen zu realisieren, dass du eines Tages selbst sterben wirst, aber es bleibt dennoch etwas weit Entferntes. Selbst wenn du jemanden im Sterben erlebst, ist es immer noch diese andere Person, die stirbt und nicht du selbst. Ist das nicht seltsam? Es scheint, als hätten wir einen angeborenen Schutz vor dem Tod.“ Ohne es zu wissen, hatte diese junge Frau einen Gedanken formuliert, den der Schriftsteller François Larochefoucauld (2002) bereits im 17. Jahrhundert zum Ausdruck gebracht hat: „Weder die Sonne noch der Tod können ständig betrachtet werden.“ Der Tod blendet unser rationales Denken. Die direkte Auseinandersetzung mit ihm kann uns nur verwirren. Wir können uns nur indirekt nähern, denn er spiegelt sich in den Prozessen von Verlust, Verfall und Tod (Dastur 1995; Jankelevich 1966).

Bevor wir beginnen, eine Kunst des Sterbens für das 21. Jahrhundert zu entwickeln, schlage ich vor, etwas zu tun, was der französische Philosoph Paul Ricœur als „Hermeneutik des Verdachts" geprägt hat. Das bedeutet, dass ich in diesem Kapitel über die Fallstricke und Grenzen eines solchen Vorhabens nachdenken werde. Denn es gibt eine Sache, die ich um jeden Preis vermeiden möchte: eine schöne Geschichte anzubieten, die nur so lange tröstet, wie dieses Buch gelesen wird, sich aber als nutzlos erweist, wenn der Tod im wirklichen Leben an unsere Tür klopft. Lassen Sie uns daher einen genaueren Blick darauf werfen, was der Tod ist und inwiefern er uns einen Streich spielt.

## Angst vor dem Tod

Dass Menschen Angst vor dem Tod haben, scheint eine natürliche Sache zu sein. Der Tod wird gedanklich oft mit Schmerz und Leid verbunden – und das zu Recht. Denn im Sterbeprozess scheinen wir alles zu verlieren, was wir haben und sind. Wir wissen nicht, was als nächstes kommt oder, noch schlimmer, ob es nach dem Tod überhaupt etwas gibt. Deshalb wird der Tod in alltäglichen Gesprächen eher vermieden. Eine Freundin von mir, die in der Palliativmedizin arbeitet, erzählte, dass ihre Eltern mit ihr nicht über ihre Arbeit sprechen wollen. Jedes Mal, wenn es um ihr Berufsleben geht, breitet sich im Raum eine peinliche Stille aus. Es gibt also scheinbar Dinge, über die man reden kann, und andere, über die man besser schweigen sollte.

Aber wenn wir Angst vor dem Tod haben, wovor genau haben wir dann Angst? Psycholog*innen untersuchen die Angst vor dem Tod seit Jahrzehnten. Ein kurzer Blick auf die von ihnen verwendeten Skalen kann uns einen Eindruck davon vermitteln, worum es geht.

Die Collett-Lester-Todesangst-Skala (Collett und Lester 1969) zum Beispiel unterscheidet im Blick auf die Angst vor dem Tod zwischen zwei Schlüsseldimensionen, die beide je zwei Seiten haben. Die erste Dimension betrifft das Spannungsfeld zwischen dem Zustand des Totseins und dem Prozess des Sterbens. Die zweite Dimension betrifft den eigenen Tod im Vergleich zum Tod anderer. Wenn man beide Dimensionen kombiniert, erhält man vier Aspekte zur Angst vor dem Tod: *das eigene Totsein* (z. B. im Tod völlig isoliert zu sein, die Kürze des eigenen Lebens, niemals mehr denken oder erleben können), *der eigene Sterbeprozess* (z. B. Schmerzen im Sterben, intellektuelle Degeneration, mangelnde Kontrolle über den Prozess, Trauer der anderen), *der Tod anderer* (z. B. jemanden verlieren, nie wieder kommunizieren können, sich ohne diese Person einsam fühlen), *der Sterbeprozess anderer* (z. B. eine Person leiden sehen, die mit jemandem zusammen sein muss, der im Sterben liegt).

Hier wird deutlich: Was wir normalerweise mit dem einen Wort „Todesangst" beschreiben, besteht tatsächlich aus einer ganzen Reihe von Phänomenen, die eng miteinander verbunden und schwer voneinander zu unterscheiden sind, da sie uns alle in ihren Bann ziehen. Die Angst vor dem Tod hat viele Gesichter und existiert in einer scheinbar unendlichen Vielfalt von Mischungen und Variationen. Unsere Angst vor dem Tod in den Griff zu bekommen, ist ein komplexes Unterfangen. Aber es gibt noch eine zweite Komplexität auf einer tieferen Ebene.

Wenn wir uns der Philosophie zuwenden, werden wir feststellen, dass im Existenzialismus eine Unterscheidung getroffen wird, die noch rätselhafter ist als die Skala zur Angst vor dem Tod. In Paul Tillichs klassischem Werk „Der Mut zum Sein" (1952) wird eine grundlegende Unterscheidung getroffen, die hilfreich ist, um zu verstehen, warum der Tod nicht ständig betrachtet werden kann: die Unterscheidung zwischen Furcht und Angst.

Furcht ist eine Emotion, die sich auf ein bestimmtes Objekt bezieht, das man kennen, analysieren und auf das man sich einstellen kann. Furcht kann überwunden werden, indem man mutig ist. Mut ist eine Tugend, und wie alle Tugenden kann diese Haltung entwickelt und trainiert werden, indem wir uns dem aussetzen, was wir fürchten. Das Wissen um das gefürchtete Objekt ist oft ein wichtiger Schlüssel zur Entwicklung der Tugend des Mutes. Wer sich z.B. vor dem Fliegen in Flugzeugen fürchtet, kann sich darüber informieren, dass Flugzeuge nicht in einem Hohlraum fliegen, sondern in der Luft schweben, die eine bestimmte Substanz hat, genau wie Wasser. Zu wissen, dass Flugzeuge also „von der Luft getragen" werden, kann helfen, das Gefühl zu nehmen, einem unbegreiflichen Phänomen ausgeliefert zu sein. Und dies wiederum kann helfen, den Mut zum Einsteigen in ein Flugzeug zu entwickeln und so zu erfahren, dass man Fliegen überleben kann.

Mit der Angst ist es anders: Sie hat kein Objekt. Oder genauer gesagt, das Objekt der Angst ist die Negation, die Verleugnung eines jeden Objekts. Angst ist etwas, gegen das wir machtlos und hilflos sind, weil wir sie nicht begreifen können. Wir können sie nicht analysieren, uns nicht auf sie einstellen und es gibt keine Tugenden, die wir dafür entwickeln könnten. Tillich arbeitet drei Arten von Angst heraus: die des Schicksals und des Todes (die Angst vor dem Tod), die der Leere und des Bedeutungsverlustes (die Angst vor der Sinnlosigkeit) und die der Schuld und Verurteilung (die Angst vor der Verurteilung). Diese drei bilden eine permanente existenzielle Bedrohung für unser Leben. Obwohl es um Angst geht, manifestiert sich diese Bedrohung als Furcht. Das ist kein Zufall: Aus einer Furcht heraus können wir zugreifen, weil es ein Objekt gibt. Dementsprechend reagieren wir auf den Tod: aus Furcht vor seiner Sinnlosigkeit.

Menschen können nämlich nicht ohne Sinn leben, wie Victor Frankl in der Hölle von Auschwitz entdeckte (Frankl 2006). Wir sind „uns selbst interpretierende Tiere", wie der kanadische Philosoph Charles Taylor es ausdrückt (1985). Bedeutung ist das, was uns am Leben hält und was uns hilft, mit dem umzugehen, was uns bedroht. Die Suche nach Bedeutung spielt immer eine Rolle, und obwohl wir die Sinnlosigkeit nicht ständig betrachten können – so wie wir den Tod nicht ständig betrachten können –, können wir doch mit ihr umgehen, indem wir feststellen, wie sich die Sinnlosigkeit in bestimmten Phänomenen widerspiegelt. Der Umgang mit dieser Reflexion und die Furcht davor ist eine natürliche Haltung, und zwar nicht nur eine individuelle, sondern ein Phänomen, das in der westlichen Gesellschaft vom Mittelalter bis heute sehr deutlich zu beobachten ist.

## Tod und Gesellschaft

Zwischen den 1950er- und 1980er-Jahren schien es in der westlichen Kultur eine allgemeine Übereinstimmung darüber zu geben, dass der Tod ein Tabu ist. Der französische Historiker Philippe Ariès hatte in seiner umfangreichen Monografie über fast 1000 Jahre westeuropäisches Sterben sogar Bezeichnungen dafür gefunden (Ariès 1991). Nach dem „gezähmten Tod" des frühen Mittelalters, in dem sich die Menschen in ihren letzten Stunden einer Akzeptanz des Todes annäherten, war es dann im späten Mittelalter üblich, sich auf den „eigenen Tod" als den Moment des göttlichen Gerichts zu konzentrieren. Ab dem frühen 18. Jahrhundert war es der Tod des anderen, „dein Tod", der im Mittelpunkt der Aufmerksamkeit stand und in den Todeskulten der Romantik gipfelte. Zu Beginn des 20. Jahrhunderts wurde der Tod schließlich zu einer Peinlichkeit, die sich in der Bezeichnung „verbotener Tod" ausdrückte. Immer mehr wurde der Sterbeprozess aus dem Familienkreis hinaus ins Krankenhaus verlagert. Das Leben wurde zunehmend als etwas angesehen, das ausschließlich glücklich sein sollte. Für alles, was zu viel mit Leiden, Verfall, Kummer und Trauer zu tun hatte, gab es keinen Platz mehr in der Gesellschaft.

Ariès wurde unter anderem für seine nostalgische Sicht auf das Sterben im frühen Mittelalter kritisiert, aber die Aussagen, die er über das Verbannen des Todes aus der Gesellschaft machte, fanden breite Zustimmung. Bereits in den 1950er-Jahren prägte der Anthropologe Geoffrey Gorer den Begriff „Pornografie des Todes", der auf etwas hinweist, von dem jeder wusste, dass es das gibt, von dem aber niemand zu sprechen wagte (Gorer 1965). Und bis zu Ernest Beckers berühmtem Buch „The Denial of Death" wurde die gleiche Botschaft auf viele verschiedene Arten wiederholt (Becker 1973; Simpson 1979).

In den gleichen Jahren, in denen Ariès sein berühmtes Werk schrieb, entstanden jedoch auch einflussreiche Bewegungen und Stimmen, die eine ganz andere Perspektive eröffneten. 1967 gründete Cicely Saunders, eine der Pionierinnen der modernen Palliativmedizin, das St. Christopher's Hospiz in London. Dieser Ort wurde zum Symbol für eine andere Haltung gegenüber dem Sterbeprozess: eine Haltung, die das Sterben nicht mehr beschämt in einem Krankenhaus versteckt, in dem alle Mühen allein auf die körperliche Heilung ausgerichtet sind, sondern eine Einstellung, die in einer fürsorglichen Umgebung mit aller Aufmerksamkeit auf den Umgang mit „total pain" schaut. 1969 veröffentlichte die schweizerisch-amerikanische Psychologin Elisabeth Kübler-Ross ihr bahnbrechendes Buch „Interviews mit Sterbenden". Darin gab sie denjenigen eine Stimme, die bis dahin am stärksten zum Schweigen gebracht und übergangen wurden: den sterbenden Patienten selbst (Kübler-Ross 1969). In den letzten 50 Jahren hat sich die Palliativmedizin in vielen Ländern zu einer beeindruckenden Bewegung entwickelt, die den Sterbeprozess wieder in die Gesellschaft und die Gemeinschaft zurückbringt. In vielen Ländern ist die Palliativmedizin zu einem spezialisierten medizinischen Fachgebiet geworden und in manchen Ländern wird sie sogar als eine wichtige Säule der allgemeinen medizinischen Versorgung angesehen. Bedeutet das alles, dass der Tod wieder „gezähmt" wurde und wir den Streichen entkommen sind, die der Tod uns spielt?

Schauen wir dazu auf einige interessante Studien, die seit dem Ende der 1980er-Jahre von Soziolog*innen und Anthropolog*innen zu der Frage veröffentlicht wurden, wie sehr zeitgenössische Gesellschaften und Individuen in den Paradoxien gefangen sind, die sich aus der Beschäftigung mit dem Tod ergeben. Tony Walter zum Beispiel spricht in seiner gleichnamigen Monografie von einer „Rückkehr des Todes“ (The Revival of Death). Diese Idee wird zunehmend von denjenigen Experten unterstützt, die genau wissen, was während des Sterbeprozesses passiert oder passieren sollte. Und ebenso auch von Menschen, die zwar kein besonderes Wissen über den Sterbeprozess haben, aber für das Recht kämpfen, selbst zu bestimmen, wie sie sterben, begraben oder eingeäschert werden wollen (Walter 1994).

Trotz aller Unterschiede haben beide Gruppen interessanterweise eines gemeinsam: Der Tod wird auf die eine oder andere Weise kontrolliert, entweder durch Professionalität oder durch autonome Willensbekundungen.

Bedeutet das, dass wir nach so vielen Jahrhunderten nun einen Punkt erreicht haben, an dem der Tod nicht mehr verdrängt oder verboten, sondern integriert und akzeptiert wird?

Manchmal sind die Dinge komplizierter, als es zunächst scheint. Um die tiefere Logik dieser Entwicklungen zu verstehen, ist es hilfreich, sich der Arbeit von Clive Seale (1998) zuzuwenden. Laut Seale verursacht der Tod aus soziologischer Sicht zwei Probleme: Die Stabilität der sozialen Strukturen ist bedroht und die Sicherheit unserer individuellen Existenz ist erschüttert. Daher ist Kultur per Definition ein gemeinschaftliches Bemühen, sich im Blick auf unsere körperliche Existenz von der Unvermeidlichkeit des Sterbens ab- und dem Leben zuzuwenden.

In diesem Zusammenhang ist es hilfreich, zwischen dem Tod als soziologischem Tabu und dem Tod als psychologischem Tabu zu unterscheiden. Aus soziologischer Sicht fällt es heute schwer zu behaupten, dass der Tod in unserer Gesellschaft immer noch ein Tabu ist. Denn der Tod ist in den Medien allgegenwärtig: Menschen sterben in Büchern, Tageszeitungen, Fernsehserien und Filmen, und in vielen Gesellschaften sind Diskussionen zur Selbstbestimmung im Blick auf das Sterben medial und politisch sehr präsent.

Aus psychologischer Sicht scheint der Tod jedoch immer noch etwas zu sein, das „von einer Art Membran umgeben" bleibt, wie die oben zitierte junge Frau sagte. Man kann sich hier die Frage stellen, ob das Bemühen, gegen den Tod als soziologisches Tabu anzugehen, nicht gleichzeitig den Tod als psychologisches Tabu bestätigt. Denn solange ich über den Tod anderer Menschen lese, schreibe und rede, muss ich mich nicht mit meiner eigenen Sterblichkeit auseinandersetzen. Solange ich für mein Recht zu sterben kämpfe, kann ich mich der Illusion hingeben, dass nicht der Tod mich kontrolliert, sondern ich den Tod kontrollieren könnte. Die Streiche, die der Tod uns spielt, sind also von sehr subtiler Art.

So müssen zwar der Tod als soziologisches Tabu und Tod als psychologisches Tabu voneinander unterschieden, aber gleichzeitig auch miteinander verbunden werden. Laut Seale sind drei Konzepte hilfreich, um zu verstehen, wie unsere Kultur vorgibt, den Tod unter Kontrolle zu haben. Das erste Konzept ist das der imaginären Gemeinschaften. Seit Jahrhunderten ist die Mehrheit der Menschen in Europa Teil einer solchen Gemeinschaft, die sich im Umgang mit der Sterblichkeit versucht. Die römisch-katholische Kirche zum Beispiel versteht sich als „Gemeinschaft der Heiligen“, in der die lebenden und die toten Mitglieder der Kirche geistlich miteinander vereint sind: die auf Erden, die im Himmel und diejenigen, die sich im „Fegefeuer“, also im Zustand der Reinigung, befinden. So schmerzhaft und traurig ein Sterbeprozess auch sein mag, man fällt nicht aus dieser imaginären Gemeinschaft heraus und bleibt immer zu dieser Kirche zugehörig. Darüber hinaus bietet diese Vereinigung die Möglichkeit, durch Gedenken, Gebet und Rituale in Kontakt mit den Verstorbenen zu bleiben. In jeder heiligen Messe wird die Grenze zwischen den Lebenden und den Toten aufgelöst: Die Gläubigen werden sozusagen Teil der Gemeinschaft des letzten Abendmahls, das vor 2000 Jahren in Jerusalem stattfand, und Menschen aus der lokalen kirchlichen Gemeinschaft, die vor Kurzem gestorben sind, werden im Gebet und in der Erinnerung mit einbezogen.

Obwohl Religion die expliziteste und anspruchsvollste Form einer imaginären Gemeinschaft ist, die hilft, mit dem Tod fertig zu werden, bietet die Gesellschaft viele ähnliche Möglichkeiten. In Zeiten von Konflikten und Kriegen ist der Nationalismus eine wichtige Bezugsquelle, um die Absurdität zu erklären, dass Menschen andere Menschen töten, die sie nicht einmal persönlich kennen. Diejenigen, die für ihr Land gestorben sind, werden gelobt und ins Gedächtnis gerufen, ihre Namen werden in Stein gemeißelt, um auszudrücken, dass ihr Opfer nie vergessen wird. Der Schmerz von Familien, die einen geliebten Menschen vermissen, wird dadurch kompensiert, dass man mit einer „höheren Sache“, der imaginären Gemeinschaft der Nation, verbunden ist.

Aber auch im täglichen Leben sind wir Teil vieler imaginärer Gemeinschaften wie zum Beispiel der Gesundheitsversorgung als Institution. Die Medizin sagt uns, wie wir ein gesundes Leben führen können. Wenn etwas schiefgeht, ist die Medizin da, um uns zu heilen. Wenn das nicht funktioniert, ist die Medizin da, um für uns zu sorgen, unseren Schmerz zu lindern, unser Leiden zu lindern. Und wenn der Sterbeprozess beginnt, übernehmen wieder Ärzt*innen die Kontrolle – entweder durch die Palliativmedizin oder (in manchen Ländern) durch ärztlich assistierten Suizid – und sie unterzeichnen den offiziellen Totenschein. Medizin basiert auf Wissenschaft. Wissenschaft ist rational und objektiv. Rationalität und Objektivität ermöglichen Vorhersagbarkeit und Kontrolle. Leben und Tod sind so unter Kontrolle.

Neben der Idee der imaginären Gemeinschaften – und die Beispiele können auf Lebensversicherungen, statistisch berechnete Risikogruppen und staatliche Politik ausgedehnt werden – führt Seale ein zweites Konzept ein: die Hoffnung, die mit einer gesellschaftlichen Rückkehr des Todes verbunden ist. Dieser Begriff stammt wie bereits erwähnt von Tony Walter und bezieht sich auf die Idee, dass der Tod nicht als Tabu, sondern als Möglichkeit zum Wachstum betrachtet werden sollte (Walter 1994). So verstanden, werden Sterben und Trauer zu besonderen Chancen für die persönliche Entwicklung. Es kann ein Nachdenken darüber entstehen, was überhaupt „gesund“ und „normal“ ist und menschliche Erfahrungen erscheinen so in einem ganz neuen Licht.

Wie das Modell der fünf Phasen der Trauer von Elisabeth Kübler-Ross (Verleugnung, Wut, Depression, Verhandlungen und Akzeptanz) Menschen in der Interpretation ihres eigenen Prozesses beeinflusst hat, ist eines der bekanntesten Beispiele für diesen Mechanismus (Kübler-Ross 1969). Die Akzeptanz wurde als letzte und finale Phase der Trauer interpretiert. Dies hatte eine normative Auswirkung: das Sterben zu akzeptieren schien nun eine Aufgabe zu sein, die jede*r Sterbende und Trauernde zu erreichen versuchen sollte.

Die gleiche implizite Normativität ist mit dem dritten Konzept verbunden, das Seale einführte, um zu verstehen, wie Gesellschaften versuchen, den Tod zu überwinden: wiederbelebende Praktiken (Seale 1998). Damit bezieht er sich auf alle Arten von Praktiken und Bräuchen, die darauf abzielen, das Leben zu erhalten und den Tod zu unterdrücken. Diese Praktiken verstehen den Sterbeprozess nicht als Naturereignis, sondern als Projekt oder inneres Abenteuer, das wir unternehmen müssen, um Sühne und Erfüllung zu erreichen.

Der gute Tod ist demnach ein starker, autonomer Tod. Seale analysierte ein Interview mit dem todkranken Dennis Potter, das im nationalen Fernsehen zu sehen war, und er zeigte, wie der berühmte Dramatiker als Abenteurer dargestellt wird, der entschlossen ist, seine letzte Entdeckungsreise zu unternehmen. Nicht Verfall, Verlust von Glanz und der Prozess der Kapitulation werden sichtbar, sondern Mut, Neugier und die Vitalität des Lebens.

Das Gegenteil eines solch „erfolgreichen“ Todes ist bei den Menschen zu finden, die in trostloser Einsamkeit sterben; bei den Menschen, die nicht in der Lage sind, ihre eigenen Entscheidungen zu treffen; bei schwerkranken Patient*innen, denen es nicht gelingt, kontaktfähig zu bleiben, weil sie durch ihre Krankheit schrecklich gezeichnet sind oder zu übel riechen, sodass sie durch ihre Erkrankung an den Rand der sozialen Akzeptanz gedrängt werden. Das sind die Situationen, die wir nicht sehen wollen. Sie werden weder im Fernsehen noch in den Zeitungen gezeigt und sie konfrontieren uns mit einer Seite des Sterbeprozesses, die zu keiner der von Seale genannten Strategien passt.

Aber haben wir nicht zuvor die Meinung vertreten, dass wir durch die Palliativmedizin auch auf Fälle wie diese eine Antwort haben, ein Sicherheitsnetz für all diejenigen, die womöglich nicht in das mehrheitsfähige Bild eines akzeptablen Sterbens passen? Die Frage ist, ob es für den palliativmedizinischen Ansatz Grenzen gibt, die unsere Bemühungen zur Kontrolle oder Zähmung des Todes infrage stellen und uns in einen Zustand der Verwirrung versetzen. Eine interessante Perspektive bietet hier eine Studie von Julia Lawton.

## Der Tod und der Körper

Julia Lawton untersuchte Erfahrungen von Patient*innen mit der Palliativmedizin und entdeckte einige interessante Ambivalenzen, die uns zum Nachdenken anregen können (Lawton 1998, 2000). Diese Ambivalenzen machen uns vorsichtiger und bewahren uns davor, eine zeitgenössische Ars Moriendi zu entwerfen, die naiv ist gegenüber den Streichen, die der Tod uns spielt. Der zentrale Vorschlag von Lawton passt gut zu dem, was wir aus der Arbeit von Clive Seale gelernt haben. Laut Lawton ist die Hospizbewegung in Großbritannien so beliebt, weil sie ein Bild des Todes vermittelt, das viele Menschen gerne teilen würden: der Tod als ein letztes Ereignis des Selbstausdrucks und der Selbstdarstellung. Lawton widersetzt sich diesem Bild, weil es ihrer Meinung nach nicht den wirklichen Erfahrungen und Kämpfen von Patient*innen entspricht. Damit stellt sich die folgende Frage: Wie kann ein Ansatz, der darauf abzielt, sterbende Patient*innen und ihre Familien zu unterstützen, zu Praktiken anleiten, welche dieses Ziel gar nicht erreichen?

Als Forscherin ist Lawton nicht daran interessiert, Menschen Schuld zuzuweisen. Sie will verstehen, wie gute Absichten scheinbar auf unerwartete und oft unerwünschte Grenzen stoßen. Das Problem besteht ihrer Meinung nach darin, dass in der westlichen Kultur eine Vorstellung vorherrscht, die den Menschen als einen rationalen Geist betrachtet, der den Körper benutzt, um sich selbst auszudrücken. Und obwohl die Palliativmedizin auf einer ganzheitlichen Anthropologie beruht, ist ihr Ursprung im Wesentlichen dualistisch, weil sie den Geist vom Körper trennt und über diesen stellt. Eine für die Palliativmedizin undenkbare Frage ist zum Beispiel, ob es passieren könnte, dass der Körper uns eine nicht verhandelbare Untergrenze aufzeigt, über die hinaus ein Leben nicht mehr möglich ist. Diese Frage ist (eigentlich) undenkbar, denn wenn wir das Zentrum der Menschlichkeit im Geist lokalisieren und vom Körper trennen, wird der Körper streng genommen nicht benötigt, damit das Leben wertvoll ist, geschweige denn, dass der Körper dem Leben des Geistes Grenzen setzt. Platon ist der Meinung, dass der Körper ein Gefängnis für die Seele ist.

Lawton sagt: Um die Perspektive eines Sterbenden zu verstehen, brauchen wir eine andere Anthropologie. Statt Platon sollten wir dem französischen Philosophen Maurice Merleau-Ponty (1945) folgen, der behauptet, dass wir nicht nur einen Körper (den Objektkörper) haben, sondern auch ein Körper (der Subjektkörper) *sind*. Es ist wichtig, beide Perspektiven im Blick auf den Körper zu beachten, und die große Herausforderung für unseren rationalen Geist besteht darin, zu verstehen, wie sie beide gleichzeitig wahr sein können. Wer wir sind, hängt mit der Art und Weise zusammen, in der unser gelebter Körper in der Welt ist. Wer und was wir sind, hängt nicht so sehr davon ab, was wir denken, sondern davon, was wir tun können. Je mehr Patient*innen frustriert und in ihrem Tun und in ihrer Freiheit eingeschränkt sind, desto mehr wird ihre Identität bedroht. Und dabei erleben sie ihren Subjektkörper zunehmend als Objektkörper.

Lawton gibt einige konkrete Beispiele für die Spannungen, die in der Palliativmedizin auftreten können. Um bis zum Ende so aktiv wie möglich zu leben, werden Patient*innen zu Aktivitäten ermutigt. Viele wollen das jedoch nicht: Da sie in ihren Fähigkeiten so sehr eingeschränkt sind, fühlen sie sich nicht mehr als die gleiche Person, die sie früher einmal waren. Der gleiche Mechanismus spiegelt sich in sterbenden Patient*innen wider, die persönliche Gegenstände weggeben, weil sie sich nicht mehr mit ihnen identifizieren können.

Ein weiteres Beispiel für die bestehenden Spannungen und Paradoxien ist die Tatsache, dass sich sterbende Patient*innen in kleinen Räumen sicherer fühlen, weil sie sich in größeren Räumen nicht mehr orientieren können. Die Konfrontation mit größeren Räumen erinnert sie zudem schmerzhaft daran, wer sie einmal waren und was sie jetzt verloren haben.

Laut Lawton weiß die Palliativmedizin nicht gut, wie man mit Erfahrungen sterbender Patient*innen umgeht, die das Gefühl haben, dass ihr Subjektkörper in einen Objektkörper umgewandelt wird. Unbeabsichtigt und unvermeidlich wird dieser Prozess durch das Pflegefachpersonal noch verstärkt. Denn je mehr Aufgaben man für die Patient*innen übernimmt, desto mehr fühlen sie sich in ihrer Erfahrung als Objektkörper und somit als Belastung bestätigt. Und wenn die Patient*innen dann aufgrund dieser Erfahrung nicht mehr länger leben wollen – wie sollen wir das als Begleitende interpretieren? Sind wir insgeheim gekränkt, weil ein*e Patient*in trotz unserer Bemühungen und obwohl wir selbst mit unserer Arbeit zufrieden sind, nicht mehr leben will? Haben wir Zweifel an uns selbst und denken, dass wir unbewusst Signale ausgesendet haben, dass das Leben des*der Patient*in nicht mehr lebenswert ist? Senden wir als Begleitende unbewusst Signale, dass wir glücklich sind, selbst nicht an der Stelle desjenigen zu stehen, den wir in den letzten Tagen pflegen?

Einer der schockierendsten Fälle, die Lawton diskutiert, ist die Geschichte von Annie, einer 67-jährigen Frau, die an einem schweren Gebärmutterhalskrebs litt. Aufgrund einer Reihe von Komplikationen konnte sie ihren Stuhl und ihren Urin nicht mehr halten. Das führte zu einem schrecklichen, penetranten Geruch, den man schon an der Rezeption des Hospizes wahrnehmen konnte. Selbst das Verdunsten von aromatischen Ölen änderte daran nichts und Pflegefachpersonal, Familienmitglieder und andere Patient*innen begannen sich zu beschweren. Keine andere Patientin wollte mit dieser Frau in einem Zimmer sein, aber Annie selbst wollte nicht allein in ihrem Zimmer liegen, weil sie Angst hatte, einsam zu sein. Sie bat um palliative Sedierung, und so verbrachte sie die letzten zwei Wochen ihres Lebens mit reduziertem Bewusstsein in einem separaten Raum, wo es schrecklich roch und ihre Familie sie nicht mehr besuchte.

Lawton ist keinesfalls daran interessiert, Menschen Schuld zuzuweisen, sie zu beschämen oder ihnen zu sagen, was richtig und falsch ist. Sie will untersuchen, was wir aus solchen Extremfällen über unsere Gesellschaft lernen können. Aus ihrer Sicht haben wir uns daran gewöhnt, den Menschen als stabilen, abgegrenzten und autonomen Menschen zu sehen. Wenn Menschen so krank werden, dass ihre Körper zerfallen, weiß unsere Kultur nicht, wie sie reagieren soll. Das Auslaufen von Kot und Urin ist beschämend und mit dem Verlust der persönlichen Würde verbunden. Man wird auf den Status eines Kleinkindes reduziert, das noch nicht in der Lage ist, Blase und Darm zu kontrollieren. Aber Annies Fall war schlimmer: Sie überschritt alle möglichen Grenzen, als ihr Geruch in die Nasen anderer Menschen eindrang. Sie konnte nicht auf Distanz gehalten werden und zwang sich allen auf.

Wenn wir uns die Geschichte Westeuropas ansehen, können wir feststellen, dass die Intoleranz gegenüber einer Person, die sehr übel riecht, im Laufe des letzten Jahrhunderts enorm zugenommen hat. In früheren Jahrhunderten war die Welt voller unangenehmer Gerüche. Fäkalien wurden nicht als etwas angesehen, das man verstecken sollte (Süsskind 1985). Da wir heute in dieser Hinsicht in einer Zeit großer Intoleranz leben, ist es kaum vorstellbar, wie Menschen in früheren Zeiten gelebt haben und gestorben sind.

Welche Rolle spielt bei all dem das Hospiz? Lawton weist darauf hin, dass das Hospiz in einen Mechanismus verstrickt ist, der seiner Mission, den Tod wieder in die Gesellschaft zu integrieren, unbeabsichtigt zuwiderläuft. Das Gute an einem Hospiz ist, dass es einen Ort bietet, an dem auch jene Menschen betreut werden können, für die es keinen anderen Ort in der Gesellschaft gibt, wie z. B. Menschen, deren Körpersäfte auslaufen. Indem das Hospiz jedoch eine Lösung für dieses Problem anbietet, bestätigt es, dass es sich um ein Problem handelt und hilft sogar dabei, diese Menschen aus dem Blickfeld der Gesellschaft fernzuhalten. In sozialer Hinsicht war Annie schon zwei Wochen, bevor ihr Herz aufhörte zu schlagen, tot. Indem das Hospiz dabei hilft, Patienten wie Annie zu verbergen, trägt es völlig unbeabsichtigt dazu bei, das Idealbild vom menschenwürdigen Sterben stabiler, abgegrenzter und autonomer Individuen aufrechtzuhalten.

### Umgang mit Ambivalenz

Kommen wir zum Abschluss dieses Kapitels über die Streiche, die uns der Tod spielt. Alles, was lebt, wird zum Sterben geboren. Weil wir Menschen körperliche Geschöpfe sind, sind wir verwundbar und der Sterblichkeit ausgesetzt. Die Unvermeidlichkeit des Todes verursacht eine existenzielle Angst, die so schwer zu bewältigen ist, dass sie sich in den vielen Formen der Furcht vor dem Tod ausdrückt. Die Gesellschaft bietet viele Strategien an, um mit diesen Formen der Angst umzugehen, und vertuscht das psychologische Tabu, indem sie das soziale Tabu angreift. Aber so sehr imaginäre Gemeinschaften, die gesellschaftliche Rückkehr des Themas Tod und belebende Praktiken auch dazu beitragen können, die Illusion zu fördern, dass wir den Tod kontrollieren – am Ende bleiben wir verletzliche körperliche Wesen, die nicht in der Lage sind, ständig in die schwarze Sonne des Todes zu schauen.

Was haben wir also in diesem Kapitel gelernt, das wir uns für die Entwicklung einer heutigen Ars Moriendi zu Herzen nehmen können? Zuallererst können wir schlussfolgern, dass keine Ars Moriendi das Geheimnis des Todes wegnehmen kann. Die rationale Kontrolle des Todes ist eine Illusion und eine Kunst des Sterbens sollte eher eine Kunst sein, die für Spannungen und Ambivalenzen offen ist, statt zu versuchen, diese aufzulösen oder wegzurationalisieren.

Eine zweite Lektion ist, dass im Gegensatz zu den vielen Arten, mit denen unsere Kultur versucht, die aktive Kontrolle über den Tod zu gewinnen, unsere Ars Moriendi offen sein soll für das, was bestehen bleibt und nicht gelöst werden kann.

Eine dritte Lektion, die wir gelernt haben: Es gibt eine Menge impliziter und expliziter Normativität für die Art und Weise, wie unsere Kultur mit dem Sterbeprozess umgeht.

Unsere Ars Moriendi sollte sich vor hohen Idealen hüten und die Tugend der Demut praktizieren. Um der Verletzlichkeit sterbender Patient*innen und ihrer Familien willen sollte jegliches Heldentum und jede Romantik über das Sterben vermieden werden, auch in ihren moralischen Versionen. Wir wollen bei dem ansetzen, was da ist, und dabei offen bleiben, um in jeder Begegnung Neues lernen zu können.

Im nächsten Kapitel werden wir damit beginnen, eine neue Ars Moriendi zu entwickeln, indem wir zunächst auf eine besondere Ars-Moriendi-Tradition zurückblicken, die bis ins Mittelalter zurückreicht. Durch die Erforschung eines Modells, das sich für unsere Vorfahren durch viele Generationen hindurch und über mehr als fünf Jahrhunderte hinweg bewährt hat, hoffen wir, auf ein solides Fundament aufbauen zu können. „Reculer pour mieux sauter" nennt dies die französische Sprache: zurücktreten, um weiter zu springen.

## Kapitel 2
# Die Kunst des Sterbens

Seit mehr als zwei Jahrtausenden gilt das Sterben als ein wichtiges Ereignis, auf das man sich vorbereiten sollte. Von der antiken griechischen und römischen Literatur bis zum 19. Jahrhundert haben viele Denker durch ihre Schriften etwas zur Ars Moriendi, der Kunst des Sterbens, beigetragen (Bayard 1999; Girard-Augry 1986, Laager 1996). Bereits der große Philosoph Platon sah die Hauptaufgabe der Philosophie in der Reflexion über den Tod. Das Christentum hat viele seiner Gedanken aufgenommen und interpretierte sie so, dass der Mensch nach dem Tod mit Gott vereint sei. Noch heute sind Inhalte wie diese zu finden, die zeigen, wie unsere Vorfahren mit ihrer Sterblichkeit umgegangen sind. Im Mittelalter zum Beispiel hatten die Menschen große Angst vor einem überraschenden Tod. In vielen großen europäischen Kathedralen ist daher am Eingang eine Statue des Heiligen Christophorus zu sehen. Er sollte Menschen davor bewahren, unvorbereitet zu sterben. Denn ein Tod ohne Vorbereitung war ein Tod ohne die Möglichkeit, seine Sünden zu bekennen, und wurde daher als ein direktes Einfahren in die Hölle angesehen.

Mit dem Fortschritt der Medizin wurde der Sterbeprozess dann zunehmend von ihr bestimmt. Was mit den Sterbenden geschah, wurde medizinisch beschrieben und in der ersten Hälfte des 20. Jahrhunderts wurde der Tod zunehmend als Versagen der Medizin angesehen – als ein Problem, das in Zukunft mithilfe der Wissenschaft gelöst werden könnte. Menschen mögen es nicht, mit ihren Misserfolgen konfrontiert zu werden, weshalb der Tod von ihnen ferngehalten wurde. Die Palliativbewegung kann als ein Versuch angesehen werden, sterbende Menschen wieder zurück in die Gesellschaft zu bringen. Da die Palliativmedizin auf eine umfassende Betreuung von Patient*innen und deren Familie abzielt und die physische, psychosoziale und spirituelle Dimension des Sterbeprozesses beachtet, könnte man in Betracht ziehen, sie als eine zeitgenössische Kunst des Sterbens anzusehen. Im Lichte der alten Ars-Moriendi-Tradition geben jedoch drei Dinge Anlass zum Nachdenken:

Erstens war die Ars-Moriendi-Tradition ganz auf den*die Patient*in als Subjekt und Lernende*n ausgerichtet, die Palliativmedizin entwickelte sich jedoch aus der Perspektive des Pflegepersonals heraus. In der Palliativversorgung sind Menschen beruflich und ehrenamtlich tätig, um anderen Menschen ein gutes Sterben zu ermöglichen. Die Ars-Moriendi-Tradition war hingegen eine individuelle spirituelle Praxis, um sich auf den eigenen Tod vorzubereiten.

Zweitens fällt auf, dass sich die Dimension, die traditionell im Zentrum des Sterbeprozesses stand, an den Rand verlagert hat. Die spirituelle Begleitung ist eine akzeptierte Dimension der Palliativmedizin, aber diejenige, die am wenigsten in den medizinischen Rahmen integriert ist und sich noch am meisten in der Entwicklung befindet. Und obwohl es in den letzten zehn Jahren große Durchbrüche gegeben hat, ist Spiritual Care in vielen Bereichen noch wenig entwickelt oder nur marginal integriert (Puchalski et al. 2009, 2014).

Der dritte Aspekt ist, dass Spiritual Care in der Palliativmedizin im besten Fall Menschen mit unheilbaren Krankheiten betrifft. In den meisten Fällen sind die begleiteten Menschen todkrank. Die alten Ars-Moriendi-Traditionen wurden jedoch als Ars vivendi, als eine Lebenskunst, angesehen: die Vorbereitung auf den Tod galt dabei als eine Lebensweise auch für gesunde Menschen; denn was wirklich lebenswert ist, kann man am besten im Licht der eigenen Sterblichkeit entdecken.

In diesem Buch wollen wir eine Ars Moriendi entwickeln, die auch als Ars vivendi verstanden werden kann: ein spiritueller Rahmen, der Patient*innen, Familien, An- und Zugehörigen sowie beruflichen und ehrenamtlichen Begleiter*innen hilft, sich zu begegnen und darüber zu sprechen, was es bedeutet zu sterben und was nötig ist, um in diesem Prozess Sinn zu entdecken. Dies wird nicht als Alternative zur Palliativmedizin präsentiert, sondern als ein Rahmen, der innerhalb der Palliativmedizin eingesetzt werden kann und der die spirituelle Dimension in die physische und psychosoziale Versorgung integriert. Dazu werden wir zunächst einen Schritt zurücktreten und in den Spiegel der Geschichte hinein schauen.

## Die mittelalterliche Ars-Moriendi-Tradition

In den Jahren 1346 bis 1353 breitete sich in Europa eine tödliche Krankheit aus, die später „der Schwarze Tod“ genannt wurde. Die Beulenpest tötete schätzungsweise 50 Millionen Menschen, was etwa 60 Prozent der damaligen Bevölkerung entsprach. Die Menschen starben innerhalb einer Woche und man konnte nichts dagegen tun. Was die Todeszahlen betrifft, so war diese Epidemie die größte Tragödie, die Europa je erlebt hatte. Sie übertraf jeden Krieg zuvor und danach.

Der Schwarze Tod war die Ursache für eine Unzahl von persönlichen Tragödien. Er hat die mittelalterliche Gesellschaft zerstört und die westliche Kultur über Jahrzehnte hinweg traumatisiert. Die Ikonografie des Totentanzes oder „dance macabre", bestehend aus tanzenden Skeletten, die Menschen aller Gesellschaftsschichten einbeziehen, gehört zu den bekanntesten Erben dieses kollektiven Traumas.

Der Schwarze Tod galt aber auch als geistige Katastrophe, weil er die Menschen daran hinderte, sich gut auf den Übergang vom irdischen Leben zum Jenseits vorzubereiten. Insbesondere wenn die Geistlichen unter den Ersten waren, die an der Pest starben, war die restliche Bevölkerung spirituell auf sich allein gestellt. So entstanden in den Jahrzehnten danach Holzschnitte mit erklärenden Texten für die wenigen, die damals lesen konnten. Sie zeigten in fünf Szenen einen Sterbenden in seinem spirituellen Kampf (Bayard 1999; Girard-Augry 1986).

Die Struktur dieser Szenen war immer gleich. Auf der einen Seite des Bettes versuchten Teufel und Dämonen, den Sterbenden in Versuchung zu führen und ihn davon zu überzeugen, dass ihm nichts von dem, was er bisher geglaubt hatte, jetzt helfen könne. Auf der anderen Seite des Bettes waren Heilige und Engel bemüht, den Sterbenden mit tugendhaften Gedanken zu inspirieren, die als Gegenmittel gegen die Versuchungen gedacht waren. Auf dem letzten Bild war immer ein Priester zu sehen, der eine Kerze und ein Kruzifix hielt und den Sterbenden tröstete. Und man sah, wie die Seele den Körper verließ und von einem Engel in den Himmel gebracht wurde.

Obwohl die Reihenfolge und die Liste der Versuchungen nicht immer gleich waren, sorgte der mittelalterliche Pragmatismus dafür, dass es immer fünf Versuchungen gab, sodass sich jede*r leicht daran erinnern konnte, wenn er die Finger einer Hand ansah. Was waren diese Versuchungen und warum war es den Menschen im Mittelalter so wichtig, diesen zu widerstehen?

In der Regel galt der erste Angriff der Teufel dem Glauben des*der Sterbenden. Der Glaube wird als die Grundlage der Religion angesehen, und der Angriff auf diese Grundlage ist der effektivste und effizienteste Weg, um alles zu zerstören, was darauf aufgebaut ist. Die Waffe, welche die Teufel benutzen, ist der Zweifel: Es gibt keinen Himmel, keine Hölle, kein Jüngstes Gericht. Jedes menschliche Leben hat das gleiche Ergebnis: den Tod. Nichts weiter. Auf den Holzschnitten sehen wir die Teufel, die eine Decke hochhalten, um damit die Sicht auf die geistliche Welt der Engel und Heiligen zu versperren. Es gibt nur das Leiden und das Hier und Jetzt. Warum also nicht alles aufgeben und das Leben sofort beenden?

Aber dann kommen auf der anderen Seite die Engel ins Spiel und so sehen wir in einem nächsten Holzschnitt, wie diese den Sterbenden ermutigen, an seinem Glauben festzuhalten und mit Gott verbunden zu bleiben. Natürlich kann man nicht beweisen, dass es einen Himmel und eine Hölle gibt, aber genau darum geht es im Glauben: Vertrauen in das zu haben, was nicht sichtbar ist, und Gott zu vertrauen, dass er diejenigen, die nach ihm rufen, nicht im Stich lässt.

Wenn der Glaube dann inmitten des Leidens bewahrt wird, beginnen die Teufel ihren zweiten Angriff: die Versuchung der Verzweiflung. Hier wird Folgendes thematisiert: Wenn es einen Gott gibt und einen Himmel, in dem alle Tränen getrocknet werden, wie realistisch ist es dann, dass man diesen gesegneten Ort auch erreicht? Ist der Himmel nicht ein Ort für Heilige? Und wie oft hat der Sterbende in seinem Leben die Zehn Gebote übertreten? Auf den Holzschnitten sehen wir einen „hilfsbereiten" Teufel, der eine Liste mit den Sünden hochhält, die zu Lebzeiten des Sterbenden vermerkt wurden: Geld, das auf ungerechte Weise verdient wurde, Frauen, von denen der Sterbende Fantasien hatte, oder noch Schlimmeres … Und auf dem nächsten Bild sehen wir wieder die Engel hereinkommen, dieses Mal mit der Tugend der Hoffnung. Sie betonen, dass Gottes Barmherzigkeit und Liebe endlos größer sind als jede Sündhaftigkeit des Menschen. Außerdem muss man sich den Zugang zum Himmel nicht allein verdienen. Christus ist für unsere Sünden gestorben und hat uns befreit. Die Botschaft lautet also: Bleib hoffnungsvoll, denn Hoffnung ist der Anker der Erlösung. Am Kopfende des Bettes sitzt ein Hahn, der den heiligen Petrus symbolisiert. Jede*r mittelalterliche Gläubige wusste, was das bedeutet: Wenn der Jünger, der Christus dreimal verraten hatte, noch würdig genug war, die Schlüssel zum Himmelreich zu erhalten, gibt es dann nicht auch Hoffnung für jeden Sünder?

Wenn der Glaube durch diese Intervention bewahrt und die Hoffnung auf Vergebung wieder geweckt wird, scheint die Grundlage für einen guten Tod vorhanden zu sein. Aber das Sterben ist nicht nur auf ein zukünftiges Leben ausgerichtet, sondern es bedeutet, alles loszulassen, womit man sich im Erdenleben verbunden hat. Deshalb konzentriert sich der nächste Angriff der Teufel genau auf diese Bindung, die im Mittelalter als Gier bezeichnet wird. Auf den Holzschnitten sehen wir ein schönes Haus mit einem großen Weinkeller, eine Frau, Kinder, Pferde sowie Teufel, die unbehagliche Gedanken darüber formulieren, wer nach dem Tod des Mannes auf dem Hof leben und die Gesellschaft mit dieser Frau und den Kindern genießen wird. Aber dann kommen wieder die Engel ins Spiel. Dieses Mal sind sie es, die eine Decke hochhalten: Wer sich zu sehr auf das konzentriert, was ihn mit dem irdischen Dasein verbindet, wird das Leben nie loslassen können. Deshalb soll die Decke alle Lieben außer Sichtweite des Sterbenden halten. Denn es ist wichtig, sich auf die geistige Welt und die kommenden Dinge zu konzentrieren. Der Gier steht die Tugend der Liebe gegenüber, welche die sterbende Seele zunächst und vor allem mit Gott verbindet, und erst danach und dadurch mit allen irdischen Menschen und Dingen.

Nach den Versuchen, die drei zentralen Tugenden des Glaubens, der Hoffnung und der Liebe zu untergraben, scheinen den Teufeln langsam die Mittel auszugehen, um den Kampf zu gewinnen. So konzentrieren sie sich ganz darauf, dem Sterbenden die Intensität von Schmerz und Leiden vorzuhalten: Warum so viel leiden? Warum nicht dem Elend ein Ende setzen, indem man sich einfach das Leben nimmt, so wie es die Römer und Menschen anderer paganer Kulturen in einem solchen Fall tun würden? Die Versuchung der Ungeduld wird zusätzlich noch durch das Nachdenken über die Ungerechtigkeit angeheizt: Ich verdiene das nicht, das ist unmenschlich. Wieder versuchen die Engel, den Sterbenden zu trösten, indem sie eine beeindruckende Gegengeschichte anbieten: Schau, wie Christus gestorben ist, schau dir alle Märtyrer an, die für ihren Glauben gestorben sind, und sieh, was sie erreicht haben. Das Leiden ist eine Versuchung, der wir alle ausgesetzt sind und das zur Reinigung und zur Stärkung der Beziehung zu Gott genutzt werden kann. Um dies zu veranschaulichen, ist auf den Holzschnitten immer eine Reihe von Heiligen zu sehen. Sie halten Symbole für ihre Leidensgeschichte und ihren Tod in den Händen: die heilige Barbara zum Beispiel den Turm, in dem sie gefangen gehalten wurde, und der heilige Laurentius den Rost, auf dem er verbrannt wurde.

Der letzte Angriff der Teufel ist ein wunderbares Stück mittelalterlicher Psychologie. Jeder, der den ersten vier Versuchungen widerstehen konnte, muss stolz auf diese Leistung sein, und das zu Recht. Die Taktik der Teufel richtet sich genau auf diesen Stolz. Sie loben den Sterbenden und sagen ihm, wie wunderbar er ist. Dadurch soll sich sein Stolz in Selbstzufriedenheit verwandeln. Und wenn der Sterbende denkt, dass er es sicher wert ist, in den Himmel zu kommen, haben die Teufel den Kampf gewonnen. Denn Selbstgefälligkeit bedeutet, seinen Platz in der Ordnung der Schöpfung nicht zu respektieren, und dies wird als die Wurzel aller Sünden angesehen. Weil Adam und Eva selbstgefällig waren und Gottes Verbot, vom Baum des Lebens zu essen, nicht respektierten, wurden sie aus dem Garten

Eden vertrieben. Dagegen ist Demut der Schlüssel zum religiösen Leben: zu akzeptieren, dass es nicht der eigene Verdienst ist, allen Versuchungen der Teufel widerstanden zu haben, sondern Gottes Gnade, die dir die Kraft dazu gegeben hat.

## Grenzen und Möglichkeiten der Ars-Moriendi-Tradition

Die mittelalterliche Ars Moriendi besticht durch ihre Einfachheit: Alle Kämpfe des Sterbeprozesses sind zusammengefasst in fünf Wahloptionen. Es ist klar, was zu vermeiden und was zu tun ist. In Anbetracht der psychologischen Intelligenz der Teufel scheint eine große Menge an Erfahrungswissen in diesem mittelalterlichen Modell enthalten zu sein. Dennoch gibt es einige schwerwiegende Gründe, warum die mittelalterliche Ars Moriendi nicht ohne Weiteres auf das 21. Jahrhundert übertragen werden kann.

Das erste Problem ist, dass das Modell nur in einer überwiegend christlichen Kultur funktionieren kann. In einer Welt, in der immer mehr Menschen mit unterschiedlichen kulturellen und religiösen Hintergründen zusammenleben, wird diese Voraussetzung jedoch immer seltener. Aber auch für viele Menschen, die von der christlichen Tradition inspiriert sind, ist die mittelalterliche Ars Moriendi für die spirituelle Begleitung nicht mehr unbedingt hilfreich. Denn der christliche Glaube heute ist nicht so stark auf Himmel und Hölle ausgerichtet wie der Glaube unserer mittelalterlichen Vorfahren. Und die Art und Weise, wie deren Kämpfe gestaltet wurden, ist zu starr und schwarz-weiß, um in unserer Zeit überzeugend und inspirierend zu sein. Der Sterbeprozess sieht in den mittelalterlichen Darstellungen fast wie eine Abschlussprüfung für den Himmel aus und nicht wie ein wertvoller Prozess, in dem die Beteiligten sich in ihrer menschlichen Verletzbarkeit begegnen und gegenseitig unterstützen. Und schließlich ist die mittelalterliche Ars Moriendi zu sehr auf die Erlösung der Seele ausgerichtet, ohne die körperliche und psychosoziale Dimension des Sterbeprozesses zu beachten.

Eine zeitgenössische Sterbekunst verlangt nach anderen Akzenten. Zunächst einmal sollte sie einen Rahmen bieten, der offen ist für eine Vielfalt an spirituellen Traditionen, religiösen und nicht-religiösen. Darüber hinaus sollte sie so gestaltet sein, dass die spirituelle Dimension eine integrierende Funktion im Blick auf die übrigen drei Dimensionen der Palliativmedizin (die physische, psychische und soziale) haben kann. Das würde bedeuten, dass der Sterbeprozess als solcher wichtiger wird als die Frage, ob am Ende der Himmel oder die Hölle wartet. Und schließlich sollte eine solche Ars Moriendi keine Zwangsjacke sein, sondern ein Modell, das Raum für die unzähligen persönlichen Formen des Sterbens in unserer Zeit bietet. Aber wie schaffen wir eine solche Ars Moriendi und wo fangen wir an?

Bevor wir zu streng über die mittelalterliche Ars Moriendi urteilen, könnten wir vielleicht einen zweiten Blick auf die Motive der Holzschnitte werfen. Denn können wir sicher sein, dass wir die spirituelle Tiefe und Reichweite dieses Modells wirklich erfasst haben? Wenn man bedenkt, dass das Modell seit Jahrhunderten kopiert und verwendet wurde und für Millionen von Menschen, die vor uns gestorben sind, hilfreich war – könnte es dann nicht sein, dass wir mit unserem Urteil doch zu schnell waren?

Vielleicht haben wir die Holzschnitte zu sehr aus der Sicht eines Außenstehenden und zu oberflächlich interpretiert, um wirklich zu verstehen, warum die Bilder für unsere Vorfahren so hilfreich und ansprechend waren. Vielleicht ist es nur möglich, den wahren Wert der Holzschnitte zu verstehen, wenn wir versuchen, sie aus der Perspektive des spirituellen Prozesses zu betrachten, vom dem sie ein Teil waren. Wenn wir das Modell im Rahmen der christlichen Spiritualität insgesamt interpretieren, können wir entdecken, dass das Modell seinen Platz und seine Funktion im Kontext einer gelebten Beziehung zu Gott hatte. In diesem Zusammenhang würde der Sterbeprozess als Transformationsprozess erscheinen. Vielleicht lag die wahre Kraft der mittelalterlichen Ars Moriendi in der fünffachen Transformation, in der Form einer Hingabe, die durch den dialektischen Prozess zwischen Engeln und Teufeln hervorgerufen wurde.

Könnte es sein, dass die Engel die Sterbenden mit Ermahnungen trösteten, die in der Sprache des 21. Jahrhunderts folgendermaßen klingen könnten?

- Klammere dich nicht an das, was das menschliche Auge sehen oder messen kann. Vertraue darauf, dass es zwischen Himmel und Erde viel mehr gibt, als wir mit unserem Verstand erkennen können (Glaube).
- Konzentriere dich nicht auf das, was in der Vergangenheit schiefgelaufen ist. Fixiere dich nicht auf Schuldgefühle. Sei sanft zu dir selbst. Vertraue darauf, dass du mit Liebe angeschaut wirst (Hoffnung).
- Halte dich nicht an dem fest, was du in deinem Leben gesammelt hast. Es verschlimmert den Schmerz des

Sterbens. Lass los und konzentriere dich darauf, wo du erwartet wirst (Liebe).

- Widerstehe den Einschränkungen, identifiziere dich nicht voll und ganz mit deinen Schmerzen und Leiden. Du bist mehr als dein Schmerz. Vertraue darauf, dass der Schmerz aufhören wird (Geduld).
- Kämpfe nicht um deine Errungenschaften und darum, dein Äußeres und deinen Stolz zu bewahren. Es gibt nichts mehr zu beweisen. Gib nicht vor, größer zu sein als du bist (Demut).

Wenn wir die Holzschnitte aus diesem Blickwinkel heraus betrachten, können wir sehen, wie es möglich ist, den Sterbenden zu trösten und zu beruhigen. Die fünf großen Themen werden am Ende des Lebens dargestellt, um zur Akzeptanz und Hingabe zu führen. Dabei versuchen die dämonischen Stimmen, den*die Sterbende*n mit Hoffnungslosigkeit, Schuld, Angst, Schmerz und Stolz zu fesseln. Die Engelsstimmen dagegen wollen Perspektive und Raum schaffen, damit der*die Sterbende sich entspannen und loslassen kann.

Im Mittelalter hat die Idee der Hingabe den Charakter, sich den liebenden Händen Gottes anzuvertrauen. Der gesamte Kontext der religiösen Tradition zielte darauf ab, Menschen auf das unsichtbare und unverstehbare Geheimnis hinzuweisen, das Ursprung und Vollendung von allem ist. Dabei ist die gesamte spirituelle Transformation im Wesentlichen ein Prozess der Offenheit und Hingabe. Vielleicht kann diese Essenz wertvoll sein für die Menschen des 21. Jahrhunderts, unabhängig davon, ob sie sich für religiös oder nicht religiös halten.

## Die Entdeckung des inneren Raumes

Wie jede andere Kunst auch, kann die Kunst des Sterbens nur in der Praxis erlernt werden. In einem der Pflegeheime, in dem ich einige Monate lang teilnehmende Beobachtungsforschungen machen durfte, entdeckte ich ein Konzept, das so kraftvoll, aber dennoch so alltäglich funktionierte, dass ich allmählich zu der Überzeugung kam, dieses Konzept könnte eine zentrale Rolle in einer zeitgenössischen Ars Moriendi spielen. Bei multidisziplinären Teambesprechungen fiel mir auf, dass regelmäßig das Wort „Raum" verwendet wurde. Wenn sie miteinander einen Fall erörterten, überlegten die Betreuenden oft, wie man bei der Art, wie Menschen sich selbst oder andere Menschen erleben, Raum schaffen könnte. Dieser Prozess des „Raumschaffens" ging oft einher mit einer besseren Kommunikation zwischen den Beteiligten und einem Einblick in die „Fragen hinter den Fragen".

Eine der Patientinnen, die ich während meiner Forschung kennenlernte, war eine verwitwete Frau Mitte 80. Nachdem sie an Magenkrebs erkrankt war, wurde sie im Pflegeheim aufgenommen, weil sie nicht mehr für sich selbst sorgen konnte. Als die Ärztin den Raum betrat, um sich vorzustellen, fragte die Frau sofort in einem fordernden Ton, ob die Ärztin bereit sei, ihr zu „helfen", wenn der Schmerz unerträglich würde. Sie erzählte der Ärztin, sie habe eine Sterbehilfe-Erklärung in der Handtasche und sie wolle sicher sein, dass sie von einem Arzt behandelt wird, der keine Angst hat, ihren Wünschen nachzukommen.

Wie kann man in einer solchen Situation reagieren? In einer Begegnung wie dieser geschehen viele Dinge innerhalb weniger Sekunden. Mir war in dieser Situation sofort klar, dass Sterbehilfe zu einer Zeit, in der diese Praxis unter bestimmten Umständen geduldet, aber nicht offiziell legalisiert war, in einem römisch-katholischen Pflegeheim sehr unwahrscheinlich ist. Ich spürte Gefühle von Irritation und Widerstand in mir. Und ich empfand es als unhöflich, mit einer Ärztin, die man nicht einmal kennt, ein Gespräch zu beginnen, in dem man sie nach etwas so Schwerem und Drastischem wie Sterbehilfe fragt. Ich fragte mich, ob die Ärztin dasselbe empfand und wie sie reagieren würde. Wenn sie dieses Thema von Anfang an ablehnen würde, würde es schwer werden, eine gute Beziehung zu ihrer Patientin aufzubauen. Wenn sie so tun würde, als gäbe es einen Raum für das gewünschte Ende, müsste sie ihre Patientin wahrscheinlich in einer späteren Phase enttäuschen.

Zu meiner Überraschung wählte die Ärztin keine dieser beiden Optionen, sondern antwortete, dass Euthanasie wörtlich „guter Tod" bedeute und dass Menschen mit diesem Begriff ganz Unterschiedliches verbinden würden. Im Nachdenken über einen guten Tod dachte sie als Ärztin an alles, was durch eine gute Palliativversorgung erreicht werden konnte – so wie sie es in der Arbeit mit einem interdisziplinären Team gewohnt war. Sie begann also zu skizzieren, welche Optionen möglich wären, um das Leben bis zum Ende erträglich und lebenswert zu machen. Andere Menschen, so fuhr sie fort, verwenden den Begriff „Euthanasie" für eine aktive Beendigung des Lebens durch einen Arzt auf den ausdrücklichen Wunsch eines Patienten hin. Die ältere Frau war sichtlich fasziniert von den Optionen, die einige Minuten zuvor skizziert worden waren und die sie sich offensichtlich nicht hatte vorstellen können. Sie bat die Ärztin, ihr mehr über dieses Palliativszenario zu erzählen, und nachdem die Ärztin ihr mehr Informationen gegeben hatte, schwieg die Dame. Die Ärztin sah die Frau an und sagte ihr, dass sie auch eine Frage habe. Sie wollte gerne wissen, was sie dazu veranlasst hatte, die Sterbehilfe-Erklärung auszufüllen. Was war passiert? Was hatte sie dazu bewogen? Die Frau begann, über ihren Mann zu sprechen, der an Lungenkrebs und schwerer Atemnot gelitten hatte. Dies war für sie und ihre Kinder so schwer zu ertragen, dass sie sich vorgenommen hatte, das Formular auszufüllen, um für sich selbst einen Ausweg zu haben. Je mehr sie über ihren Mann sprach, desto sanfter wurde ihr Ton und allmählich konnte sie über das sprechen, was sie am meisten fürchtete.

Als ich über diese Begegnung nachdachte, war ich erstaunt über das, was durch die Art und Weise, mit der die Ärztin reagiert hatte, geschehen war. Innerhalb weniger Augenblicke hatte sich die fordernde ältere Frau in eine verletzliche und sympathische Großmutter verwandelt. Und ich schämte mich für die komplizierte Art und Weise, wie ich das Gespräch geführt hätte, wäre ich an der Stelle der Ärztin gewesen. Die offene Haltung der Ärztin hatte augenscheinlich eine Atmosphäre des Vertrauens und der Aufmerksamkeit geschaffen, die es der Frau ermöglichte, sich zu öffnen. Indem sie die geschlossene Frage der Frau mit einer offenen Frage beantwortete, gelang es ihr, im Gespräch Raum zu schaffen. Ermöglicht hatte dies der Raum in ihr selbst, der sie ohne Vorurteile oder Bewertungen hatte zuhören lassen. Das ist natürlich im Blick auf Kommunikationstraining und Psychotherapie nichts Neues, aber es könnte etwas sehr Fruchtbares und Befreiendes sein, wenn es als spirituelle Haltung angenommen wird.

Im Reflektieren über das Geschehene konnte ich diese Art der inneren Haltung mehr und mehr in jeder guten Kommunikation wiedererkennen, die ich im Pflegeheim beobachtete. Als ich danach meine Studien wieder aufnahm, fand ich diese Haltung zunehmend auch in einer Vielzahl von spirituellen Traditionen wieder. Ich wählte dafür den Begriff „innerer Raum", eine Metapher, ein Bild für eine Geisteshaltung, in der man Gedanken, Emotionen und Impulse erleben kann, ohne sich mit ihnen zu identifizieren oder von ihnen weggefegt zu werden. Diese Qualität hat großen Einfluss auf die Art und Weise, wie man die Welt erlebt. Und durch dieses andere Erleben verändert sich auch die Qualität der Kommunikation mit anderen.

Worin könnte nun der Unterschied zwischen dem inneren Raum als spirituelle Haltung und als Kommunikationstechnik bestehen? Als Kommunikationstechnik kann der innere Raum als eine Möglichkeit gesehen werden, sich selbst leer zu machen, um all das, was der*die Gesprächspartner*in zum Ausdruck bringt, so gut wie möglich spiegeln zu können. Als spirituelle Haltung kann der innere Raum es ermöglichen, sich mit dem eigenen Innenleben zu verbinden und so die vielen inneren Stimmen zu entdecken, die in uns wohnen. Das Selbst ist im Grunde mehrstimmig und die Offenheit für diese Polyphonie kann ein großes Geschenk an uns selbst sein. Es kann auch ein Geschenk an andere Menschen sein, wenn diese Art der Kommunikation angewandt wird. Dies bringt uns zurück zu den Stimmen der Engel und Teufel in den mittelalterlichen Ars Moriendi.

## Wiederentdeckung der Ars-Moriendi-Tradition

Bei der Suche nach einer zeitgenössischen Ars Moriendi könnte das Konzept des inneren Raums als zentrales Element hilfreich sein, weil es nicht ausschließlich mit einer bestimmten religiösen Tradition verbunden ist. Wenn wir es in den Mittelpunkt unserer Ars Moriendi stellen, könnten Menschen aus jeder spirituellen Tradition einen Zugang dazu finden. Aber was ist mit den fünf Entscheidungen, die für die mittelalterliche Ars Moriendi von zentraler Bedeutung waren? Sind sie von Natur aus ausschließlich und im Wesentlichen christlich oder haben sie auch eine breitere anthropologische Basis, die für Menschen aus anderen spirituellen Traditionen offen ist?

Die Entdeckung und nähere Bestimmung des Begriffs „innerer Raum" erfolgte in einem dialektischen Prozess. Dabei versuchte ich einerseits, die fünf Spannungsfelder der Ars Moriendi in der Tiefe zu verstehen. Ich interpretierte die entsprechenden Entscheidungssituationen neu aus der Perspektive eines Transformationsprozesses und sah darin das Bedürfnis, mit Gott verbunden zu sein und sich ihm hinzugeben. Dabei entdeckte ich, dass die Engel und Heiligen versuchten, für den Sterbenden einen Raum zu schaffen, um sich von bedrückenden Gefühlen zu befreien. Auf der anderen Seite entdeckte ich das Bild vom „inneren Raum" durch die beschriebenen Gespräche in der Palliativbesprechung innerhalb des Pflegeheimes. Beide Prozesse schienen mir in gewisser Weise analog zueinander zu sein. Das bestärkte mich darin, die mittelalterliche Ars-Moriendi-Tradition wieder aufleben zu lassen und dabei die Metapher des inneren Raums in den Mittelpunkt zu stellen.

Wenn der „innere Raum" seinem Wesen nach offen ist für die Mehrstimmigkeit im eigenen Inneren, könnte sich die mittelalterliche Ars Moriendi auf den ersten Blick sehr gut mit diesem Bild verbinden. Denn die engelhaften und dämonischen Stimmen bilden einen verwirrenden Chor, der die unterschiedlichen Stimmen repräsentiert, die bei vielen sterbenden Patient*innen tatsächlich vorhanden sind. Es gibt jedoch zwei Probleme und die ergeben sich aus der dualistischen Natur des mittelalterlichen Modells.

Das erste Problem hängt damit zusammen, dass die Engel ganz offensichtlich Recht haben und die Teufel eindeutig im Unrecht sind. Das mittelalterliche Modell ist ein hochmoralisches Modell, in dem von vorneherein festgelegt ist, was gut und was böse ist. Dabei ist der Weg zum Himmel schmal, aber klar, und moralisch richtig zu handeln ist so, als folge man einer Straßenkarte, damit man nicht vom Weg abkommt (Mahoney 1987). Infolgedessen werden alle menschlichen Erfahrungen in Bezug auf das interpretiert, was im vorgegebenen Plan steht. Das ist allerdings eine sehr reduktionistische und deduktive Art, mit Moral umzugehen. Sie erlaubt nicht, neue Erfahrungen in moralische Überlegungen mit einzubeziehen: Die Landkarte wurde bereits gezeichnet, und diejenigen, die sie verwenden, haben kein Recht, sie zu ändern.

Man könnte meinen, dass das Konzept des inneren Raums nicht unbedingt mit der Idee der Landkarte im

Widerspruch steht. Denn mit der Karte, dem vorgegebenen „Fahrplan" könnte man ja immer noch sensibel auf die vielen inneren Stimmen reagieren, und das könnte sogar helfen zu wissen, welche Versuchungen die stärkste Vermeidung oder Korrektur erfordern. Auf diese Weise würde jedoch das Konzept des inneren Raums nicht konsequent verstanden und umgesetzt. Es würde auf Kosten der Sensibilität für die Polyphonie (der inneren Stimmen) instrumentalisiert. Die grundlegende Offenheit des „inneren Raums" würde nicht angemessen berücksichtigt. Denn wenn der innere Raum in seiner radikalen Form angestrebt und geschätzt wird, öffnet er sich für neue Erfahrungen, neue Erkenntnisse, neue Entdeckungen. Er ist dann mit der Fähigkeit zu staunen verbunden (Hansen 2012). Wenn man den inneren Raum ernst nimmt, muss man vorsichtig damit sein, die Erfahrungen, die man macht, in Worte zu fassen. Man muss behutsam sein, damit eine Erfahrung nicht zu schnell eingeengt wird, damit ihre möglichen Bedeutungen nicht zu schnell übergangen oder fixiert werden.

Das zweite Problem hinsichtlich des Dualismus in der mittelalterlichen Ars Moriendi bezieht sich darauf, dass in jedem der fünf Kämpfe eine klare Entscheidung getroffen werden muss. Man muss immer zwischen der einen und der anderen Seite wählen. Es gibt nur Schwarz oder Weiß, alle Grautöne scheinen herausgefiltert zu sein. Wenn man das Bild des Fahrplans zugrundelegt, dürfte dieser dualistische Ansatz überhaupt kein Problem darstellen: Man folgt entweder dem einen Weg oder dem anderen. Niemand kann auf zwei Straßen gleichzeitig gehen. Die Frage ist jedoch, ob der Plan für die vorgegebene Route die beste Art ist, Fragen der Ethik zu betrachten. Wenn man diese Fragen mit einem anderen Bild vergleicht, zum Beispiel mit einer Eichel, die sich zu einer Eiche entwickelt, so tritt ein ganz anderer Zugang zur Ethik in den Vordergrund (Mahoney 1987). Nach diesem Ansatz gibt es zwar auch eine Vision von einem bestimmten Ergebnis – die ausgewachsene Eiche –, aber der Weg dorthin wird als organischer Prozess verstanden, bei dem der beste nächste Schritt immer erst während des Prozesses selbst entdeckt wird.

Bedeutet dies, dass unser Ars-Moriendi-Modell letztendlich extrem individualistisch und relativistisch ist? Das ist ganz und gar nicht so gedacht. Aber um die neue Ars Moriendi so offen wie möglich zu halten, sollten die Pole, zwischen denen sich das Modell bewegt, nicht mit „gut“ und „böse“ bezeichnet werden. Die Pole sollten vielmehr als allgemeine anthropologische Kategorien betrachtet werden, die klar genug sind, um unsere Erfahrungen und Gedanken zu sortieren, aber andererseits auch offen genug, um die Interpretation dessen, was wir erleben, nicht von vorneherein einzuschränken und zu begrenzen. In der Anwendung des Modells wird seine moralische Ausrichtung durch den Kontext beeinflusst, in dem es verwendet wird. Dies entspricht ganz der Vorstellung vom inneren Raum. Die Praxis der Palliativversorgung ist keine moralisch neutrale Praxis und so werden auch die moralischen Vorstellungen, die in konkreten palliativmedizinischen Praktiken implizit enthalten sind – und diese sind in verschiedenen Teilen der Welt unterschiedlich –, die Art und Weise bestimmen, wie das Ars-Moriendi-Modell sich konkret ausgestaltet. Eichen in Südeuropa haben eine andere Form als Eichen in Großbritannien oder den Vereinigten Staaten.

Meine eigene Entwicklung als Ethiker hat mich von der Arbeit über Thomas von Aquin zur Care-Ethik als interdisziplinäres Studiengebiet geführt. Care-Ethik zielt darauf ab, ein „lebenserhaltendes Netz von Beziehungen" zu bilden (Tronto 1993). Was als lebenserhaltend gilt, wird aber in verschiedenen Teilen der Welt unterschiedlich sein, je nachdem, welches „moralische Verständnis" vorherrscht (Walker 2007). Dabei gibt es in der Care-Ethik eine Reihe von mehr oder weniger gut definierten Elementen, die sehr gut mit der Palliativphilosophie harmonieren, so zum Beispiel der induktive, praxisorientierte Ansatz, das Bild vom Menschen als intrinsisch auf andere bezogenes Wesen und die große Sensibilität für Machtverhältnisse.

## Noch einmal zurück zu den fünf Kämpfen

Wir sind nun in der Lage, uns wieder der mittelalterlichen Ars Moriendi zuzuwenden und uns zu fragen, wie die fünf Kämpfe so ausgelegt werden könnten, dass sie hilfreich sind für die Kämpfe, in denen sich Menschen im 21. Jahrhundert befinden. Im Mittelalter war der Glaube die Grundlage jeder Ars Moriendi und deshalb galt der erste Angriff der Teufel dem, woran die Menschen glaubten. In der heutigen Kultur würde man eher sagen, dass die Autonomie des*der Patient*in die Grundlage für ein gutes Sterben ist. Auf den ersten Blick mag man sich daher fragen, ob sich zwischen der Autonomie und der mittelalterlichen Ars Moriendi überhaupt eine Verbindung herstellen lässt. Wenn wir die mittelalterliche Reihenfolge der fünf Kämpfe umkehren, ergibt sich eine interessante Perspektive.

Der letzte Kampf der mittelalterlichen Ars Moriendi war der zwischen Selbstgefälligkeit und Demut. Interessanterweise hat beides mit der Art und Weise zu tun, wie man sich selbst betrachtet. Selbstgefällige Menschen sind ganz und gar mit sich selbst zufrieden und brauchen niemand anderen. Sie sind unabhängig und äußerst sicher im Blick auf sich selbst. Sie sind sehr gut mit sich und ihrer eigenen Sichtweise auf die Dinge verbunden. Niemand muss ihnen etwas sagen oder beibringen. Sie wissen genau, was sie wollen und was richtig und falsch ist. Solche Menschen sind ein abgeschlossenes Selbst, nicht offen für Unruhe, Zweifel oder einen Dialog. Demut ist demgegenüber eine völlig gegensätzliche Haltung. Das lateinische Wort für Demut, *humilitas*, ist mit dem Wort „Humus" verbunden, welches „Erde" bedeutet. Ein bescheidener Mensch steht mit beiden Füßen auf dem Boden und kennt seinen Platz in der Ordnung der Dinge. Um sich selbst zu kennen, muss man um seinen Platz in der Welt und in den Beziehungen zu anderen wissen. Obwohl die Begriffe „Demut" und „Demütigung" semantisch sehr nahe beieinander liegen, hat richtig verstandene Demut nichts mit Demütigung zu tun. Denn demütig zu sein bedeutet, offen zu sein für den Dialog und für das Lernen neuer Dinge.

Selbstgefälligkeit und Demut waren im Mittelalter (gebräuchliche) moralische Kategorien. Wenn wir versuchen, sie in nicht-moralische Kategorien umzuwandeln, können wir diese beiden Pole identifizieren: „Ich" und „die Anderen". Der selbstgefällige Mensch ist selbstzufrieden, der demütige definiert sich im Verhältnis zu anderen. Beide Pole finden sich auch in zeitgenössischen Theorien über das menschliche Selbst. Sie helfen uns, einen Hintergrund schaffen, vor dem wir nachdenken können über Autonomie, was wörtlich nichts anderes bedeutet als das Recht, nach eigenen Gesetzen zu leben. So lautet nun die erste Frage unseres neuen Ars-Moriendi-Modells: Wer bin ich und was will ich wirklich? Diese Frage kann man beantworten, indem man die vielen Stimmen in sich selbst zwischen den Polen „Ich" und „die Anderen" platziert.

Der vorletzte Kampf im mittelalterlichen Modell betraf Schmerz und Leid. Hier ist die Alternative: entweder geduldig oder ungeduldig sein. Wieder sehen wir eine hochmoralische Gegenüberstellung einer Tugend und eines Lasters. Wenn man aber versucht, den nicht-moralischen Inhalt dieser beiden Alternativen zu erfassen, könnte man sagen: Geduld ist durch Ertragen und Aushalten geprägt, während Ungeduld damit verbunden ist, aktiv zu werden und etwas zu verändern. Tun und Lassen sind hier zwei nicht-moralische Kategorien, die sehr hilfreich sind, um über die bestehende Komplexität im Umgang mit Schmerz und Leid inmitten einer Vielzahl medizinischer und technischer Möglichkeiten nachzudenken. Die zweite zentrale Frage der neuen Ars Moriendi wäre also: Wie gehe ich mit dem Leiden um? Diese Frage kann man beantworten, indem man erforscht, wie die vielen Stimmen in einem selbst zwischen Tun und Lassen oszillieren.

Der dritte Kampf in der mittelalterlichen Ars Moriendi betraf das Gute im Leben und die Alternativen von Gier und Nächstenliebe. Wenn man dieses Laster und diese Tugend nicht-moralisch dekonstruiert, wird deutlich, dass beide mit der Spannung zwischen Festhalten und Loslassen zu tun haben. Im Festhalten an allen guten Dingen des Lebens wird man nie gut sterben können. Die mittelalterliche Lösung bestand darin, sich auf Gott zu konzentrieren, von allen irdischen Bindungen abzusehen (denken Sie an den Engel, der die Decke hochhält) und auf diese Weise die guten Dinge des Lebens loszulassen. In unserer neuen Ars Moriendi sind die Pole „Festhalten" und „Loslassen" immer noch bedeutsam, aber nicht als sich ausschließende Alternativen. Die zentrale Frage: „Wie nehme ich Abschied?" bereitet den Weg für eine Antwort in der Spannung zwischen diesen Polen, aber in einem sehr individuellen Prozess. Wie wir in späteren Kapiteln noch sehen werden, ist Loslassen manchmal nur möglich, wenn es in ein Halten auf eine andere Art und Weise umgewandelt wird.

Der zweite Kampf im mittelalterlichen Modell dreht sich um die Versuchung der Verzweiflung und die Tugend der Hoffnung. Wenn man auf sein Leben zurückblickt und erkennt, wie viel darin schiefgelaufen ist, könnte man zu der Überzeugung kommen, dass es aufgrund der eigenen Vergangenheit keine Zukunft mit Gott geben kann. Betrachtet man den nicht-moralischen Kern dieser Überlegung, so könnte man sagen: Verzweiflung ist durch eine zerstörerische Kraft im Blick auf die eigene Vergangenheit gekennzeichnet. Wenn man sich an das erinnert, was in der Vergangenheit nicht gut war, läuft man Gefahr, sich auf etwas zu fixieren, was man nicht mehr ändern kann. In dieser Situation besteht der einzige Weg, eine Zukunft zu eröffnen, darin, die Vergangenheit zu vergessen. Erinnern und Vergessen sind zwei nicht-moralische Kategorien: Sie können sich sowohl auf gute als auch auf negative Praktiken oder Handlungen beziehen. Die vierte Frage unserer neuen Ars Moriendi lautet daher: Wie schaue ich auf mein Leben zurück? Diese Frage muss in dem Raum beantwortet werden, der sich durch die Pole von Erinnern und Vergessen eröffnet.

Der erste Kampf im mittelalterlichen Modell widmet sich, wie schon gesagt, dem Gegensatz zwischen Glaube und Glaubensverlust. Auch hier zeigt sich der moralische Gehalt ganz deutlich. Der erste Kampf entschied, ob man die Ars Moriendi betrat oder verließ. Der Verlust des Vertrauens bedeutete, dass auch alle anderen Kämpfe radikal anders sein würden. Wenn man die Tugend des Glaubens dekonstruiert, könnte man sagen: Es geht darum, Vertrauen in Dinge zu haben, die man nicht sehen oder beweisen kann. Im Glauben geht es um die Grundlagen unserer Erkenntnisse und die Frage, welche Formen von Wissen wir für zuverlässig halten. „Auf Gott vertrauen wir, von allen anderen verlangen wir Zahlen", ist ein berühmtes Sprichwort von W. Edwards Deming. Und damit formulierte er sehr prägnant die beiden Wege, wie Menschen in unserer Zeit nach Sicherheit im Wissen suchen: entweder auf Grundlage wissenschaftlicher Beweise oder auf Grundlage des Glaubens. Die fünfte Frage unserer zeitgenössischen Ars Moriendi betrifft also die Art und Weise, wie wir einen Halt in den Fragen suchen, die unser normales Denken übersteigen. Die zentrale Frage hier ist: Worauf kann ich hoffen? Sie wird im Spannungsfeld zwischen den Polen von Wissen und Glauben beantwortet.

In diesem Kapitel haben wir mit dem Studium der mittelalterlichen Ars-Moriendi-Tradition begonnen, um zu sehen, ob sie uns dabei helfen kann, ein Ars-Moriendi-Modell für das 21. Jahrhundert zu entwickeln. Damit es den inneren Kämpfen der Menschen von heute dienen kann, haben wir einige grundlegende Änderungen vorgeschlagen. Die mehrstimmige, fünffache Struktur haben wir jedoch beibehalten. Im Zentrum der neuen Ars Moriendi haben wir das Konzept des inneren Raums verortet. Im nächsten Kapitel werden wir uns auf diese zentrale Metapher konzentrieren, um ihre Bedeutung für die neue Ars Moriendi zu erfassen.

In den verbleibenden Kapiteln werden wir dann auf die fünf zentralen Fragen zurückkommen und dabei detaillierter ausarbeiten, wie diese bei den spirituellen Kämpfen helfen können, die Menschen am Ende ihres Lebens durchlaufen können.

## Das Ars-Moriendi-Modell oder der „Diamant"

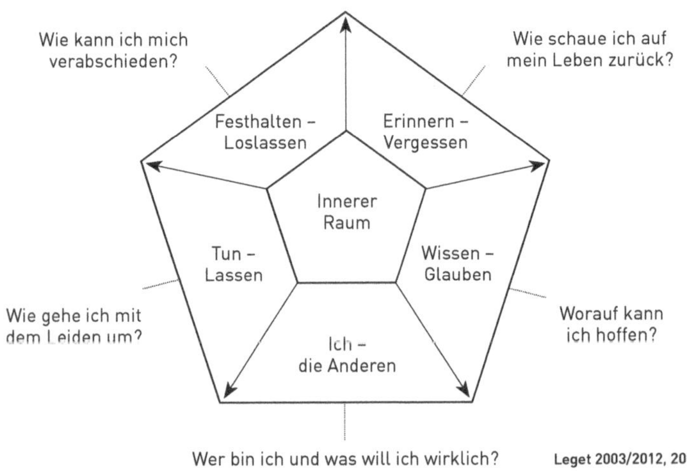

Leget 2003/2012, 2008

## Kapitel 3
# Innerer Raum

Marie de Hennezel arbeitete als Psychologin mit todkranken Patient*innen in einem Krankenhaus in Paris. In ihrem Buch „Den Tod erleben" erzählt sie eine persönliche Geschichte von einem Freund, der sich entschieden hatte, sein Leben zu beenden (Hennezel 1998). Seine Eltern hatten im hohen Lebensalter an Demenz gelitten und er war entschlossen, ihnen auf diesem Weg nicht zu folgen. Er hatte die Entscheidung getroffen, sein Leben im Alter von 65 Jahren zu beenden. Bis zu diesem Alter wollte er so intensiv wie möglich leben. Dann würde er seinem Leben ein Ende setzen. Es gab nur ein Problem: Er wollte in seinen letzten Momenten nicht allein sein und fragte Marie, ob sie bereit sei, als eine seiner engsten Freundinnen dabei zu sein; nicht, um ihm zu helfen, sein Leben zu beenden, sondern nur, um einfach da zu sein. Marie beschreibt, wie sie zunächst mit Wut und Widerstand auf diese Frage reagierte. Sie war wütend und irgendwie auch enttäuscht, dass ihr Freund ausgerechnet sie gefragt hatte. In den letzten Jahren hatte sie viele ihrer Gespräche mit Patient*innen an deren Lebensende mit ihm geteilt. Er hätte also wissen müssen, dass das Leben immer dann neue Türen öffnet, wenn andere Türen geschlossen werden. Sie antwortete jedoch nicht, indem sie ihren ersten Impulsen folgte, sondern spürte, dass hinter seiner Frage noch eine ganz andere Frage stand. Er fragte sie nämlich, ob er auch in den schwierigsten Momenten auf sie zählen könne. Damit appellierte er an ihre Liebe zu ihm. Und plötzlich spürte sie nicht nur Wut, sondern auch Liebe in sich. Also versprach sie, da zu sein, obwohl sie seinen Plan eigentlich absurd fand. In ihrem Buch beschreibt sie, wie der Freund später auf dieses anfängliche Gespräch zurückkommt. Er sagte ihr, dass er die Dinge nun anders sehe. Ihre Antwort auf seine damalige Frage hatte in seiner Seele einen neuen Raum geschaffen. Dieser ermöglichte es ihm, wieder Vertrauen in die Zukunft zu fassen.

Diese Geschichte von Marie de Hennezel veranschaulicht sehr gut, was mit dem Konzept des inneren Raums gemeint ist und warum es für die neue Ars Moriendi so zentral ist. Es war nämlich der innere Raum, der Marie in die Lage versetzte, nicht ihren ersten Impulsen zu folgen, sondern die widersprüchlichen Emotionen zu spüren, innere Stimmen, die sie in verschiedene Richtungen zogen. So konnte sie unterscheiden zwischen dem Schmerz, den sie selbst empfand, weil er die Geschichten, die sie ihm erzählt hatte, vielleicht weniger gut verstanden hatte, als sie annahm, und dem Schmerz, den ihr Freund wegen seines verzweifelten Plans haben musste. Sie war auch in der Lage, ein Gleichgewicht zwischen beiden Wahrnehmungen zu finden und sich dafür zu entscheiden, den Appell zu respektieren, der an sie gerichtet wurde. Das Interessanteste dabei ist, dass ihr innerer Raum durch die Art ihrer Reaktion scheinbar auf ihren Freund übertragen wurde. Sie beschreibt, dass sich einige Monate nach ihrem Gespräch seine Innenwelt verändert hatte.

Die hier beschriebene Interaktion ist ähnlich wie die im vorherigen Kapitel. Die Art und Weise, wie die Ärztin im Pflegeheim auf die Frau reagierte, die eine Sterbehilfe-Erklärung ausgefüllt hatte, war geprägt vom inneren Raum und eröffnete einen solchen auch bei der alten Frau selbst. Genau diese Wirkung, dass der innere Raum dazu beiträgt, die innere Freiheit bei Patient*innen und Betreuer*innen zu fördern, macht die zentrale Bedeutung dieses Konzeptes für die neue Ars Moriendi aus. Tatsächlich hängt der Erfolg der Arbeit mit dem Modell von der Weite des verfügbaren inneren Raums ab.

In diesem Kapitel werden wir uns auf zwei Fragen konzentrieren. Die erste ist, ob wir etwas mehr darüber sagen können, was der innere Raum genau ist. Ist es wirklich etwas Neues oder nur „alter Wein in neuen Schläuchen"? Ich werde darlegen, dass das Neue am Konzept des inneren Raums nicht so sehr das Phänomen selbst ist, sondern die offene Art und Weise, wie dieses Phänomen konzipiert wird. Die zweite Frage ist sehr praktisch: Wie kommen wir zum innerem Raum oder wie können wir ihn unterstützen? Wie wir sehen werden, gibt es viele Wege, die nach Rom führen. In gewisser Weise ist der innere Raum bereits in einer Vielzahl von Dingen vorhanden, die uns sehr vertraut und Teil unseres täglichen Lebens sind. Wenn man die Dimension des inneren Raums in den alltäglichen Erfahrungen identifiziert, könnte es einfacher sein, ihn im Kontext des Ars-Moriendi-Modells einzusetzen.

## Alter Wein in neuen Schläuchen?

Die Palliativmedizin ist ein interdisziplinärer Ansatz zur Behandlung von Schmerzen und Leiden, die durch unheilbare Krankheiten verursacht werden. Das Besondere an diesem Ansatz ist, dass er ausdrücklich darauf abzielt, die gesamte Person und ihr Familiensystem mit einzubeziehen. Es wird versucht, jeden Reduktionismus zu vermeiden, der entstehen könnte, wenn man sich jeweils ausschließlich auf die physische, die psychische, die soziale oder die spirituelle Dimension konzentrieren würde. Eine Schwierigkeit der interdisziplinären Arbeit sind jedoch die Verschiedenheiten der Sprache und der Art und Weise, wie Wirklichkeit eingeordnet wird. Denn jede Disziplin hat ihre eigenen Perspektiven und Vorgehensweisen. Um mit einem interdisziplinären Ansatz arbeiten zu können, braucht man sehr viel Flexibilität.

Die neue Ars Moriendi und ihr zentrales Konzept des inneren Raums werden entwickelt, um die spirituelle Dimension der Fürsorge in den ganzheitlichen Ansatz zu integrieren. Dazu muss das Modell etwas ergänzen, das im Blick auf das bereits vorhandene Angebot der anderen Disziplinen neu ist und gleichzeitig so offen, dass Menschen, die aus anderen Disziplinen heraus ihren Beitrag leisten, es verstehen und integrieren können. Aus diesem Grund wird das Konzept des inneren Raumes bewusst als Metapher, als Bild verstanden und präsentiert. Durch die Entscheidung, den inneren Raum mithilfe einer Metapher zu präsentieren – ein Stilmittel, das eine Offenheit beinhaltet – wird auch symbolisch die Offenheit des inneren Raums ausgedrückt. Die Metapher des inneren Raums setzt sich aus zwei Raumkonzepten („Inneres“ und „Raum“) zusammen und bezieht sich auf ein nicht-räumliches Phänomen, das im inneren Leben eines Individuums wahrgenommen werden kann. Wenn die metaphorische Bedeutung des Begriffs anerkannt wird, ist der „innere Raum“ aus verschiedenen Gründen geeignet, als Repräsentant für die spirituelle Dimension und als Zentrum der neuen Ars Moriendi zu fungieren.

Zum einen ist der innere Raum ein einfaches und leicht zu verstehendes Konzept. Denn die Menschen erkennen sofort, dass es sich dabei um etwas handelt, das sie aus ihrem Alltag sehr gut kennen. Es fügt nichts Neues hinzu, das erst noch erlernt werden muss, sondern bezeichnet etwas Vertrautes, das zu unserem eigenen Wohl und zum Wohl der Menschen um uns herum genutzt werden kann.

Zweitens ist der innere Raum ein Konzept, das sich nicht nur auf den Geist oder den Körper beschränkt: Er kann in der körperlichen Erfahrung der Erleichterung nach lautem Lachen oder intensivem Weinen erkannt werden; man kann ihn in der emotionalen Erleichterung nach einem stressigen Ereignis oder einer belastenden Periode spüren; und man kann ihn im Wunder oder in der intellektuellen Entdeckung neuer Perspektiven erleben. Der innere Raum ist nicht nur für diejenigen zugänglich, die sich rational und verbal ausdrücken können. Auch Menschen mit Demenz oder geistigen Beeinträchtigungen können ihn erleben.

Drittens bezieht sich der innere Raum nicht auf bestimmte Emotionen oder Ideale. Der innere Raum ist nicht dasselbe wie „innerer Frieden“ oder „Seelenfrieden“ – also ein Zustand, den alle sterbenden Menschen erreichen sollten. Solche Ideale können das Leiden noch verstärken, wenn diejenigen, die diesen Zustand nicht erreichen, das Gefühl haben, sogar in ihrem Sterbeprozess versagt zu haben. Die Offenheit der Metapher würdigt die Emotionen und Gedanken, die bereits da sind. Die innere Polyphonie eines jeden Menschen wird respektiert, ohne die eine oder andere Stimme um der hohen Ideale willen zum Schweigen zu bringen.

Viertens konzentriert sich der innere Raum auf den Prozess der Kommunikation und Interaktion, der für die Möglichkeiten, zwischen denen man wählen kann, entscheidend ist. Die Metapher berührt sowohl das innere Leben als auch die innere Freiheit der Menschen und auch die Art, wie diese beiden sich gegenseitig bereichern und größer machen. Der innere Raum bezieht sich auf einen inneren Prozess und nicht auf eine festgelegte Geistesverfassung. Er ist nie fertig oder perfekt, sondern verändert sich ständig, wie der Prozess des Ein- und Ausatmens.

Fünftens ist der innere Raum nicht auf eine bestimmte Profession in der Palliativmedizin beschränkt. Als Metapher steht er am Schnittpunkt von Spiritualität, Psychologie, Seelsorge, Ethik und Sozialarbeit. Er ist offen für die Dynamiken, die in all diesen Professionen eine Rolle spielen, und kann gut in die jeweils zentralen Konzepte und Rahmenbedingungen integriert werden.

Sechstens ist der innere Raum leicht mit den großen spirituellen Traditionen zu verbinden. Man kann ihn im Christentum, Islam, Judentum, Hinduismus, Buddhismus und in vielen anderen spirituellen Traditionen finden. Er ist nicht auf bestimmte religiöse Traditionen beschränkt, sondern bezieht sich auf die Elemente in diesen Traditionen, die einen gemeinsamen anthropologischen Hintergrund haben. Das bedeutet jedoch nicht, dass er überall in gleichem Maße zu finden ist. Denn manche spirituelle Traditionen sind mehr auf den inneren Raum ausgerichtet als andere.

Wenn der innere Raum all die beschriebenen Eigenschaften hat und seine Bedeutung für die neue Ars Moriendi so enorm ist, stellt sich die Frage, wo wir ihn finden und – vor allem – wie wir ihn in uns selbst und bei anderen Menschen fördern können. Dieser Frage wollen wir uns nun zuwenden. Dabei werden wir sechs Wege des Zugangs zum inneren Raum diskutieren, um das Phänomen zugänglicher und konkreter zu machen. Diese sechs Wege sind keineswegs eine vollständige Liste aller Möglichkeiten, aber im weiteren Verlauf wird sich ein gewisser innerer Zusammenhang zeigen. Wir beginnen mit dem Weg, der normalerweise am wenigsten mit Spiritualität verbunden wird: mit dem Humor.

## Humor

Menschen suchen nach Sinn. Sie tun dies, um zu verstehen, was mit ihnen geschieht. Den Sinn unserer Existenz verstehen wir durch selbst geschaffene Narrative, in denen wir bestimmte Dinge hervorheben und andere Dinge weglassen. Wir erschaffen Narrative und Narrative erschaffen uns, wie wir in einem späteren Kapitel sehen werden. Erzählungen helfen uns, Sinn und Bedeutung zu finden, sie bringen Orientierung, Stabilität und Vorhersehbarkeit. Das gibt uns das Gefühl, die Kontrolle über unser Leben zu haben. Wie wichtig das für unser Leben ist, haben wir schon im ersten Kapitel in der existenzialistischen Analyse von Angst und Unruhe gesehen.

Ereignissen und Erfahrungen Bedeutung zu geben hilft uns, unsere Welt zu strukturieren. Wenn aber diese Struktur zu einem geschlossenen Universum wird, entsteht ein weiteres grundlegendes menschliches Bedürfnis: das Bedürfnis nach Freiheit. Und da kommt der Humor ins Spiel: als eine spielerische Praxis, die auf unerwartete Weise Freiraum schafft.

Vor ein paar Jahren erzählte mir eine Nachbarin, Mutter von drei Jugendlichen, dass sie sich lange darum bemüht hatte, wieder etwas mit ihren Kindern als Familie zu unternehmen, so wie in der Zeit, als die Kinder noch jünger und offen für Neues waren. Dies ist jedoch keine leichte Aufgabe mit drei Jugendlichen, von denen jeder seine ziemlich klaren Vorstellungen davon hat, was cool und was uncool ist. Nachdem sie sich lange den Kopf zerbrochen hatte, kam ihr die Idee, gemeinsam zum Konzert einer Band zu gehen, die für sie alle akzeptabel war. Sie war stolz auf ihren Einfall und glücklich, mit ihren Kindern diesen besonderen Event zu erleben. Bei einem Bier mit ihrem ältesten Sohn sagte sie: „Das ist etwas, was meine Eltern nie getan hätten: mit ihren Kindern zu einem Popkonzert gehen." Ihr Sohn blickte von seinem Bier auf und antwortete trocken: „Klar, aber es ist auch etwas, das du nicht zu oft tun solltest."

Dieses Beispiel kann uns einiges über das Verhältnis zwischen innerem Raum und Humor lehren. Es zeigt in erster Linie, wie Humor eine unerwartete Neuinterpretation einer Situation möglich macht. Die Mutter erwartete ein Kompliment und hoffte auf eine Bestätigung ihrer Sicht des Geschehens. Ihr Sohn dagegen formulierte seine eigene Interpretation. Er wollte wohl implizit ausdrücken, dass es sehr nett von ihr war, diese Veranstaltung organisiert zu haben, dass sie aber auch nicht vergessen sollte, dass er jetzt sein eigenes Leben hatte. Die Überraschung in diesem Interpretationskonflikt brachte sie zum Lachen.

Die Reaktion der Mutter sagt uns aber auch noch etwas anderes über Humor. Jeder Konflikt zwischen verschiedenen Interpretationen kann zu einer Auseinandersetzung oder zu einem Kampf führen. Es bestand ja durchaus die Gefahr, dass die Mutter von der undankbaren Antwort ihres Sohnes nicht begeistert sein würde. Sie erkannte aber den neckischen Unterton seiner Antwort und genoss die Überraschung, von jemandem, von dem sie wusste, dass er sie nicht verletzen wollte, mit ihrer eigenen einseitigen Perspektive auf die Situation konfrontiert zu werden. Humor birgt immer das Risiko, nicht verstanden oder falsch interpretiert zu werden. Mit Interpretationen spielerisch umzugehen, ohne dass die Beziehung zueinander gefährdet wird, setzt eine Verbundenheit und ein gemeinsames Verständnis voraus.

Zudem setzt Humor die Bereitschaft voraus, eine Interpretation loszulassen, obwohl man an ihr ein gewisses Interesse hat. Humor ist kraftvoll und kann eine Bedrohung für diejenigen sein, deren Macht abhängig ist von einer bestimmten und festgelegten Sichtweise auf die Welt. Fanatiker*innen, Fundamentalist*innen und Diktator*innen sind in der Regel humorlos (Oz 2010). Sie alle fühlen sich bedroht von jedem, der mit ihrer Interpretation der Welt spielt. Sie erlauben keine Witze über ihre Art, die Welt zu sehen. Aus Angst und Mangel an Vertrauen halten sie an einer eindeutigen Interpretation der Realität fest.

Humor ist ein wichtiger Weg zum eigenen inneren Raum. Aber er hat auch die Fähigkeit, den inneren Raum anderer Menschen zu öffnen. Wenn wir lachen, fühlen wir den inneren Raum sogar körperlich. Wenn wir einen Witz erzählen, breitet sich unser eigener innerer Raum auf alle aus, die mitlachen. Den inneren Raum auf diese Weise zu teilen, betont Gemeinschaft und schafft Gemeinschaft. Deshalb kann es ein guter Indikator für die Atmosphäre in einem Team sein, ob und wie Humor geteilt wird.

Humor ist jedoch kein Allheilmittel. Er funktioniert nur, wenn er zur Situation passt. Und Humor ist auch nicht immer lustig. Humor kann schwarz, bitter, skeptisch oder zynisch sein; er kann Menschen verletzen, beleidigen und ausschließen; er kann eine rücksichtslose Waffe und eine gemeine Taktik sein. Wenn jedoch Humor verwendet wird, um ein lebenserhaltendes Beziehungsgeflecht aufzubauen, ist er eng mit Spiritualität verbunden. Denn er hat die Kraft, neue Dimensionen von Wirklichkeit und neue Interpretationen der Wirklichkeit zu eröffnen.

### Der Körper

Von Anfang an haben Ehrenamtliche eine wichtige Rolle in der Palliativversorgung gespielt. Obwohl sie weder berufliche Begleiter*innen sind, noch medizinische oder psychologische Interventionen durchführen können, kann ihre Anwesenheit eine wichtige Quelle des Wohlbefindens und der Unterstützung sein. Ich fragte einen Ehrenamtlichen, was er an seiner Arbeit besonders schätze, und er sagte, dass er die Erfahrung machen könne, dass seine Anwesenheit tatsächlich etwas verändern kann. Ich bat ihn um ein Beispiel und er erzählte, dass er bei Patient*innen in der finalen Phase manchmal Nachtwache halte und einfach auf einem Stuhl neben dem Bett sitze. In der Nacht würden die Patient*innen manchmal unruhig und ruhelos. Und oftmals gebe es keine Möglichkeit, mit ihnen zu sprechen, da sie nicht antworteten. In diesen Situationen versuche er, innerlich ruhig zu bleiben, mit sich selbst verbunden zu sein und seinen inneren Raum körperlich zu spüren. Und in den meisten Fällen erscheine es ihm so, als würde sich dieser innere Raum übertragen und der*die Patient*in wieder ruhiger atmen.

Im Anschluss an eine Vorlesung, in der ich über dieses Beispiel gesprochen hatte, sagte mir eine Krankenschwester, sie halte dies nicht für etwas Besonderes oder Ungewöhnliches: Wenn sie gestresst sei, sei auch ihr Hund gestresst. Und wenn sie entspannt sei, habe sie auch eine beruhigende Wirkung auf ihren Hund. Natürlich hatte sie Recht: Als Säugetiere teilen wir alle eine Dimension der Körperlichkeit, die uns verbindet. Einige Menschen können kontrolliert mit Pferden umgehen, andere nicht. Hunde spüren es sofort, wenn man Angst vor ihnen hat. Wir erinnern uns vielleicht auch daran, dass in der Grundschule die Lehrer*innen, die keinen inneren Frieden und keine Verbundenheit mit sich selbst hatten, diejenigen waren, deren Klassen extrem unruhig waren.

Wie wir im ersten Kapitel durch die Arbeit von Julia Lawton (1998, 2000) entdeckt haben, ist unser Körper mehr als ein Vehikel, das nur ausdrückt, was in unserem Geist vor sich geht. Wir haben einen Körper und wir sind unser Körper (Merleau-Ponty 1945). Die Art und Weise, wie wir mit unserem Körper verbunden sind, ist daher ein wichtiger Indikator dafür, wie wir in der Welt stehen. In diesem Sinne betrifft der innere Raum die gesamte Geist-Körper-Einheit, die wir Menschen sind. Unser innerer Raum spiegelt sich in unserem Verhalten wider. Dabei ist der Körper das Medium zwischen der sichtbaren, materiellen Außenwelt und der unsichtbaren, emotionalen, mentalen, intellektuellen und spirituellen Innenwelt.

Der innere Raum kann durch Praktiken wie Tai Chi oder Yoga gefördert werden. Er kann in die tägliche Pflegepraxis integriert werden, indem man z. B. einige Sekunden wartet, bevor man das Zimmer eines Patienten betritt. Diese Verlangsamung ermöglicht es, sich mit dem ganz anderen Zeiterleben des Patienten zu verbinden. Aus der Kommunikationswissenschaft wissen wir, dass die nonverbale Sprache und die Art und Weise, wie wir im Raum präsent sind, ein wichtiger Teil dessen sind, was wir anderen im Gespräch mitteilen. Wir vergrößern oder verkleinern den inneren Raum der Menschen, für die wir sorgen, je nachdem, wie wir einen Raum betreten, jemanden begrüßen oder zum Beispiel die Vorhänge öffnen. Die Ruhe unserer Atmung, der Klang unserer Stimme, der Blick unserer Augen, die Qualität unserer Berührungen haben Auswirkungen auf unseren eigenen inneren Raum und auf den unserer Kolleg*innen und Patient*innen.

Auch im Hinblick auf die Gebäude, in denen wir leben und arbeiten, ist der Körper das Medium zwischen dem inneren und äußeren Raum. In den letzten Jahren hat die Krankenhausarchitektur die Idee der „heilenden Umgebung" aufgegriffen und die Größe der Gebäude, die Proportionen innerhalb eines Raums, die verwendeten Materialien, die Farben und das Licht sorgfältig reflektiert. Architektur ist nie neutral. Explizit oder implizit, bewusst oder unbewusst spiegelt sie immer eine bestimmte Sicht auf die Welt und das Leben. Einmal ist sie auf den Menschen abgestimmt, einladend, freundlich und beruhigend, ein anderes Mal soll sie beeindrucken, funktional oder anonym sein. Der äußere Raum ist also immer mit dem inneren Raum verbunden.

### Emotionen

Wie wir im ersten Kapitel gesehen haben, beeinflusst es unser emotionales Erleben enorm, wenn wir mit dem Tod konfrontiert werden. Wie können wir diese Empfindsamkeit unseres inneren Lebens begrifflich fassen (Nussbaum 2001)? Im Alltag fällt es uns leicht, über Emotionen und Gefühle zu sprechen, wobei wir beide Begriffe synonym verwenden. Es existieren viele wissenschaftliche Theorien über Emotionen, aber keine einheitliche Definition. Es gibt viele Möglichkeiten, die komplexe Einheit von körperlichen und geistigen Prozessen, durch die wir mit der Welt um uns herum interagieren, begrifflich zu fassen. In den meisten zeitgenössischen Theorien wird gesagt, dass Emotionen aus einer Reihe von Elementen bestehen: kognitive Beurteilung, körperliche Symptome, Handlungstendenzen, Ausdrücke und Gefühle (Scherer 2005). In den Diskussionen geht es darum, wie diese Elemente zusammenwirken.

Der Begriff der Emotion wird in der wissenschaftlichen Literatur verwendet seit 300 Jahren (Dixon 2003). Davor wurde das nicht-rationale Innenleben mit Begriffen wie *passiones animae* oder *Leidenschaften der Seele* beschrieben. Das lateinische Wort *passio* bezieht sich in erster Linie auf das Aushalten oder Durchmachen von etwas. Wenn es sich dabei um etwas Negatives handelt, kann man von Leiden sprechen, so wie in der Passion Christi. Allerdings sind die Konnotationen des lateinischen Wortes breiter. Der lateinische Inhalt von *passio* ist in Worten wie passiv, Patient und passioniert immer noch vorhanden.

Die Beschreibung unseres emotionalen Lebens mit dem Begriff *passio*, drückt sehr gut aus, was in zeitgenössischen Emotionstheorien weniger sichtbar ist: die Sensibilität für die Tatsache, dass Menschen nicht nur Handelnde sind, sondern auch empfangende und verwundbare Wesen, die vielem ausgesetzt sind. Die Bedeutsamkeit dessen greifen wir später wieder auf, wenn wir über die Frage sprechen: „Wie gehe ich mit dem Leiden um?“ Die Grundlagen der älteren Emotionstheorie stehen jedoch in direktem Zusammenhang mit dem Konzept des inneren Raums.

Während einer Kaffeepause auf der Palliativstation, auf der ich teilnehmende Beobachtungsforschungen durchführte, sprach ich den Pflegenden meine Bewunderung dafür aus, dass sie in der Lage waren, bei all den Schmerzen und Leiden, denen sie begegneten, bei der Arbeit motiviert und positiv gestimmt zu bleiben. Darauf antwortete eine der Krankenschwestern, dass sie ein tolles Team hätten und diese gegenseitige Unterstützung ihr viel bedeute, aber sie wolle nicht darüber nachdenken, wie es ihr in zehn Jahren gehen würde. Sie hatte Angst, dass sie eines Tages den Preis für diese „emotionale Arbeit“ zahlen müsse.

Der Begriff „emotionale Arbeit“ wurde in den 1980er-Jahren von der Soziologin Arlie Hochschild geprägt und bezieht sich auf den Weg des Umgangs mit Gefühlen und Gefühlsausdrücken, den man entwickelt, um emotionale Anforderungen im Rahmen einer beruflichen Tätigkeit zu erfüllen. Pflegerinnen und Pfleger sind typische „emotionale Arbeiter*innen“, die sich ständig auf die Stimmungen von Patient*innen einstellen müssen und dabei gleichzeitig ruhig und freundlich bleiben sollen. Dieser Anspruch kann anstrengend sein, wenn über einen längeren Zeitraum die Diskrepanz zwischen dem, was man fühlt, und dem, wie man sich verhalten soll, zu groß ist. Wenn wir Emotionen als etwas betrachten, das wir durchmachen, können wir uns vorstellen, dass es für das, was Menschen ertragen können, Grenzen gibt.

Emotionen können ein wichtiger Weg zum inneren Raum sein, weil sie uns viel darüber sagen, was wir ertragen und was das Erleben mit uns macht. In der Tradition der *passiones animae* wurden Emotionen mit räumlichen Metaphern verbunden (Leget 2000). Angst zum Beispiel ist eine Emotion, die unseren inneren Raum verkleinert. Wenn wir Angst vor etwas haben, fühlen wir uns klein und verletzlich. Physiologisch bewirkt Angst zum Beispiel die Verengung unserer Venen, was uns blass erscheinen lässt. Angst verursacht auch zitternde Beine, oberflächliche Atmung und eine höhere Stimme. Es ist so, als ob wir uns zurückziehen und nicht mehr wirklich mit unserem Körper verbunden sein können. Kognitiv gesehen ist Angst eine Verengung dessen, was wir verstehen (können). Wir konzentrieren uns so sehr auf das Schlechte, das uns bedroht, dass wir jegliche Chance verlieren, die Dinge anders zu sehen.

Liebe ist jedoch eine Emotion, die unseren inneren Raum erweitert. Die Liebe führt dazu, dass wir uns groß und stark fühlen, so als könnten wir die ganze Welt erobern. Unser innerer Raum scheint die Grenzen unseres Körpers zu überschreiten und wir fühlen uns so, als könnten wir uns mit allem verbinden. Kognitiv eröffnet die Liebe eine unendliche Anzahl von Perspektiven und Optionen. Jemanden zu lieben – und Liebe meint hier mehr als romantische Liebe, sie steht auch für elterliche Liebe und Freundschaft – bedeutet, eine Zukunft für oder mit der geliebten Person zu sehen. Jemanden zu lieben bedeutet, seinen inneren Raum mit jemand anderem zu teilen.

Emotionen als Weg zum inneren Raum zu nutzen, hilft uns, mit unserem inneren Erleben und unserer Resilienz in Kontakt zu bleiben. Für die Arbeit im Gesundheitswesen – und vor allem in der Palliativmedizin – ist dies immens wichtig, um selbst gesund zu bleiben und um uns für das öffnen zu können, was uns Patient*innen zu sagen haben. Ohne den inneren Raum wird es im Inneren keinen Platz für die Dinge geben, die andere Menschen mit uns teilen wollen.

## Tugenden

Emotionen können ein wichtiger Weg zum inneren Raum sein, weil sie uns viel über unser inneres Leben erzählen und uns auffordern, die enorme Bandbreite unseres emotionalen Erlebens zu respektieren. Sie können auch in einem anderen Sinne ein Weg zum inneren Raum sein: als Grundlage für die Entwicklung unserer selbst und die Erweiterung unseres inneren Raums durch die Entwicklung von Tugenden.

Der Begriff der Tugend ist so alt wie die westliche Ethik. Die Vorstellung, dass ein moralisch gutes Leben mit den vier Kardinaltugenden Gerechtigkeit, Klugheit, Mäßigung und Tapferkeit verbunden ist, findet sich bereits in den Werken Platons. Platons Schüler Aristoteles arbeitete diese Auffassung weiter aus und machte sie zum Eckpfeiler seiner Ethik (Tongeren 2003). Laut Aristoteles sind Menschen in der Lage, ein glückliches Leben zu führen, indem sie ihr Gefühlsleben ausbilden. Dies wird als lebenslanger Prozess verstanden, der für jeden Menschen anders aussieht. Es gibt Menschen, die so aufwachsen und erzogen werden, dass sie in allem, was ihnen begegnet, Gefahren sehen. Sie entwickeln eine Haltung der Furcht vor neuen Erfahrungen. Andere Menschen werden durch ihre Erziehung so geprägt, dass sie in dem, was ihnen begegnet, niemals eine Gefahr sehen. Sie entwickeln eine Haltung der Leichtsinnigkeit. Laut Aristoteles müssen beide an sich arbeiten, um Mut zu entwickeln. Die ängstliche Person wird sich den Dingen aussetzen müssen, die sie fürchtet, um zu entdecken, dass die Furcht oft ungerechtfertigt ist. Der Leichtsinnige wird erfahren müssen, dass es wirklich gefährliche Situationen gibt, in denen man vorsichtig sein sollte. Mut bewegt sich in der Mitte zwischen Furcht (zu viel Auge für Gefahr) und Leichtsinn (kein Auge für Gefahr). Mut kann entwickelt werden, indem man sich mutig verhält. Dieses Verhalten wird zur Tugend, wenn man so leicht die richtige Balance findet, als wäre sie eine zweite Natur, und man es genießt, so zu handeln.

Wie können Tugenden nun einen Zugang zum inneren Raum eröffnen? Meiner Ansicht nach gibt es dazu zwei Aspekte. Erstens ist tugendhaftes Handeln mit leichtem und freudigem Handeln verbunden. Für einen tugendhaften Menschen kostet es keine zusätzlichen Anstrengungen, nett, einfühlsam, höflich und gerecht zu sein. Er oder sie ist einfach ein netter, einfühlsamer, höflicher und gerechter Mensch. Aus diesen Qualitäten werden Handlungen hervorgehen, die wahrscheinlich positive Reaktionen hervorrufen und bereits vorhandene Einstellungen bestätigen. Leicht und freudig handelnd, erlebt man den inneren Raum sowohl emotional als auch kognitiv. Das schafft mehr Raum, um Aufmerksamkeit in das zu investieren, was hier und jetzt gebraucht wird.

Zweitens kann die Haltung des inneren Raums selbst als eine Tugend gesehen werden, die entwickelt werden kann. Da alle Tugenden miteinander verbunden sind und sich gegenseitig beeinflussen, kann die Entwicklung einer Tugend zur Entwicklung einer anderen beitragen. Der innere Raum kann eine ähnliche Position einnehmen wie die Klugheit in der klassischen und mittelalterlichen Philosophie und zwar als Fähigkeit, in jeder spezifischen Situation die richtige Entscheidung zu treffen. In den Werken von Thomas von Aquin zum Beispiel wird Klugheit als diejenige Tugend angesehen, die alle anderen Tugenden lenkt und perfekt in den tugendhaften Menschen integriert ist. Ebenso ermöglicht uns der innere Raum, als zweite Natur, die vielen Stimmen in uns selbst auszuhalten und mit ihnen zu leben. Er könnte als eine Einstellung angesehen werden, die einen großen Einfluss auf die Entwicklung unserer Persönlichkeit hat.

Über Tugenden zu sprechen, ist im Gesundheitswesen nicht üblich. Wir leben in einer Zeit, in der einzelne Handlungen immer mehr durch Richtlinien, Anforderungen und Protokolle geregelt werden. Und wenn wir über die Fähigkeiten derjenigen nachdenken, die im Gesundheitswesen arbeiten, dann sprechen wir eher von Kompetenzen als von Tugenden. Bei der Entwicklung einer neuen Ars Moriendi müssen wir berücksichtigen, wie detailliert ein solches Modell sein und in welche Richtung es entwickelt werden sollte. Es gibt drei Gründe, warum es wichtig ist, vorsichtig zu sein gegenüber der Entwicklung einer zeitgenössischen Ars Moriendi in Form eines strengen, vorgegebenen Verfahrens.

Erstens birgt die Arbeit nach Richtlinien und Protokollen die Gefahr, einen Ansatz zu etablieren, der Kontrollkästchen zum Abhaken vorsieht. Man geht davon aus, dass der Prozess und das Ergebnis gut sind, solange alles nach den externen Anforderungen gemacht wird. Doch jede Kunst – und das gilt auch für die Ars Moriendi – basiert auf dem Erwerb von praktischen Fähigkeiten, die von innen heraus kommen. Solche Fähigkeiten werden genau wie die Tugenden zu einer zweiten Natur. Was der innere Raum bedeutet, kann nicht aus einem Buch gelernt werden. Nicht einmal aus diesem hier. Der innere Raum kann nur im wirklichen Leben erlebt und praktiziert werden.

Zweitens basiert die Arbeit nach Richtlinien und Protokollen auf der Idee, dass ohne diese Vorgaben alles schiefläuft. Aber wo Menschen einer Logik von Angst und Misstrauen folgen, treten sie in eine endlose Spirale des Prüfens und Kontrollierens ein, die an kein Ziel führt. Die Betreuung schutzbedürftiger Menschen jedoch ist nur in einer Kultur des Vertrauens möglich. Nur da kann der innere Raum gefunden und gefördert werden.

Drittens basiert das Arbeiten nach Richtlinien und Protokollen auf dem, was messbar ist. Doch der Versuch, den inneren Raum und die Tugenden zu messen, geht an der Sache vorbei. Kompetenzen lassen sich an ihrer Wirkung messen. Der innere Raum und die Tugenden beschreiben einen anderen Weg zu dem, was gut ist. Hier zählt nicht nur die Wirkung. Wert und Qualität liegen vielmehr in jedem Moment des Prozesses. Innere Räume und Tugenden sind nicht einfach Werkzeuge, um ein bestimmtes Ziel zu erreichen, sondern sind selbst Teil des Prozesses von Leben und gutem Sterben, um dessen Verwirklichung es (hier) geht.

Allerdings sollten wir weder naiv noch romantisch sein. Die Welt, in der wir leben, braucht aufgrund ihrer Komplexität und der Informationsflut, mit der wir es zu tun haben, auch Richtlinien und Protokolle. Und Richtlinien sind nicht grundsätzlich gegen Spiritualität gerichtet. Das wissen wir, seit Moses mit den Zehn Geboten vom Berg Sinai herabgestiegen ist. Vielleicht sollten wir auch hier weise nach einer Position in der Mitte suchen, die für ein tugendhaftes Leben charakteristisch ist.

## Spirituelle Traditionen

Viele spirituelle Traditionen bieten Möglichkeiten, den inneren Raum zu entdecken und zu fördern. In der christlichen Tradition zum Beispiel dienen Geschichten dazu, eine andere Perspektive auf die Welt zu eröffnen. Wie der Humor sind diese Geschichten Teil einer alternativen Sicht auf die Wirklichkeit – einer Welt, in der besondere Ereignisse sowie Erfahrungen, die jenseits unserer Vorstellungskraft liegen, und nicht Statistiken und Mehrheiten entscheiden, welchen Weg wir gehen.

Wenn man eine der großen mittelalterlichen Kathedralen besucht, betritt man einen Mikrokosmos, ein kleines Universum. Steht man in der Mitte einer solchen Kirche und betrachtet, wie die Sonne die Heiligenbilder in den Glasmalereien sichtbar macht, kann man plötzlich die Erfahrung machen, von Mitreisenden umgeben zu sein, die seit vielen Epochen auf dem gleichen Weg sind wie wir. Indem uns die Religion einlädt, Teil einer größeren Geschichte zu werden, kann sie unseren Platz im Leben und unsere Identität neu definieren. Als Teil einer religiösen oder spirituellen Tradition – in der Gewissheit, ein Kind Gottes zu sein, oder auf dem Weg der Erleuchtung – kann man den inneren Raum entdecken. In einem der späteren Kapitel werden wir zeigen, wie das Ars-Moriendi-Modell in einem religiösen Kontext verwendet werden kann.

Weil religiöse und spirituelle Traditionen die Kraft haben, unsere Wahrnehmung der Realität neu zu definieren, bergen sie die Gefahr in sich, zum Selbstzweck zu werden und uns von der unsichtbaren Realität abzulenken, die ihr eigentlich Kerngeschäft ist – *per visibilia ad invisibilia*, durch das Sichtbare zum Unsichtbaren, wie das berühmte mittelalterliche Sprichwort sagt. In den meisten religiösen und spirituellen Traditionen finden wir daher Bewegungen der Reinigung und Selbstkorrektur. Nach den Zehn Geboten ist es verboten, sich ein Bild von Gott zu machen. Der Islam vertritt eine ähnliche Ansicht. Sowohl in den mystischen Traditionen als auch in den Werken der großen Theologen herrscht ein tiefes Bewusstsein dafür, dass Gottes Größe unvorstellbar und jenseits des menschlichen Intellekts ist.

Eine der erfolgreichsten Bewegungen, die in den letzten Jahren in den Gesundheitssektor integriert wurde, ist die Achtsamkeit. Dass Achtsamkeit in der heutigen Welt eine so große Resonanz gefunden hat, ist zum Teil auf die Arbeit des vietnamesischen Mönchs und Friedensaktivisten Thich Nhat Hanh (1975) zurückzuführen, aber Dank der Arbeit des amerikanischen Molekularbiologen Jon Kabat-Zinn wurde das Konzept auch im Bereich der Wissenschaft und Medizin akzeptiert.

Achtsamkeit kann als leichte, offene Aufmerksamkeit beschrieben werden. Es ist eine Praxis der vorurteilsfreien und offenen Annahme dessen, was da ist: in dir und in deiner Umgebung. Sie kann auch als eine sehr konkrete und praktische Übung angesehen werden, um das zu erreichen, was mit der Metapher des inneren Raums gemeint ist. Sie konzentriert sich darauf, im Hier und Jetzt zu leben, sich der Mehrstimmigkeit in sich selbst bewusst zu werden und diese vielen Stimmen weder zu beurteilen noch zu unterdrücken. Wir stimmen nicht mit dem überein, was wir denken. Wir können nicht auf das reduziert werden, was wir denken. Unser Verstand ist nur ein Teil dessen, was wir sind. Es gibt immer mehr.

### Stille

„Als mein 19-jähriger Sohn plötzlich starb", sagte mir eine Mutter, „war von mir nichts mehr übrig als Traurigkeit und Wut. Viele Menschen wussten nicht, wie sie auf die Situation reagieren sollten und hatten nicht den Mut, uns zu besuchen. Eine Person, die sich traute zu kommen, war unser Hausarzt. Er setzte sich auf einen Stuhl und brachte zum Ausdruck, wie leid es ihm tat. Er saß einfach da, ohne etwas zu sagen. Ich ging in die Küche, um ihm einen Kaffee zu kochen, aber auf einmal konnte ich nicht mehr anders, stürmte zu ihm hin und sagte: ‚Sie sitzen einfach da und sagen nichts!' Er sah mich an und sagte: ‚Es tut mir so schrecklich leid, was Ihnen passiert ist. Ich weiß nicht, was ich sagen soll.' Damals wusste ich nicht, wie wichtig dieser Moment war. Rückblickend stellte ich jedoch fest, wie viel Trost es mir brachte, dass er gekommen war. Ich bin ihm dafür immer noch dankbar."

Stille kann auf ganz verschiedene Weise auftreten: Es gibt die Stille eines frühen Sonntagmorgens, an dem die ganze Welt ruhig und gelassen ist; die Stille der Nacht, wenn der Verkehr zur Ruhe gekommen ist; die Stille eines langen heißen Sommernachmittags im Juli; die Stille eines kristallklaren Februarmorgens, wenn die Welt mit weißem Schnee bedeckt ist; die Stille hoch oben in den Bergen; die Stille in einem Konzertsaal, nachdem der letzte Akkord gespielt wurde; die Stille in einer Kirche während des Gebets. Aber es gibt auch die Stille von jemandem, der nicht weiß, was er sagen soll; die Stille von jemandem, dessen Stimme nicht gehört wird; die Stille von jemandem, der sich schämt; die Stille vor dem Sturm; die Stille, bevor die Hölle über einen hereinbricht; die Stille nach einem letzten Schrei des Leidens; die Stille von Menschen, die sich so gut kennen, dass keine Worte nötig sind; die Stille in einem aufrichtigen Gespräch; die Stille von Menschen, die ganz konzentriert im selben Raum lesen; die Stille während eines Gedenktages.

Stille als Weg zum inneren Raum ist die Stille, die uns mit unseren tiefsten Gedanken und Gefühlen verbindet. Alle großen Werke der Literatur, Poesie, Philosophie und Musik entstehen aus der Stille heraus. Beethoven und Nietzsche verbrachten ihren Vormittag stundenlang mit Spaziergängen, bei denen sie in aller Stille Ideen entwickelten. Am Nachmittag wurden diese Ideen aufgeschrieben und ausgearbeitet. Stille spielt in spirituellen Traditionen eine große Rolle. Meditation ist auf Stille aufgebaut. Kirchen, Klöster und Abteien sind traditionell Orte der Stille. Stille kann heilend und beruhigend sein. Aber Schweigen kann auch Mut erfordern.

Ein emeritierter Professor für Geriatrie erzählte mir, dass er allen Medizinstudierenden, die ein Praktikum bei ihm absolvierten, die gleiche Aufgabe gab: das Zimmer eines Menschen zu betreten, der an einer unheilbaren Krankheit litt, sich hinzusetzen und einfach zu sehen, was passiert. Er wusste aus Erfahrung, dass junge Ärztinnen und Ärzte dazu neigen, an diesen Patient*innen vorbeizugehen, da sie der Meinung sind, ihnen nichts Sinnvolles anbieten zu können. Außerdem haben sie Angst vor der Stille in diesen Räumen. Später traf er immer wieder einige dieser jüngeren Kolleg*innen, und sie alle sagten ihm dasselbe: Sie konnten sich kaum erinnern, was sie während ihres Praktikums gelernt hatten, aber diese Momente der Stille hatten einen gewaltigen Eindruck hinterlassen.

Stille kann konfrontierend sein. Viele Menschen mögen es deshalb nicht, mit ihr allein zu sein. Erst wenn sie den Fernseher oder das Radio einschalten, fühlen sie sich wohl. Stille kann trainiert werden, und tatsächlich können viele der in diesem Kapitel behandelten Wege zum inneren Raum Wege zum Schweigen sein: den eigenen Körper zu erleben, sich der eigenen Emotionen bewusst zu werden; die vielen Praktiken, die in religiösen und spirituellen Traditionen entwickelt wurden: sie alle sind Wege zum Schweigen oder Wege, etwas zu tun, das Stille erfordert.

Mit Stille als letztem der Wege in den inneren Raum kommen wir zum Ende dieses Kapitels.

Nun haben wir einen Überblick über das Ars-Moriendi-Modell, das Wesen und die Bedeutung des inneren Raums und die vielen Wege, dorthin zu gelangen. In den folgenden fünf Kapiteln werden wir uns näher mit den fünf zentralen Themen befassen.

Entsprechend der großen Bedeutung, die der Autonomie in der heutigen Gesundheitsversorgung beigemessen wird, beginnen wir mit der Frage: Wer bin ich und was will ich wirklich?

## Kapitel 4
## Wer bin ich und was will ich wirklich?

Einer der Patienten, um die ich mich im Pflegeheim kümmerte, war ein älterer Mann, der einen Schlaganfall erlitten hatte und nur noch die Hälfte seines Körpers bewegen konnte. Die Krankenschwestern meinten, ich solle ihn besuchen. Als ich sie nach dem Grund dafür fragte, bekam ich keine klare Antwort. Ich glaubte jedoch an ihren Augen zu erkennen, dass sie sich einen kleinen Spaß mit mir erlauben wollten. Also war ich neugierig, mehr über diesen Mann zu erfahren. Als ich zu ihm kam, begrüßte er mich mit großer Begeisterung und ich stellte mich ihm vor. Sofort fragte er mich nach meinem Nachnamen. Er nahm an, dass dieser Name französisch sei und meine Vorfahren Hugenotten gewesen sein müssten, ebenso wie seine Vorfahren. Ich bestätigte seine Vermutung und erzählte ihm, dass der Stammbaum unserer Familie bis in das frühe 17. Jahrhundert zurückverfolgt werden könne. Damals war einer meiner Vorfahren aus Südfrankreich in die Niederlande geflohen. Im Verlauf unseres Gesprächs war ich zunehmend von der Bildung dieses Mannes und seinem großen Interesse an der Welt beeindruckt. Gleichzeitig hatte ich ein etwas seltsames Gefühl im Hinblick darauf, wie sich unser Gespräch entwickelte. Auf der einen Seite schien der Patient Ähnlichkeiten zwischen uns beiden zu suchen; er hatte ebenso wie ich sehr gut in der Schule abgeschnitten und eine Universitätsausbildung genossen. Auf der anderen Seite wollte er dadurch offensichtlich einen großen Unterschied zwischen uns beiden und dem Rest der im Pflegeheim arbeitenden Menschen setzen. Außerdem bemerkte ich, dass immer er es war, der die Fragen stellte und immer ich derjenige, der antwortete. So fühlte sich das Gespräch zunehmend wie eine Befragung in einem Vorstellungsgespräch an. Daher beschloss ich, den Spieß umzudrehen und fing an, ihn nach seiner Lebensgeschichte zu fragen. Es stellte sich heraus, dass der Patient in Indonesien, einer ehemaligen niederländischen Kolonie, geboren worden war und ein interessantes und reiches Leben geführt hatte. Nach seinem Universitätsabschluss hatte er im Bankwesen Karriere gemacht, aber dann waren innerhalb kurzer Zeit viele Dinge schief gelaufen. Und jetzt war er in einem Vierbettzimmer in einem Pflegeheim gelandet. Er fühlte sich hier offensichtlich nicht wohl und konnte sich nicht an sein neues Zuhause gewöhnen. Er benahm sich wie ein Bankdirektor, rief Personal herbei und gab Befehle, schaffte es aber nicht, Freunde zu finden oder beim Pflegepersonal Sympathie für sich zu wecken. Er hatte das Gefühl, dass sein Leben nicht mehr lebenswert war, und wusste nicht, warum er noch weiterleben sollte. Er war frustriert, weil er zwar als zurechnungsfähiger Patient galt, aber ihm in diesem Pflegeheim niemand helfen würde, sein Leben zu beenden, obwohl es ihm aufgrund der in den Niederlanden geltenden gesetzlichen Bestimmungen zustehen würde, Sterbehilfe zu beantragen.

Während einer Kaffeepause im Stationszimmer wollten die Schwestern wissen, wie das Gespräch mit dem älteren Herrn gelaufen war. Da wurde mir bewusst, dass ich zwischen verschiedenen Gefühlen hin und her gerissen war. Es tat mir leid, dass dieser Mann in einer selbstverschuldeten Einsamkeit gefangen zu sein schien. Aber ich konnte auch verstehen, warum er der unbeliebteste Patient auf der Station war. Was mich jedoch besonders beschäftigte, war die Frage, wer dieser Mann wirklich war. Nach niederländischem Recht würde man ihn als einwilligungsfähigen Patienten betrachten, dessen Autonomie respektiert werden muss. Aber inwieweit konnte man ihn tatsächlich als jemanden betrachten, der zu einer wirklich freien Wahl fähig ist?

## Eine Gesellschaft autonomer Individuen

Nach einer langen Tradition des medizinischen Paternalismus ist es eine wichtige Korrektur in der nordeuropäischen und nordamerikanischen Bioethik und im Rechtsverständnis, die Autonomie der Patient*innen zu respektieren. Patient*innen, die über die geistige Fähigkeit verfügen, ihre Interessen realistisch einzuschätzen, sollten in der Lage sein, über ihre Behandlung zu entscheiden. In den meisten Ländern bedeutet dies, dass Patient*innen, die sich nicht mehr behandeln lassen wollen, die Weiterbehandlung ablehnen können, auch wenn dies zu ihrem Tod führen kann. Natürlich sollte dies gut dokumentiert werden, damit es keinen Zweifel über eine eventuelle Einflussnahme durch andere gibt (z.B. durch Familienmitglieder, die auf ein Erbe warten) und die Entscheidung sollte der freie Wille des oder der Einzelnen sein.

In einigen Ländern und Staaten ist es möglich, um ärztlich assistierten Suizid oder Sterbehilfe zu bitten.

Für diesen Fall gibt es Verfahren und Vorschriften, um die Einwilligungsfähigkeit des*der Patient*in sicherzustellen und äußeren Druck auszuschließen. Grundsätzlich wird der*die Patient*in jedoch als Person angesehen, die für ihr eigenes Leben verantwortlich ist. Es scheint allgemeiner Konsens zu sein, dass die Entscheidung anderer Menschen über Leben und Tod einer Person auf ein Minimum reduziert werden sollte.

Diese Kultur der Selbstbestimmung, die sich in den letzten 30 Jahren entwickelt hat, wurde durch den Aufstieg des Neoliberalismus begleitet und gefördert (Brown 2003). Gemäß dieser Ideologie wird die individuelle Freiheit als der wichtigste soziale Wert angesehen, und sie soll garantiert werden durch ein Minimum an staatlichen Regelungen. Gleichzeitig halten wirtschaftliche Kategorien wie Effizienz und Gewinn Einzug in die Sozialpolitik und alle Institutionen. Ökonomische Begründungen durchdringen unser Denken. Dadurch wird der*die Einzelne immer mehr wie ein*e Unternehmer*in wahrgenommen, welche*r die eigene individuelle Existenz gestalten muss und für das eigene Leben verantwortlich ist. Menschen sollen immer leistungsstark und berechnend sein, um Erfolg zu haben, und dieser Erfolg ist dann gleichbedeutend mit Glück.

Neoliberales Denken hat einen großen Einfluss darauf, wie wir die Gesellschaft organisieren und wie wir uns selbst betrachten. Eine der Auswirkungen ist, dass sich die (Für-)Sorge, eine Praxis, die für den Zusammenhalt einer Gesellschaft unerlässlich ist, radikal anders darstellt (Brugère 2014). Ursprünglich verstanden als ein Beziehungsgeschehen, als ein gemeinschaftsstiftendes Engagement, das spontan zwischen Menschen geteilt wird, die nahe beieinander leben, wird (Für-)Sorge auf diesem Hintergrund vor allem zu einer individuellen Verantwortung gegenüber sich selbst. Wie bei allen anderen Tätigkeiten, die einer wirtschaftlichen Rationalität unterliegen, wird (Für-)Sorge als eine Tätigkeit angesehen, bei der Menschen ihr Humankapital einsetzen. Nach Ansicht des Marktes muss das Humankapital Früchte tragen, also wird (Für-)Sorge als Investition in und die Produktion von Humankapital angesehen.

Nach dieser neoliberalen Ideologie gilt der Mensch als autonom und eigenverantwortlich. Abhängigkeit und Verwundbarkeit werden dagegen als Schwäche oder Fehler betrachtet. Diese (scheinbaren) Schwächen schaffen einen Markt für diejenigen, die fit genug sind, um als Pflegekräfte die erwarteten Leistungen zu erbringen. Tätigkeiten der Fürsorge werden als Bestandteil eines wirtschaftlichen Austauschs betrachtet. Diejenigen, die nicht in der Lage sind, am wirtschaftlichen Austausch teilzunehmen, die aber auf Tätigkeiten der Fürsorge angewiesen sind, verfehlen eindeutig das Ideal eines starken, eigenständigen Individuums.

Die mit dem Neoliberalismus verbundene Idee der Freiheit ist eine Form der negativen Freiheit: Sie wird nicht durch einen positiven Inhalt definiert. Diese Art von Freiheit wird durch die Abwesenheit von Eingriffen definiert. Natürlich kann das Bild, das wir hier gerade gezeichnet haben, dadurch ergänzt werden, dass es viele Kulturen in Europa und in den Vereinigten Staaten gibt, in denen Menschen weniger als autonome Individuen, sondern vor allem als Mitglieder einer Familie betrachtet werden. In den Mittelmeerländern zum Beispiel hat dies eine lange Tradition. Aber auch in diesen Kulturen sind die Auswirkungen des Neoliberalismus zu spüren, und auch hier sehen wir über die Zeit hinweg Veränderungen.

Wenn wir den älteren Mann im Pflegeheim aus der neoliberalen Sicht der individuellen Autonomie betrachten, ist es ziemlich einfach, eine Antwort auf die Fragen zu finden, die mich verwirrt hatten: Wer dieser Mann war, ist aus dieser Sichtweise heraus nicht von Bedeutung. Wir müssen es nicht wissen. Und die Frage, ob dieser Mann ein freier Mensch ist oder nicht, lässt sich leicht beantworten, wenn man sich seine intellektuelle Leistung ansieht. Da er ein zurechnungsfähiger Erwachsener ist, kommt es einzig und allein darauf an, ihm bei der Erfüllung seiner Wünsche zu helfen und sein Leben zu beenden. Der Neoliberalismus braucht keine Ars Moriendi. Das Sterben wird als Privatsache betrachtet, als eine individuelle Angelegenheit. Die Frage ist jedoch, ob diese Art, das Lebensende zu betrachten, dem Menschen gerecht wird. Wenn man ausblendet, dass Menschen nicht nur Individuen, sondern auch soziale Wesen sind, nicht nur selbstständige „Manager*innen ihres Lebens“, sondern auch verletzliche und abhängige Wesen, übergeht man die Hälfte dessen, was einen Menschen letztendlich ausmacht.

Norbert Elias reflektierte in den frühen 1980er-Jahren über die Situation Sterbender und kam zu dem Schluss, dass sterbende Menschen in vielerlei Hinsicht allein gelassen werden, zum Beispiel im Blick darauf, dass sie den Sinn ihres Lebens ganz allein finden müssen (Elias 1985). Der Individualismus hat unsere Kultur so tief durchdrungen, dass wir glauben, unser Leben könne völlig unabhängig von der Bedeutung, die es für andere Menschen hat, seine individuelle Bedeutung haben. Wenn wir diese Bedeutung dann nicht finden, sind wir enttäuscht und nennen das Leben sinnlos. Seltsamerweise erleben wir die Wechselwirkung von Bedeutung und Verbundenheit im alltäglichen Leben und Handeln die ganze Zeit. Doch sobald wir anfangen, über unser Leben nachzudenken, machen wir den beschriebenen Fehler.

Wenn wir den erwähnten älteren Mann nun in seiner Verzweiflung und Isolation nicht allein lassen wollen, sollten wir vielleicht etwas mehr über seine sogenannte Autonomie nachdenken. Da Autonomie dem ursprünglichen Wortsinn nach aus den Worten „Selbst" und „Bestimmung" besteht, könnte die Frage, wer dieser Mann ist, wie er zu bestimmen ist, ein wichtiger Beitrag zum Verständnis seiner Situation sein. Unsere neue Ars Moriendi sollte uns dabei helfen können.

### Ich selbst und der andere

Entscheidungsfähige Menschen überraschen manchmal sowohl sich selbst als auch andere. Marie de Hennezels Freund, der sein Leben im Alter von 65 Jahren beenden wollte, hatte lange über seinen Entschluss nachgedacht. Schließlich brachte er den Mut auf, seine Entscheidung mit einer seiner besten Freundinnen zu teilen. Diese Frau hörte ihm zu, versuchte aber nicht, ihn von seiner Meinung abzubringen, sondern versicherte ihm, dass sie für ihn da sein würde. Nach ein paar Monaten berichtete Hennezels Freund, dass er von seiner Entscheidung abrücken möchte. Die Tatsache, dass seine Freundin ihm offen und aufmerksam zugehört und ihn nicht verurteilt hatte, hat ihm geholfen, sein Leben aus einem neuen Blickwinkel zu betrachten.

Die menschliche Freiheit ist nicht immer leicht zu erfassen, und wenn man die Streiche bedenkt, die der Tod uns spielt, könnte man vermuten, dass Marie de Hennezels Freund von Furcht oder Angst getrieben worden war. Um die Autonomie eines Patienten zu respektieren, könnte es daher möglicherweise nicht ausreichen, nur das aufzuschreiben, was ein Patient sagt. Wenn wir einen Menschen als Menschen respektieren wollen, kommt es vielleicht eher darauf an, unsere Aufmerksamkeit dem inneren Gespräch des Patienten zu widmen. Aber wenn der Patient solch ein inneres Gespräch führt, stellt sich unter Umständen die Frage, welche seiner inneren Stimmen sein wahres Selbst repräsentiert. Oder gibt es nicht nur eine Stimme, die das wahre Selbst repräsentiert, sondern eher einen singenden Chor, mit verschiedenen inneren Stimmen, die nach Harmonie streben?

In seinen späteren Werken hat der französische Philosoph Paul Ricœur über die Natur des menschlichen Selbst an der Schnittstelle von Sprachwissenschaft, Erzähltheorie, Ethik und Ontologie nachgedacht (Ricœur 1990). Nach seiner Analyse, die einer der theoretischen Eckpfeiler unserer Ars Moriendi ist, erkennt er drei Beziehungen, die zusammengenommen das „Selbst“ als einen dynamischen Prozess konstituieren. Werfen wir einen Blick auf den älteren Mann im Pflegeheim und stellen uns die Frage: Wer ist er?

Eine erste Möglichkeit, diese Frage zu beantworten, besteht darin, ihn als jemanden zu beschreiben, der große Schwierigkeiten hat, eine zusammenhängende

Lebensgeschichte zu präsentieren, oder vielmehr, der Schwierigkeiten hat, sich mit seiner zerbrochenen Lebensgeschichte zu identifizieren. Er fühlt sich im Pflegeheim nicht zu Hause und sendet immer wieder Signale aus, dass er nicht die Person ist, die er zu sein scheint. Er ist nicht das verletzliche, unselbstständige Individuum, das man wahrnimmt, wenn man ihn ansieht. Er ist ein wichtiger Mann, der am falschen Ort gestrandet ist, nachdem die Winde des Schicksals sein Schiff in die verkehrte Richtung geblasen haben.

Eine zweite Möglichkeit, diese Frage zu beantworten, ist, den alten Herrn als einsamen Mann zu beschreiben, der große Probleme hat, gute Beziehungen zu den Menschen aufzubauen, mit denen er seinen Alltag teilt. Er isoliert sich, indem er in einer Weise kommuniziert, die nicht an die Situation angepasst ist. Er ist mit den Menschen um sich herum nicht verbunden und scheint sich nicht sicher zu sein, wer er ist.

Eine dritte Möglichkeit, die Frage zu beantworten, ist, ihn als ehemaligen Bankdirektor zu beschreiben, der nach einem schweren Schlaganfall in ein Pflegeheim gekommen ist.

Jede dieser drei Arten, den älteren Herrn zu beschreiben, ist richtig. Sie stellen jeweils eine andere konstituierende Beziehung in den Vordergrund, und sie sind alle miteinander verbunden. Die Beschreibung als Mensch, der Schwierigkeiten hat, sich mit der eigenen Lebensgeschichte zu identifizieren (seine Beziehung zu sich selbst), drückt sich darin aus, dass er nicht weiß, wie er mit den Menschen um sich herum umgehen soll (seine Beziehung zu den anderen). Dies beruht darauf, dass er sich immer mit der Position identifiziert hat, die er in der Gesellschaft innehatte (seine Beziehung zu den Institutionen).

Die drei Beziehungen, die das Selbst konstituieren, sind alle gekennzeichnet durch die Pole „Ich“ und „die Anderen“. Die erste Beziehung (mit mir selbst) befindet sich eher auf der „selbst“-Seite des Spektrums, und die beiden anderen Beziehungen (mit den anderen, mit den Institutionen – oder mit den anderen durch die institutionelle Dimension) auf der Seite des Spektrums, die „den anderen“ zugeordnet sind. Beide Enden des Spektrums bedingen sich gegenseitig. Wir sind nicht ganz „selbst gemacht“ oder in der Lage, uns selbst zu definieren: Wir haben nicht die Sprache erfunden, die es uns ermöglicht, überhaupt zu denken und uns auszudrücken, ganz zu schweigen von der Tatsache, dass wir nicht einmal überleben könnten, wenn wir in den ersten Jahren unseres Lebens nicht von anderen Menschen versorgt würden, in den meisten Fällen von denjenigen, die auch unsere DNA geliefert haben. Wir sind aber auch nicht nur die Produkte unserer Umwelt, Bildung und Kultur; die meisten von uns sind einzigartige, freie, verantwortungsbewusste und kreative Menschen, die in der Lage sind, durch eigene Entscheidungen Einfluss darauf zu nehmen, wer und was wir sind.

Das Verständnis des Selbst als ein kontinuierlicher dialektischer Prozess, der sich zwischen zwei Polen abspielt, beeinflusst unsere Vorstellung von Autonomie maßgeblich. Das bedeutet, dass wir Autonomie nicht nur als das Ergebnis der Beziehung betrachten können, die ich zu mir und meinem Leben habe. Die Beziehung zwischen mir und den anderen sowie der institutionelle Kontext meines Lebens spielen von Anfang an eine große Rolle. Bevor wir uns nun der Rolle widmen, die der innere Raum in diesem Prozess hat, wenden wir uns kurz den drei oben beschriebenen Beziehungen zu, die das Selbst ausmachen, um deren Beitrag und Bedeutung noch deutlicher zu erkennen.

Die Beziehung zu mir selbst wird durch Sprache und das Erzählen von Geschichten vermittelt. Auch die Beziehung zu unseren Emotionen und Gefühlen wird durch den Rahmen vermittelt, in dem wir sie erleben. Der Schmerz, den ich beim Zahnarztbesuch erlebe, wird sich völlig verändern, wenn ich nicht mehr sicher bin, ob die Behandlung wirklich notwendig ist oder vor allem dem Zahnarzt geschäftlichen Gewinn bringt. Solange wir leben interpretieren wir, und das gilt auch für die Art und Weise, wie ich mich selbst sehe. Unsere Lebensgeschichte ist ein kontinuierlicher, kreativer Prozess, in dem einzelne Handlungen und Verhaltensweisen im Licht größerer Lebensziele bedeutsam werden und einen Sinn erhalten. So wie wir ein Buch nur durch einen hermeneutischen, dialektischen Prozess verstehen, in dem wir die Teile mit dem Ganzen in Beziehung bringen (Wörter haben Bedeutung in Sätzen, Sätze in Absätzen usw.), so verstehen wir auch uns selbst nur in einem dialektalen Prozess. Sich selbst verstehen heißt, ein Bild von dem zu erstellen, was wir sind, indem wir Sichtweisen auf uns selbst auswählen und kombinieren. Jede Lebensgeschichte kann auf unzählige verschiedene Arten erzählt werden, und wir werden bewusste oder unbewusste Gründe haben, uns dafür zu entscheiden, sie auf die eine oder andere Weise zu erzählen.

Von Anfang an ist unsere eigene Lebensgeschichte Teil der Lebensgeschichten vieler anderer Menschen.

Auch deren Geschichten haben Einfluss auf unser Selbstverständnis. Eine verheiratete Frau zum Beispiel fühlt sich möglicherweise sehr verantwortlich für das Glück des Ehepartners und der Kinder. Diese Verantwortung kann diejenigen inneren Stimmen stärken, welche vor allem die Identität als Ehefrau und Mutter von Kindern prägen, und eben nicht andere Stimmen, die davon sprechen, auch Mitarbeiterin und attraktive Kollegin zu sein, die offen für spannende Affären ist. Aber wenn eine solche Frau sich dann plötzlich ernsthaft verliebt, kann eine Identitätskrise entstehen. Manchmal entdecken Menschen in einer solchen Situation plötzlich, dass sie Dinge tun, die sie von sich selbst nie erwartet hätten. Unser Handeln korrigiert dann das Bild, das wir uns von uns selbst gemacht haben.

Die Stimmen anderer Menschen, die uns sagen, wer und was wir sind, sind nicht begrenzt auf den Kreis lebender Menschen. Häufig spielen Verstorbene weiterhin eine Rolle im Leben ihrer Angehörigen, manchmal bewusst, zum Beispiel durch innere Gespräche („Wie stolz wäre mein Vater gewesen, wenn er es gewusst hätte…“), manchmal unbewusst, etwa durch starke Loyalitätsgefühle. In beiden Fällen ist unsere Identität jedoch so sehr mit der Identität anderer Menschen verwoben, dass es manchmal so aussieht, als wären wir nichts anderes als die Summe unserer Beziehungen zu anderen Menschen.

Das menschliche Leben ist darüber hinaus immer auch in größere Strukturen eingebettet, die über die zwischenmenschliche Dimension hinausgehen. Institutionen wie das Gesundheitswesen, die Justiz, Bildung, Kirche oder Staat spielen immer eine Rolle bei der Definition dessen, wer wir sind, wie wir uns selbst sehen, wie wir andere Menschen betrachten und welche Chancen wir im Leben haben. Der ältere Mann in unserem oben genannten Beispiel definierte seine Identität über seine ehemalige institutionelle, gesellschaftliche Rolle als Bankdirektor. Er konnte nicht mit der neuen Identität leben, die ihm aufgezwungen wurde, nämlich der eines Pflegeheimpatienten. Seiner Ansicht nach wurde er aus dem Lager der Gewinner unfreiwillig in das Lager der Verlierer versetzt und er weigerte sich, diese neue Identität anzunehmen.

Institutionen sind wichtig, um Dauerhaftigkeit und Stabilität in der Gesellschaft zu gewährleisten. In den letzten Jahrzehnten allerdings scheinen sie immer mehr unter Druck zu kommen (Dubet 2002). Aber auch wenn sich Institutionen verändern und sich neue Formen entwickeln, spielen sie weiterhin eine wichtige Rolle bei der Stabilisierung menschlicher Beziehungen. Der Nachteil von Institutionen besteht jedoch darin, dass sie blind sind, dass sie starr und bürokratisch werden können. Institutionen können entmenschlichen und schädlich für das Selbstwertgefühl von Menschen sein. Jede Ars Moriendi, die nicht naiv ist, sollte auf diese negative Kehrseite achten.

## Innerer Raum

Wenn sich unser Selbst in einem dialektischen Prozess zwischen den beiden Polen „ich in meiner Beziehung zu mir selbst" auf der einen Seite und „ich in meiner Beziehung zu anderen" auf der anderen Seite konstituiert – was bedeutet dies für unser Verständnis von Autonomie? Und welche Rolle spielt der innere Raum in diesem Prozess? Wie wir im vorangegangenen Kapitel gesehen haben, ermöglicht es der innere Raum, offen zu sein für die Entdeckung der Polyphonie in sich selbst. Je mehr inneren Raum es gibt, desto mehr kann man erkennen, dass es eine Reihe von inneren Stimmen geben kann, die darum bitten, gehört zu werden. Alle diese Stimmen befinden sich irgendwo im Kontinuum zwischen den beiden Polen „Ich" und „die Anderen", zwischen denen der dialektische Prozess stattfindet. Inneren Raum zu haben bedeutet, diese inneren Stimmen zu hören, ohne die Spannungen lösen zu wollen, die auftreten, wenn die Stimmen nicht in Harmonie miteinander sind.

Wenn wir noch einmal über die Geschichte von Marie de Hennezel nachdenken und uns fragen, ob ihre Reaktion eine freie autonome Reaktion auf ihren Freund war, haben wir ein Beispiel für diesen Prozess. Als sie seine Bitte hörte, dass sie da sein sollte, wenn er sein Leben beendet, fühlte sie zuerst Wut, Widerstand und Enttäuschung. Diese Emotionen waren direkt mit dem Ich-Pol ihrer Identität verbunden. Weil er sie bat, in diesem Moment anwesend zu sein, fühlte sie sich im Blick auf ihr eigenes Selbstverständnis nicht gewürdigt, nämlich als eine Frau, die sich in ihrer täglichen Arbeit mit sterbenden Menschen der Entdeckung von Lebensqualität und neuen Perspektiven verschrieben hatte. Weil sie jedoch einen inneren Raum hatte, fühlte sie auch Emotionen, die mit dem anderen Pol ihrer Identität verknüpft waren: Emotionen, die mit ihrer langjährigen und besonderen Freundschaft verbunden waren, die ihr sehr viel bedeutete. Sie konnte die Bedeutung der widersprüchlichen Perspektiven in sich selbst erkennen, die beide tief in ihrem Wesen verwurzelt waren. Gleichzeitig spürte sie, dass es in diesem Moment für den Mann, der ihr gegenüber saß, wichtig war, dem Appell an ihre Freundschaft Vorrang zu geben. Aber sie formulierte ihre Antwort so, dass sie keinen der beiden Pole verraten musste. Sie versprach ihm, da zu sein, obwohl sie seine absurde Idee nicht unterstützte.

Marie de Hennezels Geschichte ist ein Beispiel für innere Freiheit und Autonomie. Sie bewahrte sich eine Freiheit im Umgang mit ihren Emotionen; obwohl sie ihre Gefühle wahrnahm, wurde sie durch sie nicht gebunden oder gezwungen. Sie unterdrückte noch leugnete sie ihre widersprüchlichen Emotionen, sondern nahm sich die Zeit, zu erforschen, was sie ihr über die Situation, in der sie sich befand, sagten. Darüber hinaus war sie in der Lage, ein Urteil über die Gewichtung beider gegensätzlicher Perspektiven abzugeben. Beide Pole, beide Perspektiven hatten ihren eigenen Wert, und sie fühlte, dass beide mit dem verbunden waren, was sie war.

Wenn der innere Raum hilft, Emotionen auszuhalten oder gar zu integrieren, die mit widersprüchlichen Polen verbunden sind – was passiert, wenn es keinen inneren Raum gibt? Die Situation des älteren Herrn im Pflegeheim zu überdenken, kann uns dabei helfen, eine Antwort zu finden. Dieser Mann schien eine klare Vorstellung davon zu haben, was er wollte: Er wollte nicht mehr leben. Wenn wir seinen Todeswunsch bedenken, sehen wir, dass dieser Wunsch eine andere Art war zu sagen, dass er nicht in dieser Situation und unter diesen Bedingungen leben wollte. Er befand sich in einem Konflikt zwischen dem, wie er sich selbst sah, und der realen Situation, in der er sich befand. An der Art und Weise, wie er seine Lebensgeschichte erzählte und wie er mit den Menschen um sich herum kommunizierte, konnte man erkennen, dass er seine Identität in erster Linie durch seine gesellschaftliche Position definierte. Bankdirektor zu sein, war für ihn mehr als nur ein Job: So sah er sich selbst und so wollte er von anderen gesehen werden. Indem er seine Identität über den „Anderen-Pol" definierte, ging er ein großes Risiko ein, denn nach seinem Umzug in das Pflegeheim, war er nicht in der Lage, diese neue Situation als Patient in seine Lebensgeschichte zu integrieren. Verletzlich, abhängig und teilweise gelähmt zu sein, waren Teile seiner neuen Lebensgeschichte, die er aber leugnete und von sich weg schob. Er hatte nicht den inneren Raum, um die verschiedenen Emotionen und Perspektiven, die mit seiner Identität verbunden waren, in Einklang zu bringen, und entschied sich deshalb dafür, nicht mehr leben zu wollen, statt sich dieser Situation zu stellen und sie zu ertragen.

Bedeutet dies nun, dass Marie de Hennezels Reaktion besser war als die des älteren Herrn? Ist die neue Ars Moriendi vielleicht moralischer, als wir zugeben wollen? Die neue Ars Moriendi soll nicht dazu dienen, Menschen zu beurteilen oder sie in eine bestimmte Richtung zu drängen. Sie soll den Menschen helfen, eine innere Freiheit zu entdecken, die es ihnen ermöglicht, sich mit sich selbst und den Menschen um sich herum zu versöhnen. In diesem Sinne ist sie nicht moralisch neutral. Im Hintergrund steht die normative Position, die Gesellschaft als ein lebenserhaltendes Beziehungsgeflecht zu sehen und nicht als einen freien Markt mit unbegrenzten Möglichkeiten. Und vergleicht man Marie de Hennezel mit dem älteren Herrn, scheint es kaum Zweifel zu geben, dass sie mehr inneren Raum hat und ihre autonome Wahl eher von innerer Freiheit geprägt ist.

## Menschenwürde

Situationen wie die, in der sich der ältere Herr befand, in denen also das Lebensende im Mittelpunkt der Diskussion steht, werden oft als Situationen dargestellt, in denen die Menschenwürde bedroht ist. Was ist das Leben wert, wenn Menschen nicht mehr in der Lage sind, sich mit ihrer aktuellen Situation zu identifizieren und ihr Selbstwertgefühl verloren haben? Wenn Menschen das Gefühl haben, dass ihr momentanes Leben nicht mehr lebenswert ist, sind wir dann nicht verpflichtet, ihnen aus Respekt vor ihrem Verständnis von Würde zum Sterben zu verhelfen? Wenn die Menschen das Bild davon, was sie einmal waren, um ihrer Würde willen bewahren wollen – wer sind wir dann, ihnen das zu verwehren?

Wird über Menschenwürde diskutiert, wird es häufig sehr verwirrend. Denn Würde ist ein Konzept, das Konnotationen aus Diskursen aus mehr als zweitausend Jahren und aus den unterschiedlichsten kulturellen Kontexten enthält (Kirchhoffer 2013). Meiner Meinung nach gibt es in den aktuellen Diskussionen, in denen dieses Konzept eine Rolle spielt, drei unterschiedliche Arten der Verwendung des Begriffs (Leget 2013b).

Manchmal wird Würde als die Art und Weise angesehen, wie sie in der Allgemeinen Erklärung der Menschenrechte definiert ist, wo es heißt, dass alle Menschen frei und gleich an Würde und Rechten geboren sind. Diese Interpretation folgt einer alten Tradition, die bereits im stoischen Denken vorhanden war und in der christlichen Theologie weiter entwickelt wurde. Würde ist hier untrennbar mit dem Menschsein verbunden. Die Würde des Menschen ist hier eine *ontologische Kategorie*: Sie kann bedroht, geleugnet oder verletzt werden, darf aber niemals verloren gehen. Sie gilt für alle Geschöpfe, die von menschlichen Eltern geboren wurden, wie verletzlich oder beeinträchtigt auch immer sie sein mögen. Diese Bedeutung des Wortes kann mit den institutionellen Dimensionen der Identität verbunden werden, da sie nicht sichtbar oder greifbar ist, sondern von Institutionen wie den Vereinten Nationen und der Kirche proklamiert werden.

Eine zweite Art und Weise, wie der Begriff „Würde" verwendet wird, bezieht sich auf das Zwischenmenschliche. Im ältesten Sinne des Wortes ist die Würde etwas, das bestimmten Personen als Inhaber*innen öffentlicher Ämter zuteil wird. Würde in diesem Sinne kann verloren gehen und ist abhängig davon, wie Menschen miteinander umgehen. Diese Dimension von Würde kann man sowohl in sozialen als auch in zwischenmenschlichen Beziehungen finden. Jemanden mit Respekt zu behandeln, bedeutet, seine Würde zu respektieren. Menschen können auf eine Weise behandelt werden, die ihnen ihre Würde entzieht oder ihre Würde entfaltet. Diese Bedeutung des Wortes kann mit der *zwischenmenschlichen Dimension der Identität* verbunden werden.

Die dritte Art der Anwendung des Konzepts von Würde ist relativ neu und findet sich oft in Diskussionen über das Lebensende. Hier wird der Begriff als *subjektive Kategorie* verwendet, die sich auf das Selbstwertgefühl eines Menschen bezieht. Menschen können in einer Situation sein, in der sie das Gefühl haben, ihre Selbstachtung zu verlieren, weil sie sich nicht mehr mit der Person identifizieren können, zu der sie in ihren Augen geworden sind. Diese Verwendung des Begriffs kann sich auf ganz unterschiedliche Situationen beziehen. Für einige Menschen wird das subjektive Verständnis von Würde relevant, wenn sie nicht mehr in der Lage sind, ihre Ausscheidung zu kontrollieren (denken Sie an den Fall von Annie, den Julia Lawton beschrieben hat), für andere ist es mit Veränderungen durch Demenz verbunden oder mit dem Verlust ihrer Lebensziele. In all diesen Fällen ist der empfundene Verlust von Würde mit einem Verlust von Freiheit verbunden. Und hier finden wir den Zusammenhang mit der Autonomie und die Erklärung dafür, dass die beiden Konzepte von Menschenwürde und Autonomie so oft gleichzeitig oder sogar synonym verwendet werden.

Bei dem älteren Herrn im Pflegeheim sehen wir, dass der Begriff im dritten Sinne verwendet wird. Er sieht offensichtlich keinen Sinn mehr im Leben, hat sein Selbstwertgefühl verloren und kann sich nicht mehr an die neue Lebenssituation anpassen. Befinden wir uns hier in einer Sackgasse? Wenn dieser Herr im Pflegeheim sein Selbstwertgefühl verloren hat und seinen autonomen Wunsch zu sterben äußert – wie kann dann überhaupt irgendeine Ars Moriendi von Nutzen sein?

## Autonomie, Würde und die Kunst des Sterbens

Die drei Bedeutungen von Würde sind, genau wie die drei Beziehungen, die das Selbst ausmachen, miteinander verwandt und interagieren in einem dialektischen Prozess miteinander. Letztendlich ist die zwischenmenschliche Würde das Grundlegende. Die ontologische Würde wird in unserer Welt erst dann greifbar und bedeutsam, wenn sie sich im menschlichen Zusammenleben konkret auswirkt. So ist es zum Beispiel nichts als Irreführung, wenn man zwar behauptet, dass Frauen die gleiche Würde haben wie Männer, ihnen aber faktisch die gleichen Rechte und Freiheiten verweigert.

Aber auch die subjektive Würde ist abhängig vom Umgang mit der zwischenmenschlichen Würde. Selbstwert entwickelt sich in der Interaktion mit anderen Menschen, wenn man als Mensch in seiner Besonderheit und Einzigartigkeit wahrgenommen wird. In der Entwicklungspsychologie gibt es viele Forschungsergebnisse, die dies bestätigen. Daher sollten Einrichtungen im Gesundheitswesen, welche die Bedeutung der Würde betonen, in eine Atmosphäre investieren, in der die zwischenmenschliche Würde gefördert und gelebt werden kann.

Mit Blick auf den älteren Herrn im Pflegeheim könnten wir sagen, dass es wohl der falsche Weg wäre, ihn lediglich in seinem Mangel an Selbstwert zu bestätigen. Das würde ihn nämlich noch einsamer machen und quasi den sozialen Tod sterben lassen. Seinen empfundenen Mangel an Selbstwert zu leugnen und gleichzeitig die ontologische Würde zu proklamieren, ist kaum besser, denn auch dann bleibt der Mann auf sich allein gestellt. In der neuen Ars Moriendi ist das Verständnis der zwischenmenschlichen Würde der Königsweg, auf dem wir versuchen können, seine Autonomie zu fördern, indem wir uns bemühen, seinen inneren Raum zu vergrößern. Wie könnte das aussehen?

Der kanadische Psychiater und Palliativmediziner Harvey Chochinov hat eine Intervention zur „Würdetherapie" entwickelt, die sehr gut zu diesem Teil der hier entwickelten Ars Moriendi passt (Chochinov 2002, Chochinov et al. 2005). In dieser Therapie wird der Patient ermutigt, seine Lebensgeschichte zu erzählen und sich an die guten Dinge seines Lebens zu erinnern. Auf diese Weise erhält der Patient die Möglichkeit, seine Situation aus der Perspektive eines lebenswerten Lebens neu zu gestalten. Wenn jemand von einer Person dazu eingeladen wird, die aufmerksam zuhört, hat dies eine beruhigende und sogar heilende Wirkung. Der Akt, jemandem wirklich zuzuhören, verleiht zwischenmenschliche und soziale Würde. Und der innere Raum spielt dabei eine zentrale Rolle. Er ermöglicht es dem Zuhörenden, wirklich präsent zu sein, sich Zeit zu nehmen und aufmerksam zu sein, ohne ein anderes Ziel zu verfolgen. In der tröstenden Gegenwart eines Menschen, der wirklich zuhört, erhält der Patient die Möglichkeit, sich zu öffnen und neue Dimensionen seiner Lebensgeschichte zu entdecken. Die eigene Lebensgeschichte zu erzählen, ist ein kreativer Akt, in dem man unerwartete neue Zusammenhänge entdecken und sein Selbstbild wiederfinden kann. Eine Neubewertung der eigenen Person geht einher mit einer Neubewertung der eigenen Situation und Zukunft.

Wenn ich mit dem älteren Herrn im Pflegeheim so ins Gespräch komme und in der Art und Weise, wie er seine Lebensgeschichte erzählt, die vielen Stimmen höre, könnte sich ihm eine neue Perspektive auf sich und sein Leben eröffnen. Wertvolle Aspekte seiner selbst, die er zum Schweigen gebracht oder vernachlässigt hat, könnten erinnert werden und eine Stimme erhalten. Der innere Raum, der so entfaltet wird, würde seine innere Freiheit und Autonomie fördern. Sein Wunsch zu sterben könnte zwar bestehen bleiben – es gäbe keine Garantie dafür, dass sich das ändern würde –, aber die Wut und die Frustration, aus denen der Wunsch geboren wurde, könnten abklingen. Möglicherweise könnte er seine Identität immer noch durch die wichtige gesellschaftliche Rolle definieren, die er gespielt hat. Aber wenn dies aus dem inneren Raum heraus geschieht, wäre die Art und Weise, wie er mit sich selbst und den Menschen um sich herum verbunden ist, eine völlig andere. Er würde sich nicht mehr wie ein Schiffbrüchiger an ein Stück Holz an seine frühere Rolle klammern, sondern könnte sich mit seiner reichen Vergangenheit verbinden. Das könnte ihm Seelenfrieden geben. Im Ars-Moriendi-Modell geht es nicht darum, dass es richtiger oder oder weniger richtig ist, mehr mit dem einen oder mit dem anderen Pol verbunden zu sein. Es geht vielmehr darum, wie man sich auf die beiden Pole bezieht. Je mehr Raum man hat, desto mehr Autonomie und Würde wird man erleben. Je mehr inneren Raum man hat, desto mehr innere Freiheit und Authentizität kann man entwickeln.

## Kapitel 5
## Wie gehe ich mit dem Leiden um?

Als ich Herrn Neuberg zum ersten Mal sah, saß er im Pflegeheim auf einem Stuhl gegenüber der Rezeption und wartete darauf, auf die Palliativstation gebracht zu werden. In seinen Mantel gewickelt, mit einer Kappe auf dem Kopf und umgeben von Sauerstoffflaschen, sah er um sich wie ein hilfloser, dünner Vogel. Am auffälligsten waren seine riesigen Ohren.

Herr Neuberg war den größten Teil seines Lebens als Seemann unterwegs. Er war nun fast 80 Jahre alt und im Laufe seines Lebens sieben Mal um die ganze Welt gereist. Seine Frau, mit der er viele Jahre verheiratet war, war schon vor einigen Jahren gestorben. Das Paar hatte keine Kinder. Und jetzt schien plötzlich alles vorbei zu sein. Bei Herrn Neuberg war Lungenkrebs diagnostiziert worden und der Hausarzt hatte ihm gesagt, er würde wohl nicht mehr länger als ein oder zwei Wochen zu leben haben.

Als er sein Zimmer auf der Palliativstation betrat, war er völlig außer Atem. Er musste sich erst einmal setzen. Eine Tasse Kaffee, eine selbstgedrehte Zigarette. Seine Mütze auf dem Tisch. Ein kahler, gebräunter Kopf. Große Hände. Lebendige Augen. Seine Beutel und Sauerstoffflaschen wurden hereingebracht und einer der Ärzte kam für ein Erstgespräch. Herr Neuberg hatte eine ziemlich große Apotheke mitgebracht. Das ganze Bett war mit Medikamenten in Flaschen und Schachteln bedeckt.

„Sie wissen doch, Herr Doktor, ich bin nicht krank."

„Sie sind krank, fürchte ich."

„Aber ich fühle mich nicht krank."

„Okay."

Die Grenzen wurden erkundet und getestet. Ängste schimmerten durch. Herr Neuberg hatte Angst, keine Luft mehr zu bekommen und zu ersticken. Aber er hatte auch Angst, dass man ihm einfach eine Spritze geben würde, und das, obwohl er im Besitz einer Sterbehilfeerklärung war. Überdies war er entschlossen, im kommenden Sommer noch die Fußballweltmeisterschaft mitzuerleben. Mit seinem Hausarzt hatte er darüber sogar eine Wette abgeschlossen.

## Eine proaktive Gesellschaft

Noch nie in der Geschichte der Menschheit war die Medizin in der Lage, uns so lange am Leben zu erhalten. Die Menschen leben in der nordatlantischen Welt heute länger und dies bei guter Gesundheit. Babys, die im Jahr 2000 geboren wurden, werden vermutlich eine Lebenserwartung von hundert Jahren haben. Gesund alt zu werden ist für viele Menschen ein wichtiges Ziel, und der Gesundheitssektor in den reichsten Ländern der Welt verbraucht so viel Geld, dass überall darum gekämpft wird, die Kosten niedrig zu halten.

Wir leben in einer Zeit, in der wir – mehr als jede andere Generation vor uns – die Früchte ernten, die vor vielen Jahrhunderten gesät wurden. Seit Andreas Vesalius im 16. Jahrhundert die menschliche Anatomie kartierte und William Harvey im 17. Jahrhundert die Zirkulation des Blutes entdeckte, hat sich die medizinische Forschung stetig weiterentwickelt. Im 18. Jahrhundert war man davon überzeugt, dass man eines Tages alle Krankheiten heilen und den Tod völlig besiegen würde. Parallel zu vielen anderen technologischen Entwicklungen, die unsere Art zu leben und zu sterben grundlegend verändert haben, gewann die medizinische Entwicklung nach dem Zweiten Weltkrieg auf spektakuläre Weise an Dynamik.

Ein Resultat dieser Entwicklungen war, dass der Prozess des Sterbens „medizinisiert" wurde: Der Tod wurde als ein medizinisches Problem gesehen, das in erster Linie auch aus medizinischer Sicht behandelt werden sollte. Es hat uns viel gebracht, den Sterbeprozess in die Hände der Ärzt*innen zu legen: Menschen leben länger, sterben weniger schmerzhaft, werden in jeder Hinsicht besser unterstützt und all das wird mithilfe einer Vielzahl zuverlässiger Instrumente überwacht, gemessen und dokumentiert. Aber es gibt auch eine Reihe von Nebeneffekten, die zum Nachdenken anregen.

Wie wir bereits im ersten Kapitel dieses Buches gesehen haben, neigen wir dadurch, dass wir den Prozess des Sterbens in erster Linie als einen medizinischen Prozess verstehen, dazu, uns in Sicherheit zu wiegen. So ist der Tod dann nur noch etwas für das hohe Alter, und wir können sicher sein, in den Händen von qualifizierten Ärzt*innen und Pflegenden gut aufgehoben zu sein. Wir verdrängen allzu leicht, dass auch in der nordatlantischen Welt immer noch viele Menschen an den Folgen von Armut sowie durch Verkehrsunfälle, Naturkatastrophen, Mord, Suizid und Terroranschläge zu Tode kommen (Kellehear 2016).

Aus medizinischer Sicht ist die wichtigste Konsequenz, dass der Umgang mit den Fragen, die das Lebensende betreffen, Teil einer instrumentellen Rationalität mit eigener Logik und Dynamik geworden ist. Das hat großen Einfluss auf unsere Wahlfreiheit. Auf den ersten Blick hat die Entwicklung der Medizintechnik unsere Möglichkeiten und die Wahlfreiheit vervielfacht. Paradoxerweise sind wir jedoch nicht frei, sondern eher dazu gezwungen, zwischen immer mehr Optionen zu wählen. Das mag Menschen, die gerne die Kontrolle über ihr Leben und Sterben haben, großartig erscheinen, aber nicht alle Menschen sind so ausgerichtet. Viele Patient*innen wollen nicht mit komplexen Entscheidungen konfrontiert werden, deren Folgen sie nicht übersehen können, sondern sich am liebsten den fürsorglichen Händen anderer anvertrauen.

Darüber hinaus gibt es eine starke Tendenz, zu handeln und zu leisten, statt sich zu enthalten, wenn man mit Auswahlmöglichkeiten konfrontiert wird. Diese Tendenz ist Ärzt*innen, Patient*innen und Angehörigen gemeinsam und wird durch gegenseitige unausgesprochene Erwartungen nur noch verstärkt. Werfen wir einen genaueren Blick darauf, wie das funktioniert.

Ärzt*innen werden darin geschult, Lösungen zu finden, alles zu versuchen und nicht aufzugeben. Dies zeigt sich in der Gestaltung der medizinischen Lehrpläne, wird aber auch von den Patient*innen so erwartet. Wenn Patient*innen ihren Hausarzt besuchen, gehen sie lieber mit Pillen nach Hause, auch wenn diese möglicherweise gar nicht wirksam sind, als sich sagen zu lassen, dass sie einfach ein paar Tage abwarten sollen. Nichts zu tun ist mit Schuldgefühlen verbunden und man befürchtet, dies später zu bereuen. Etwas zu tun ist dagegen mit dem Gefühl von Gutsein, Heldentum und Dankbarkeit verbunden. Die angesehensten und am besten bezahlten Bereiche der Medizin sind jene, die mutige Operationen an lebenswichtigen Organen vornehmen, und nicht jene, die sich um behinderte, ältere oder sterbende Patient*innen kümmern.

Patient*innen wollen so lange wie möglich leben. Sie sind geneigt, jede noch so kleine Chance auf Genesung, Überleben oder ein Hinauszögern des Todes zu ergreifen. Dies ist ein natürlicher Instinkt, den jeder Mensch in sich hat, der nicht an einer schweren psychiatrischen Krankheit leidet. Außerdem gibt es oft den Drang, jede erdenkliche Option auszuprobieren, damit man später nichts bedauert und sich nicht schuldig fühlen muss, weil man nicht alle Möglichkeiten ausgeschöpft hat. Menschen neigen nämlich dazu, dasjenige, was sie nicht getan haben, mehr zu bedauern als das, was sie tatsächlich getan haben. Dies führt dazu, dass man eher etwas tut, statt nichts zu tun.

Auch Angehörige haben oft starke Motive, Patient*innen und Ärzt*innen zu drängen, nichts unversucht zu lassen. Das kann darin begründet sein, dass sie nicht bereit sind, sich zu verabschieden und noch mehr Zeit brauchen. Oder sie würden sich schuldig fühlen, wenn sie nicht den Wunsch hätten, dass ihr Angehöriger so lange wie möglich lebt. Da die Tendenzen der drei Gruppen alle in die gleiche Richtung zielen, wird es in einer gemeinsamen Beratung also eine starke Präferenz für weitere Interventionen geben.

Dies führt jedoch zu einer Reihe von neuen Problemen. Neben der Angst, nicht ausreichend versorgt zu werden und dadurch zu früh zu sterben, stellt sich in vielen Gesellschaften noch eine weitere Schwierigkeit. Viele Menschen haben nämlich Angst, an Krankheiten zu sterben, die heute im hohen Lebensalter relativ häufig auftreten, zum Beispiel Alzheimer oder Parkinson. Solange diese Krankheiten nicht geheilt werden können, stehen viele ältere Menschen vor der Frage, wie sie es vermeiden können, in eine solche Situation zu geraten.

Darüber hinaus scheint es aber auch immer mehr ältere Menschen zu geben, die ihr Leben für nicht mehr lebenswert halten. Sie können und wollen nicht akzeptieren und integrieren, was aus ihrem Leben geworden ist (Wijngaarden, Leget und Goossensen 2016).

Diese Situation führt letztlich zu einem Übermaß an Verantwortung. Da es scheinbar keine andere Option gibt als zu handeln und alle Handlungen mit Verantwortlichkeiten verbunden werden können, scheint es keine Entscheidungen mehr zu geben, für die es keine direkte oder indirekte medizinische Verantwortung gibt. Wenn ein*e Patient*in lebt, ist der Arzt verantwortlich und wenn der*die Patient*in stirbt, ebenfalls. Und da Verantwortung eine ethische Kategorie ist, scheint es keine Möglichkeit zu geben, etwas als ‚einfach passiert' zu betrachten, ohne dass jemand dafür verantwortlich ist.

Und obwohl alles als Teil der menschlichen Verantwortung angesehen und mit Entscheidungen, die getroffen wurden, in Zusammenhang gebracht wird, bietet der medizinische Bereich selbst – so rein instrumentell seine Rationalität auch ist – schließlich keine Orientierung bei den zu treffenden Entscheidungen.

Von Ärzt*innen wird erwartet, dass sie in der Lage sind, Statistiken zu interpretieren und wahrscheinliche Auswirkungen und Ergebnisse zu berechnen. Welche dieser Effekte und Ergebnisse ein*e Patient*in sich wünscht, kann die Person jedoch nur selbst entscheiden. Wenn Patient*innen mit etwas so Schrecklichem wie dem Tod konfrontiert werden, erwarten sie jedoch oft von ihren Ärzt*innen, dass sie ihnen helfen, sich zu entscheiden.

Die Vorliebe für das Tun und nicht für das Lassen beschränkt sich nicht nur auf die Medizin. Sie spiegelt sich in vielen anderen Bereichen unserer Kultur wider und wird durch ein neoliberales Klima gefördert, in dem alle Bürger*innen Manager*innen ihres eigenen Lebens sein sollen. Wenn wir den Segen der zeitgenössischen Medizin anerkennen und akzeptieren, dass wir aus der Kultur, in der wir leben, nicht aussteigen können – welche Korrekturen sind dann in dieser Logik möglich und was kann man von einer neuen Ars Moriendi erwarten?

## Tun und Lassen

Was die Autonomie betrifft, so haben wir gesehen, dass die neue Ars Moriendi die Idee eines isolierten Individuums eröffnet, das selbst entscheiden muss. Die Annäherung an das Selbst als relationales Konzept hilft, eine Idee von Autonomie zu entwickeln, die offen ist für die Polyphonie in uns. Zwischen den inneren Polen „Ich" und „die Anderen" kann das Selbst einen inneren Raum und eine freiere und offenere Haltung entwickeln, die es Menschen ermöglicht, am Ende des Lebens gemeinsam Entscheidungen zu treffen.

Für das menschliche Handeln und unseren Umgang mit dem Leiden schlagen wir eine ähnliche Idee vor. Indem wir die Vorstellung von menschlichem Handeln in eine dialektische Polarität von Tun und Lassen umgestalten, schaffen wir ein breiteres Spektrum an Möglichkeiten, die dem realen Leben besser entsprechen. Mit dieser Korrektur eines überaktiven Ansatzes menschlichen Handelns schließen wir uns dem Gedanken großer Philosophen wie Thomas von Aquin und Paul Ricœur an. Beide haben die Idee entwickelt, dass der Mensch in der Interaktion mit seiner Umwelt sowohl Dinge tut als auch lässt.

Tun und Lassen können als zwei Pole in einem dialektischen Prozess betrachtet werden. Sie können auch als Gegensätze verstanden werden – und das sind sie in der Tat auch oft –, aber wie wir sehen werden, gibt es viele Beispiele für menschliches Handeln, bei denen beide integriert sind. Betrachten wir sie zunächst einmal als Gegensätze, bevor wir sie mit dem inneren Raum verbinden und schließlich zwei Beispiele für menschliches Handeln betrachten, in denen sie integriert sind.

Menschen, die mit einer lebensbedrohlichen Krankheit konfrontiert werden, können auf gegensätzliche Weise reagieren. Es gibt Leute, die sofort anfangen, Dinge zu regeln. Sie bereiten sich auf das Schlimmste vor, indem sie alles kontrollieren und sichergehen, dass nichts passiert, womit sie nicht einverstanden sind. Sie fangen an, eine Patientenverfügung oder – wie es in meiner Heimat, den Niederlanden, der Fall ist – eine Sterbehilfe-Erklärung zu schreiben; sie beginnen, über ihren Besitz, die Dinge, die sie gerne noch tun, und die

Menschen, die sie gerne sehen würden, nachzudenken, und einige Leute bereiten sogar ihre Beerdigung in all ihren Details vor.

Andere reagieren völlig entgegengesetzt. Sie bereiten sich nicht auf das Schlimmste oder auf etwas anderes vor und leben einfach weiter, wie sie es immer getan haben. Es scheint, als wäre nichts passiert, ihr Leben geht einfach weiter. Sie gehen sogar weiter zur Arbeit, planen ihren Urlaub in sechs Monaten, leben das Leben wie jeder andere Mensch ohne lebensbedrohliche Krankheit.

Wenn man diese beiden Beispiele liest, könnte man leicht versucht sein, die erste Person einen Kontrollfreak zu bezeichnen und die zweite Person als jemanden, der sich in einer Phase der Verleugnung befindet. Die Frage ist jedoch, ob man überhaupt etwas Vernünftiges über diese beiden Menschen sagen kann, ohne etwas über den inneren Raum zu wissen, den sie vielleicht haben oder nicht.

Wenn wir die erste Person betrachten, die aktiv reagiert, könnten wir auf einer fließenden Skala zwischen einem Handeln ohne jeglichen inneren Raum und einem Handeln aus viel innerem Raum heraus unterschiedliche Vorstellungen davon entwickeln, was sie tut. Ihre Reaktion könnte das Ergebnis von Angst sein: Sie beschäftigt sich bewusst mit Aktivitäten, denn sie weiß, dass sie, je aktiver sie ist, umso weniger Zeit hat, sich Sorgen zu machen und sich mit schlimmen Szenarien zu belasten. Sie bevorzugt die Flucht nach vorn und organisiert ihren Tod und ihr Begräbnis, statt die Unsicherheit zu ertragen, nicht zu wissen, was passieren wird. Auf diese Weise hat sie die Idee, den Tod zu kontrollieren.

Ihr Verhalten könnte auch ihre normale Art sein, auf neue Situationen zu reagieren. Sie war schon immer eine sehr organisierte Person, die es mag, wenn ihre persönlichen Dinge in Ordnung sind. Also beginnt sie zu organisieren, was getan werden muss. Sie tut dies nicht so sehr aus einer existenziellen Konfrontation mit ihrer Sterblichkeit heraus, sondern aus der Überzeugung, dass es ihre Pflicht ist. Sie ist weniger eine reflektierende, sondern eher eine praktische Person. Was ihr Sterben bedeutet, ist für sie nicht die wichtigste Frage. Sie ist mehr damit beschäftigt, was es für die Menschen um sie herum bedeutet.

Eine dritte Option könnte sein, dass diese Person aus einem großen Gefühl des inneren Friedens heraus handelt. Ja, sie wird in naher Zukunft sterben, und deshalb ist sie bereit, diese letzte Phase ihres Lebens so gut wie möglich zum persönlichen Abschied zu nutzen. Sie beschäftigt sich nicht mit Aktivitäten, um das Denken oder Fühlen zu vermeiden, sondern wendet sich Aktivitäten zu, um ihre Präferenzen auszudrücken und das Leben bis zum letzten Moment so vollständig wie möglich zu leben.

Wie wir anhand dieser drei Interpretationen des aktiven Modus sehen, gibt es auf der Seite des Tuns wiederum ein breites Spektrum vom Tun bis hin zum Lassen. Das Ars-Moriendi-Modell ist nicht dazu gedacht, zu messen, welche dieser drei Versionen besser oder schlechter ist. Es geht darum, eine Sensibilität für die Vielfalt zu schaffen und respektvoll anzuerkennen, dass Menschen unterschiedlich reagieren.

Kommen wir nun zum anderen Ende des Spektrums und betrachten wir die Person, die weiterlebt wie immer. Dieses Verhalten könnte das Ergebnis eines totalen Schocks und einer vollständigen Verleugnung sein. Die Person kann nicht glauben, dass ihr Leben endlich ist, und sie tut so, als würde alles weitergehen wie bisher. Vielleicht verschwindet die Krankheit einfach. Vielleicht war es nur eine falsche Diagnose und am Ende wird wieder alles in Ordnung sein. Sie spürt nichts, warum sollte sie also glauben, was gesagt wird? Auch Ärzt*innen machen Fehler.

Das gleiche Verhalten kann auch darauf zurückzuführen sein, dass sie eine sehr pragmatische und phlegmatische Person ist. Die Dinge sind, wie sie sind, und solange es keine echten Symptome gibt, kann man genauso gut weiterleben wie bisher. Warum sich um etwas kümmern, das man nicht beeinflussen kann? Es bringt nichts Gutes, wenn man zu viel im Kopf hat. Nur Weitermachen sorgt dafür, dass das Leben weitergeht und ist die beste Garantie dafür, dass es einem gut geht.

Eine andere Möglichkeit könnte sein, dass die Person sehr gut mit sich selbst verbunden ist und jeden Moment ihres Lebens genießt. Sie ist entschlossen, nicht von der Tatsache betroffen zu sein, dass sie in naher Zukunft sterben wird. Wie der griechische Philosoph Epikur sagte: „Wir sollten keine Angst davor haben, tot zu sein, denn solange ich am Leben bin, ist der Tod nicht da, und wenn der Tod da ist, werde ich nicht mehr leben." Mein Verhalten zu ändern, würde bedeuten, dem Tod zu unterliegen und ihn seinen Schatten auf mich werfen zu lassen. Ich möchte bis zum letzten Moment meines Lebens bewusst und voll und ganz leben. Und der Tod wird nichts davon bekommen, keinen Zentimeter.

Wie wir sehen, kann auch der Pol des Lassens unterschiedlich gelebt und erlebt werden, je nachdem, welche Rolle der innere Raum im Leben eines Menschen spielt. Und es gibt noch mehr Möglichkeiten, denn die Menschen könnten auch völlig passiv sein und lethargisch alles durch die Finger rieseln lassen. Sie sitzen einfach da, fühlen sich völlig leer und wissen nicht, wie sie mit ihrem Leben weitermachen sollen. Das Lassen hat dann den Charakter einer völligen Passivität, die kaum als absichtliche menschliche Handlung angesehen werden kann.

Nun haben wir die beiden Pole des Tuns und Lassens und die vielen verschiedenen Gesichter, die sie haben können, je nachdem, wie sie vom inneren Raum begleitet werden, untersucht. Jetzt werden wir nach Beispielen suchen, in denen beide Pole integriert sind. Die Logik dahinter ist, dass die beiden Pole umso mehr als extreme Positionen auf einer gleitenden Skala erscheinen, je weniger inneren Raum es gibt. Je mehr innerer Raum vorhanden ist, desto mehr können die beiden Pole integriert werden.

Ein erstes Beispiel für eine Praxis, in der Tun und Lassen integriert sind (oder sein sollten), ist das Musizieren. Wenn ich Klavier spiele, bin ich aktiv daran beteiligt, meine Finger zu bewegen, um die richtigen Tasten auf der Tastatur zu drücken. Ich werde mir bewusst, wie aktiv ich bin und wie viel Energie das an Tagen kostet, an denen ich mich krank fühle. Aber gleichzeitig höre ich die Musik, die ich produziere, wenn ich die richtigen Tasten drücke. Ich passe mein Spiel an das, was ich höre, an und korrigiere bei Bedarf meine Geschwindigkeit und meinen Klang. Wenn ich gut spiele, beginnt die Musik die Oberhand zu gewinnen, ich fange an, mich eins mit dem Instrument zu fühlen, und es kann sogar sein, dass ich mich so sehr als Teil der Musik fühle, dass es so aussieht, als ob sich die Musik durch mich selbst spielt. Das Tun und Lassen ist perfekt integriert in das, was oft als „Flow" bezeichnet wird.

Ein zweites Beispiel, das sich auf das Leiden bezieht, stammt aus der mittelalterlichen Theologie. In der Theologie von Thomas von Aquin ist Tapferkeit oder Mut eine Tugend, die auf der aktiveren Fähigkeit unseres Gefühlslebens basiert, die mit Kraft, Energie und Aggression verbunden ist. Durch Tapferkeit haben wir die richtige Einstellung gegenüber der Gefahr: einer gefährlichen oder bedrohlichen Situation begegnen zu können, ohne sie zu unterschätzen (Leichtsinnigkeit) oder zu überschätzen (Feigheit). Tapferkeit ist die Tugend par excellence, die mit dem größten Übel verbunden ist, das dem Menschen passieren kann: dem Tod. Daher wird die Tugend mit Menschen in Verbindung gebracht, die keine Angst haben, in Situationen zu handeln, in denen ihr Leben in Gefahr ist, wie etwa Feuerwehrleute und Soldaten. In seiner Diskussion darüber, was die herausragendste Handlung ist, zu der Tapferkeit führen kann, kommt Thomas jedoch zum Schluss, dass dies der Märtyrertod sein sollte. Ihm zufolge braucht es mehr Mut, sich für eine gute Sache in eine lebensbedrohliche Gefahr zu begeben, von der man weiß, dass man sie nicht überleben wird, als der Todesgefahr durch kraftvolles Handeln entgegenzutreten. Daher sind im Märtyrertod das Tun und Lassen vollständig integriert.

Nachdem wir das Spektrum des Handelns und Erlebens eröffnet haben, kehren wir zu Herrn Neuberg zurück und sehen, wie er auf der Palliativstation angekommen ist.

## Innerer Raum

Fünf Tage nachdem Herr Neuberg auf die Palliativstation aufgenommen wurde, wurde in der morgendlichen Besprechung berichtet, dass er völlig außer Atem sei. Er hatte viele Male geklingelt, bevor endlich eine Krankenschwester kam. Ihm wurde oral etwas Morphium verabreicht, um ihm das Gefühl zu nehmen, außer Atem zu sein. Injektionen verursachten ihm zu viel Stress.

Es war auffällig, dass er immer auf einem Stuhl in seinem Zimmer saß. Er sagte, dass er sein ganzes Leben lang nicht viel geschlafen habe – nicht mehr als vier Stunden pro Nacht. Er wollte sich nicht auf das Bett legen, denn er sagte, es würde seine Lungen blockieren. Aber nach einem Gespräch mit ihm wurde den Mitarbeiter*innen klar, dass er Angst hatte, dass er, wenn er sich hinlegt, nie wieder aus dem Bett steigen würde.

Er wiederholte immer wieder: „Ich esse gut, ich trinke gut." Essen war ein Symbol für das Leben. Er versuchte, die ganze Zeit die Kontrolle zu behalten und wusste genau, welche Medikamente er nahm und welche nicht. Da er noch immer unter dem Schleim in der Lunge litt, den er nicht aushusten konnte, wollte der Arzt ihm Antibiotika geben. Herr Neuberg war mit den Antibiotika jedoch nicht einverstanden und er sagte, sie machten ihn krank. Eine Morphiumspritze, welche die Enge in der Brust beseitigen könnte, war auch keine Option: „Dann werde ich mich hinlegen und für immer schlafen." Sie gaben ihm Morphium oral, sechs Mal am Tag, mit etwas, das den Schleim in seiner Lunge reduzierte.

Der alte Seemann widersetzte sich der Vorstellung, dass er bald sterben würde und war wahrscheinlich kränker, als er zu zeigen bereit war. Gleichzeitig war er sehr dankbar für die Fürsorge und Sicherheit, die ihm geboten wurde. Trotz der Hoffnungslosigkeit seiner Situation hatte er große Freude an kleinen Dingen. Von Zeit zu Zeit sehnte er sich etwa nach einer selbst gedrehten Zigarette. Er durfte rauchen, wenn jemand bei ihm war. Es war ein seltsames Ritual: Der Sauerstoffschlauch wurde weggehängt, der Hahn geschlossen, und er atmete den Rauch mit der wenigen Luft ein, die er noch in der Lunge hatte. Er konnte nur noch mit Mühe sprechen. Seine Stimme war fast weg. Als wir uns verstanden, begannen seine Augen zu leuchten und er zeigte seinen Daumen hoch.

Was die Positionen zwischen Tun und Lassen betrifft, so ist Herr Neuberg schwer auf eine Position festzulegen. Er schien sein Leben unter Kontrolle zu haben und kämpfte gegen die unvermeidliche Verschlechterung seiner Situation. Er war es gewohnt, die Führung zu übernehmen, und hatte sich durch das Ausfüllen einer Sterbehilfe-Erklärung vorbereitet. Von dem Moment an, als er auf der Palliativstation war, sprach er jedoch nie darüber. Er erlebte das langsame Fortschreiten seiner Krankheit und akzeptierte seine schwindende Mobilität, weigerte sich aber, sich hinzulegen und auf das Ende zu warten. Beiden Pole des Tuns und Lassens waren Teil seines Verhaltens. Solange er sich in der Einheit wohlfühlte und von Zeit zu Zeit eine seiner Zigaretten rauchen durfte, hatte er keinen Grund, den Tod zu beschleunigen.

Der Sterbeprozess von Herrn Neuberg war keine Erfolgsgeschichte. Es war nicht einfach, Zugang zu ihm zu bekommen. Er sprach nicht viel und der Versuch, ein Gespräch über den inneren Raum zu führen, gab ihm kein gutes Gefühl. Da die Mitarbeiter*innen sehr aufmerksam für seinen Schmerz und seine Angst vor dem Ersticken waren, konnte er das Leben immer noch als lebenswert erleben. Indem er sich so akzeptierte, wie er war, konnte er einen Raum erleben, der ihm guttat. Neben einer Zigarette genoss er eine Tasse Kaffee und die Gesellschaft der Krankenschwestern. Von Zeit zu Zeit begannen seine Augen zu leuchten: „Schwester, es ist so schön, hier zu sein", sagte er, und sein großer Daumen ging nach oben. Fürsorge heißt, aufmerksam zu sein und sich auf jemanden einzustellen, und in diesem Fall auch, die vorhandenen Einschränkungen zu akzeptieren. Der innere Raum ist für Pflegekräfte ebenso wichtig wie für Patient*innen.

## „Total Pain" und die allumfassende (Für-)Sorge

Die Palliativversorgung betrachtet Leiden als etwas, das den ganzen Menschen betrifft. Dies spiegelt sich wider im Konzept des „Total Pain" (dt. allumfassender Schmerz). In allen Dimensionen des Schmerzes spielen die Pole des Handelns und Aushaltens eine wichtige Rolle. Betrachtet man die physische Seite des Sterbeprozesses, so handelt es sich um einen natürlichen Prozess des Verfalls, der seine eigene spezifische Dynamik und Entwicklung hat. Die Medizin kann auf diesen Prozess so reagieren, wie Gärtner*innen auf die natürlichen Prozesse in einem Garten reagieren. Eine Ärztin oder einen Arzt nicht als Gärtner*in, sondern als Mechaniker*in zu sehen, führt in vielerlei Hinsicht zu Problemen.

Erstens: Wir fangen an, an die Illusion zu glauben, dass wir nicht sterben werden, solange wir weitermachen und alles ersetzen. Eines der Probleme der modernen Medizin ist die Tatsache, dass sie in so viele Teildisziplinen unterteilt ist, dass sie sich meist nur auf ein Organ konzentriert und das Gesamtbild vergisst. Wird jemand etwa wegen seiner Atemnot behandelt, kann er für sein starkes Herz gelobt werden, während gleichzeitig seine Leber wegen übermäßigen Alkoholkonsums aufgrund von Beziehungs- und sozialen Problemen stark belastet ist. Wenn wir das Gesamtbild betrachten, können wir uns daran erinnern, dass der Mensch eine Einheit ist und dass er als Einheit sterblich ist. Wenn Teile kontinuierlich repariert werden, ohne das Gesamtbild zu betrachten, können sich die Menschen in eine Situation hineinmanövrieren, in die sie nie wollten. Es braucht Mut, den Prostatakrebs nicht behandeln zu lassen, weil man nicht an der kürzlich diagnostizierten Demenz sterben will.

Zweitens überschätzen wir die Macht der Ärzt*innen und machen sie für Dinge verantwortlich, für die sie nicht verantwortlich sind. Wir schließen die Möglichkeit des Lassens als Alternative zu einer Gefangenschaft in der Logik des Tuns aus. Wenn ein Arzt mit der Patientin und ihren Angehörigen übereinstimmt, dass eine weitere Chemotherapie nur das Leiden verlängern würde und alle zustimmen, auf alle lebenserhaltenden Maßnahmen zu verzichten, ist es nicht der Arzt, der die

Patientin tötet, sondern die Krankheit, die die Patientin tötet. Die Entscheidung sollte eine bewusste Entscheidung sein und es geht darum, die Verantwortung dafür zu übernehmen, dass die Krankheit, die die Patientin tötet, zugelassen wird. Dies kann aber nur durch einen Blick auf das Gesamtbild gerechtfertigt werden.

Die dritte Gefahr, die auftaucht, wenn man Ärzt*innen eher als Mechaniker*innen denn als Gärtner*innen versteht, hängt mit der Qualität der (Für-)Sorge zusammen. Wie uns die Care-Ethik lehrt, ist die (Für-) Sorge eine Praxis mit mehr als einer Dimension (Heijst 2011). Eine dieser Dimensionen kann als Produktion bezeichnet werden: Viele Aktionen, die Teil des Pflegeprozesses sind, haben eine technische Seite, die gemessen und nach dem Ergebnis beurteilt werden kann und vom Prozess selbst getrennt ist, zum Beispiel das Einsetzen eines Schlauchs und die Anlage eines Stomas. Bis dahin ist der Vergleich mit Technikern möglich. Aber Fürsorge hat auch den Aspekt menschlicher Handlungen, die an der Qualität des intersubjektiven Prozesses selbst gemessen werden, unabhängig vom Ergebnis, wie z. B. ein Abendessen mit Freunden oder Liebe machen. Es gibt einen Unterschied (oder es sollte ihn zumindest geben) zwischen dem Waschen eines Autos und dem Waschen eines Patienten. In der Art und Weise, wie die Fürsorge durchgeführt wird, kann sie Wert ausdrücken. Das Waschen eines Patienten mit Liebe und Respekt kann zum Ausdruck bringen, wie wertvoll dieser verletzliche Mitmensch ist, trotz des schlechten Zustands, in dem er sich befindet.

Was für die physische Dimension des Leidens gilt, gilt auch für die psychosozialen und spirituellen Aspekte des Phänomens. Auch diese Prozesse haben ihre eigene Dynamik und Geschwindigkeit. Der in unserer Kultur vorherrschenden technologischen Rationalität fällt es schwer zu verstehen, warum Leiden überhaupt toleriert werden sollte. Wenn wir die Macht und die Möglichkeit haben, das Leiden im Sterbeprozess in all seinen Dimensionen zu behandeln, haben wir dann nicht auch die Pflicht dazu? Und wenn Leiden nicht durch psychosoziale oder spirituelle Betreuung behandelt werden kann, warum dann nicht die physische Lösung akzeptieren, die darin besteht, den Patienten entweder durch palliative Sedierung in einen Zustand der Bewusstlosigkeit zu versetzen oder das Leben des Patienten aktiv zu beenden? Ist unsere Ars Moriendi in der Lage, eine Alternative zu dieser Handlungslogik anzubieten? Und haben wir dem Leiden, der extremsten Version auf der Seite des Lassens, etwas zu sagen?

## Das Problem des Leidens

Über das Leiden zu schreiben, ist eine heikle Angelegenheit. Man vergisst leicht, dass Leiden als generische Kategorie eine Abstraktion ist, die dazu neigt, zu verschleiern, dass in der realen Welt alle Menschen auf ihre eigene Weise leiden (Cassell 2004). Das Schreiben über das Leiden endet oft im Kopf und vergisst den Körper als den wichtigsten Zugang zum Phänomen.

Wie wir in früheren Kapiteln beschrieben haben, *sind* wir unser Körper und wir *haben* einen Körper. Dass beides gleichzeitig wahr ist, bleibt ein großes Geheimnis für unser Denken. Unser Körper ist unsere Begrenzung zur und unsere Kontaktmöglichkeit mit der Welt, die uns umgibt. Wenn wir fit und gesund sind, kann unser Körper unsere Welt erweitern. Wenn wir Sport treiben, musizieren oder Liebe machen, fühlen wir uns manchmal so mit der Welt um uns herum verbunden, dass wir zwischen uns und dem Rest der Welt keine Grenzen mehr spüren. Wenn wir jedoch leiden, zeigt uns der Körper rücksichtslos sein anderes Gesicht. Bei starken Schmerzen spüren wir, wie unsere Welt schrumpft. Wir erleben unseren Körper möglicherweise als einen Teil von uns, der sich nicht mehr mit dem verbunden fühlt, was wir sind; ein Objekt, eine Last, ein Wesen, das wir loswerden wollen. Gleichzeitig ist es gerade diese Entfremdung von uns selbst, die unsere Welt und das, was wir sind, zerstört. Es ist genau das, was beim Einsatz von Folter beabsichtigt wird (Scarry 1985).

Obwohl das, was wir durchmachen, immer durch den Körper vermittelt wird, werden unsere körperlichen Empfindungen immer in Verbindung mit der psychosozialen und spirituellen Dimension unserer Existenz erlebt. Schmerz wird anders erlebt, wenn andere anerkennen, dass wir Schmerzen haben, und wenn sie Mitgefühl zeigen. Menschen können viel leiden, wenn sie sich vorgenommen haben, einen Marathon zu beenden, koste es, was es wolle. Und einige Menschen suchen absichtlich die richtige Menge an Schmerz, um sexuelles Vergnügen zu erleben.

Schmerz ist jedoch schwer zu kommunizieren, gerade wegen seiner Körperlichkeit. Mein einzigartiger Körper mit seiner einzigartigen Erinnerung an alles, was ich erlebt habe, gibt mir eine einzigartige Perspektive auf die Welt. Diese Perspektive kann nicht übertragen werden. Ein Mann kann seine Frau während der Geburt auf jede erdenkliche Weise unterstützen – körperlich, psychosozial und spirituell –, aber er kann den Schmerz, den sie fühlt, nie spüren. So groß ihre Intimität auch sein mag und wie nah sich die beiden während der Geburt sein mögen, ihre Körper zeigen sich sowohl als Kontakt- als auch als Grenzmedien.

Indem wir den gelebten Körper radikal als Ausgangspunkt nehmen, wenn wir über das Leiden schreiben, sind wir in der Lage, zwei Arten des Schreibens über das Leiden zu vermeiden, die den Versuch blockieren, das Leiden mit dem inneren Raum zu verbinden. Die erste Art, über das Leiden zu schreiben, romantisiert oder idealisiert es. Leiden wird als etwas angesehen, das die Chance bietet, zu wachsen, eine Prüfung zu bestehen, Charakter zu zeigen. In der religiösen Literatur kann Leiden so dargestellt werden – als ein attraktives Vehikel für spirituelles Wachstum. Das Problem dabei ist, dass ein Ideal konstruiert wird und Erwartungen getrennt von der Realität formuliert werden. Die Aufmerksamkeit wird von der Innenperspektive der Person, die leidet, auf die Außenperspektive einer Theorie verlagert, in der Unglück als Glück verkauft wird.

Die andere Art zu schreiben, die wir vermeiden wollen, ist die Betonung des Leidens als grundsätzlich sinn- und bedeutungslos. Diese Haltung ist möglicherweise eine Reaktion auf die erste Schreibweise über das Leiden und ein Ausdruck der Solidarität mit den Menschen, die unter der ersten Position leiden. Sie vergisst jedoch, dass es Menschen gibt, deren Leiden im Laufe der Jahre so sehr zu einem Teil ihrer Identität geworden ist, dass diese Ansicht einen Teil ihrer Persönlichkeit leugnet. Wiederum wird Menschen, die wirklich leiden, nicht geholfen, statt dessen wird eine intellektuelle

Konstruktion gebaut, die vom wirklichen Leben getrennt ist und uns daran hindert, zu sehen, was das Leben bringen kann.

Beide Ansätze zum Leiden mögen aus guten Absichten stammen, aber ihr Verhältnis zur Bedeutung des Leidens ist problematisch: der erste Ansatz gibt dem Leiden von vorneherein eine zu große Bedeutung, während der zweite Ansatz schon im Ansatz jede mögliche Bedeutung blockiert. Bedeutung kann aber nicht erzwungen werden. Eine geeignetere Kategorie, um Bedeutung zu ermöglichen, ist der innere Raum. Deshalb scheint uns der beste Zugang zur Sinnhaftigkeit im Leiden die Innenperspektive zu sein. Wir werden nun von zwei Zeug*innen hören.

Die erste ist die niederländische Schriftstellerin Hannemieke Stamperius, die schwer an einer Knochenerkrankung leidet. In einem Interview in einer Zeitung sagt sie (Stamperius 2009; Übers. C.L.):

> „Als ich vor zwölf Jahren die Diagnose von der Knochenerkrankung bekommen habe, war ich so erschrocken, dass ich mindestens ein halbes Jahr lang nicht schreiben konnte. Ich war auch wütend über das, was mit mir passiert war. Später habe ich gelernt, dass diese Wut 75 % der Schmerzen ausmacht. Die wichtigste Schmerztechnik ist: Akzeptanz. Diesen Schalter in deinem Kopf umzuschalten: von Nicht-Wollen zum Beiseitelegen dieses Willens. Einfach im Jetzt zu sein, die Erfahrung zulassen, keinen Krieg zu führen, aber auch nicht aufzugeben. Akzeptanz ist ein fortlaufender Prozess, ein Suchen danach, wie ich in all dem Freude erleben kann. […] Ich vergleiche meine Beziehung zum Schmerz am liebsten

mit einer gut arrangierten Hochzeit. Am Anfang hattest du kein Mitspracherecht, aber du machst das Beste daraus. Du musst dich um den Schmerz kümmern, ihm mit Liebe begegnen, du musst eine gute Ehe daraus machen. Manchmal kann ich sogar über all diese körperlichen Empfindungen lachen, von meinem Kopf bis zu meinen Füßen, die völlig zerstört sind. Dann denke ich: Was für eine Kombination aus zusammenklingenden Erfahrungen. Es klingt vielleicht seltsam, aber Schmerz gibt dem Leben eine enorme Tiefe. [...] Schmerz, Stille und In-sich-Gehen liegen sehr dicht beieinander. Schmerz ist eine Art Meditation. Ein Sich-leer-Machen und dann ein Sich-Öffnen. Mein Innenleben war schon nicht klein, introvertiert wie ich nun mal bin, aber jetzt ist es wirklich eine andere Dimension. [...] Eine der Folgen von Schmerzen ist, dass man eine sehr dünne Haut hat, alles beeindruckt viel mehr. Lesen ist reichhaltiger, Musik nuancierter. Die Sinne werden geschärft, die Emotionen sind intensiver, die gesamte Existenz läuft voll mit Bedeutung. Durch Schmerzen ist nichts mehr selbstverständlich. Schmerz kann eine mystische Erfahrung sein."

Der zweite Zeuge ist der Fotograf Hapé Smeele, der acht ältere Menschen mit Demenz in ihrem letzten Lebensabschnitt fotografiert hat. Im Vorwort zu seinem Buch schreibt er, dass das Buch eine Antwort auf die Frage nach dem Sinn des Lebens ist, und vor allem auf die Frage, warum es so viel Schmerz in der Welt gibt. Diese Frage drängte sich ihm auf, da sein Sohn zu früh und vermutlich mit einer unheilbaren Krankheit geboren wurde. Smeele wendet sich an seinen Sohn, der bereits gestorben ist (Smeele 2002; Übers. C.L.):

> „Ich möchte dir gerne erzählen, wie aus dem Schmerz und der Traurigkeit auch schöne Dinge gewachsen sind, aber das kann ich nicht, indem ich das Schwierige, Schmerzhafte und manchmal Bittere überspringe. Denn was ich jetzt weiß, ist, dass es von großer Bedeutung ist, nicht vor dem Schmerz zu fliehen. Den Schmerz nicht wegzuwischen, indem man z. B. sagt: ‚Das Leben geht weiter.' Ich weiß, wie verlockend es ist, voll dagegen anzugehen, wenn etwas schiefgeht, alles verändern zu wollen, das Zepter in die Hand zu nehmen oder sich mit allen möglichen Mitteln gegen zukünftige Traurigkeit einzudecken. Und so zu flüchten. Gerade durch das vollständige Erleben von Schmerzen kann man sich erneuern. Und darauf reduziert es sich. Du trittst nicht nur in eine neue Zeit ein, sondern wirst auch ein anderer Mensch. Es gibt einen Aufruf an Talente, von denen du nicht wusstest, dass du sie hattest. Darin liegt die Reinigung. Aber manchmal ist der Schmerz fast nicht auszuhalten. […] Deine Mutter und ich haben z. B. sehr deutlich gespürt, dass wir auf deinen Tod reagieren können, indem wir entweder bitter werden oder indem wir Sanftmut, Liebe und Berührung suchen. Dabei geht es nicht um eine Entscheidung. Es ist ein Wissen, das wächst und das Gefühl kann auch immer wieder umschlagen. Wie wir zu solch einer Antwort kommen? Das weiß ich noch immer nicht. Aber es geht nicht um eine rationale Entscheidung. Ich denke, wir haben es während und nach deinem Leben durch unsere Liebe zueinander und durch das

kontinuierliche Suchen nach Sanftmut geschafft. Für mich selbst kam dazu noch die Stille. Ohne Stille verknotet sich in mir alles hoffnungslos und ich verliere das Gefühl, getragen zu werden. Ich fange an zu denken, dass ich alles allein lösen muss. Dann kommen auch die Depression und die Härte, die wieder eine Distanz zu dem schaffen, was mich zu anderen Zeiten berühren oder bewegen kann. Wenn ich dann nach Stille suche, kommt die Leichtigkeit von selbst. Und ich fühle mich wieder getragen, vom Ganzen, von der Schöpfung. Das ist neu für mich, das kannte ich vorher nicht."

Diese beiden Zeug*innen, so unterschiedlich die Art ihres Leidens auch sein mag, haben eines gemeinsam: Aus ihrer Innenperspektive berichten sie, dass Leiden nicht ein passives Aushalten ist, sondern ein komplexes Zusammenspiel von aktivem, empfänglichem, akzeptiertem und nicht aufgebendem Handeln. Dabei spielt der innere Raum eine doppelte Rolle: Er wird benötigt, um mit dem Schmerz fruchtbar und konstruktiv umzugehen, aber er ist auch das Ergebnis dieser Art des Umgangs mit dem Leiden.

In diesem Kapitel haben wir dem Pol des Lassens besondere Aufmerksamkeit gewidmet, denn der Pol des Tuns ist uns nur allzu vertraut, und wir wollten einen neuen Raum in unserer zeitgenössischen Ars Moriendi eröffnen. Jetzt haben wir gesehen, wie das im Falle von Leiden funktionieren könnte. Könnte das Gleiche für den Prozess des Sterbens gelten? Gibt es so etwas wie einen natürlichen Tod, der dadurch gekennzeichnet ist, dass er durchlebt wird, und der das Gegenteil des unnatürlichen Todes ist, der in der aktiven und absichtlichen Beendigung des Lebens existiert?

## Ein natürlicher Tod?

In einem ihrer Bücher schreibt Marie de Hennezel über ihre 84-jährige Schwiegermutter, die allein auf einem Campingplatz in Südfrankreich lebte (Hennezel 2000). Einmal pro Woche ging sie ins Dorf, um etwas Käse, Gemüse und Obst zu kaufen. Ihr ging es für ihr Alter gut, da sie ihr ganzes Leben lang Gemüse aus ihrem Bio-Garten gegessen hatte. Als sie spürte, dass das Ende nahe war, hörte sie auf zu essen. Sie nahm Flüssigkeit zu sich, um nicht auszutrocknen, aber langsam wurde sie schwächer und weniger beweglich. In den letzten Wochen wurde sie von einem Arzt überwacht, um möglichen Komplikationen vorzubeugen, und sie wurde bei ihren täglichen Aktivitäten unterstützt. Nach ein oder zwei Monaten starb sie friedlich und mit einem Lächeln im Gesicht.

So zu sterben, scheint die perfekte Art zu sein, einen natürlichen Tod zu erleiden. Keine medizinischen Eingriffe, keine Schmerzen und Leiden, sondern ein friedlicher und langsamer Übergang vom Leben zum Tod. Für Menschen in den hochtechnisierten Industrieländern hat dieses Bild vom Sterben einen großen Reiz. Es harmoniert sehr gut mit einer ökologischen Spiritualität, die darauf abzielt, mehr Bewusstsein dafür zu schaffen, wie wir Menschen Teil der Natur sind. Aber gibt es so etwas wie einen natürlichen Tod überhaupt?

Simone de Beauvoir, in einem Buch über das Sterben ihrer Mutter, glaubt das nicht (Beauvoir 1964). Ihrer Meinung nach ist nach der Konfrontation mit dem Tod nichts mehr natürlich oder selbstverständlich. Wegen des Todes beginnen wir, Fragen über die Welt zu stellen, und wir verlieren die Naivität unserer Kindheit. Alles, was wir als natürlich bezeichnen, ist in der Tat eine kulturelle Wahl, bei der wir unsere Fähigkeiten und Erkenntnisse einsetzen, um die Natur so zu nutzen und zu manipulieren, dass wir sie so weit wie möglich genießen können, ohne dabei mögliche Schäden zu erleiden. Wir dürfen nicht vergessen, dass die 84-jährige Frau von einem Arzt überwacht wurde. Ihr natürlicher Tod war ein guter Tod, weil er in die medizinische Versorgung eingebettet war.

Die britische Soziologin Jane Seymour hat die Frage untersucht, ob ein natürlicher Tod im hochtechnologischen Umfeld einer Intensivstation in einem Krankenhaus noch eine Rolle spielen könnte (Seymour 2000). Ihre Ergebnisse sind überraschend. Auch in einer Intensivstation betrachten Verwandte den Tod ihrer geliebten Patienten als natürlich, vorausgesetzt, dass die Medizintechnik zu den von ihnen erwarteten Ergebnissen führt: wenn diese Technologie kein Eigenleben führt, sondern vom Pflegepersonal eingesetzt wird; wenn die technologischen Eingriffe allgemein verständlich sind; und wenn die Art und Weise des Sterbens in das Gesamtbild des Lebens eines Menschen passt.

Offensichtlich ist also der Gegensatz zwischen einem natürlichen Tod und einem durch die Medizintechnik vermittelten Tod nicht hilfreich. Eine gute Balance zwischen Tun und Erleben zu finden, scheint eine Herausforderung an beiden Enden des Spektrums zu sein. Über- oder Unterbehandlung hilft keinem Patienten. Aber um hier das richtige Gleichgewicht zu finden, könnte es hilfreich sein, auf dem Spektrum der Handlungen vom Tun bis zum Durchmachen, von aktiv bis passiv mithilfe des inneren Raums das eigene Verhalten zu reflektieren.

Angekommen am Ende dieses Kapitels schauen wir noch einmal auf Herrn Neuberg: Wie hat er sich in seinen letzten Tagen verhalten? Fast zwei Wochen nach seiner Aufnahme auf die Palliativstation wachte er früh um vier Uhr morgens auf. Er hatte eine Woche lang in seinem Bett geschlafen, und allmählich hatte sich sein Zustand verschlechtert. Weil er kurzatmig und in Panik war, wurde eine Ärztin gerufen. Es wurde vereinbart, dass er bis zum Ende schlafend bleiben sollte. „Diese Injektion wird mich nicht töten, oder?“, hat er gefragt. Die Ärztin hat seine Hand genommen und ihm gesagt, dass die Spritze ihn nur in einen tiefen Schlaf versetzen würde. Herr Neuberg ist in sein Kissen zurückgesunken und lächelte sie an. Von diesem Moment an hat er geschlafen. Er starb später am selben Tag in Begleitung seiner Nichte.

## Kapitel 6
# Wie kann ich mich verabschieden?

Als Bettina auf die Palliativstation aufgenommen wurde, war sie Mitte vierzig. Sie hatte kurzes, strohblondes Haar, war sehr dünn und ihren Augen waren voller Angst. Ihre ganze Erscheinung zeigte, dass sie schwer krank war. Das Leben hatte Bettina nicht allzu gut behandelt. Von den beiden Kindern, die sie zur Welt gebracht hatte, war eines kurz nach der Geburt gestorben und das andere hatte eine geistige Behinderung, aufgrund eines Sauerstoffmangels während der Geburt. Das Mädchen war jetzt 15 Jahre alt, und es war schwer mit ihr umzugehen. Obwohl Bettina formal noch mit dem Vater verheiratet war, lebten sie nicht mehr zusammen. Nachdem sie unheilbar krank wurde, wurde die Scheidung aufgeschoben.

Bettina hatte große Schmerzen. Meistens saß sie schief und angespannt auf einem Stuhl, trank Kaffee und starrte aus dem Fenster. In den ersten zwei Wochen hat das Team viel darüber diskutiert, wie sie dabei unterstützt werden kann, sich zu entspannen und zu öffnen. Nachdem die Krankenschwestern alles versucht hatten, haben der Pfarrer, der Sozialarbeiter und der Psychologe mit ihr gesprochen, ihr wurde eine Massage- und Aromatherapie angeboten und der Musiktherapeut hatte sie besucht. Aber sie wollte sich weder entspannen noch ihnen einen Hinweis geben, warum sie so angespannt war. Als sie von einem der Krankenpfleger, einem attraktiven jungen Mann Anfang zwanzig, geduscht wurde, öffnete sie sich plötzlich. Sie sorgte sich offensichtlich um ihre Tochter. Das Mädchen wohnte vorübergehend bei seinem Großvater, weil sein eigener Vater sich nicht um sie kümmern konnte. Und es war unklar, wo das Mädchen bleiben konnte, wenn Bettina nicht mehr da war. Der Großvater und Bettinas Mann kamen nicht gut miteinander aus. Und jetzt hatte das Mädchen zweimal Geld gestohlen und damit Meerschweinchen, Parfüm und Lippenstift gekauft.

Als ich mit Bettina sprach, sagte sie mir, dass sie Angst vor der Dunkelheit entwickelt habe. Sie hatte nie ein Problem gehabt, im Dunkeln zu schlafen, aber da ihre Zimmernachbarin – eine Frau Ende sechzig – gestorben war, wollte sie, dass in der Nacht ein Licht brennt. Sie hatte die Frau schon im Krankenhaus kennengelernt, und sie waren eine große Hilfe füreinander gewesen. Jetzt, da sie weg war, wurde Bettina mit ihrer eigenen Zukunft konfrontiert. Sie fühlte sich zutiefst unglücklich mit ihrer Situation. Alles schien gebrochen: ihr Körper, ihre Ehe, ihre Tochter, ihre Zukunft. Sie wusste nicht, was sie tun sollte. Sie war entschlossen, nicht zu sterben. Aber sie fühlte, dass ihre Krankheit ihr immer mehr die Kraft nahm, die sie brauchte, um die Dinge in Ordnung zu bringen.

Der Tod nimmt alles weg, was wir haben und was wir sind. Wie gehen wir damit um? Was ist der beste Weg, um auf das Gefühl zu reagieren, dass alles verloren ist? Man neigt dazu zu denken, dass das Sterben ein Prozess ist, in dem wir alle lernen müssen, das Leben loszulassen. Es scheint so, als sei das Loslassen sowohl für die sterbenden Patient*innen als auch für ihre Angehörigen die Hauptaufgabe und beide befänden sich in einem Prozess der Trauer. Doch stellt dies das Gesamtbild des Sterbeprozesses dar oder ist es eine einseitige Sichtweise?

Als eine meiner Kolleginnen eine Frau traf, deren Mann sechs Monate zuvor gestorben war, drückte sie ihre Trauer aus und sagte ihr, dass sie die Art und Weise bewundere, wie sie damit umgehe. Sie wusste, dass die beiden eine gute Ehe geführt hatten, und konnte sich vorstellen, wie schwer es war, einen geliebten Mann loszulassen. Die Frau reagierte unerwartet kritisch auf die gut gemeinten Worte meiner Kollegin. Sie sagte, dass sie es satt habe, von allen Leuten gelobt zu werden, weil sie anscheinend so erfolgreich war, ihren Mann loszulassen. Er bedeute ihr immer noch viel und sie war nicht bereit, ihn loszulassen. Gerade weil er ihr noch so viel bedeutete, konnte sie mit dem Leben weitermachen – glücklich, noch mit ihrer großen Liebe verbunden zu sein.

In diesem Kapitel werden wir die weit verbreitete Vorstellung hinterfragen, dass der Prozess des Sterbens im Grunde genommen ein Prozess des Loslassens ist. In unserer neuen Ars Moriendi werden wir die Art und Weise, wie wir mit den guten Dingen im Leben umgehen, zwischen zwei Pole stellen: festhalten und loslassen. Wir werden zeigen, dass diese beiden Pole uns helfen können zu sehen, wie Trauer, die sowohl der*die Patient*in als auch die Familie erleben, mehrdimensional und polyphon sein kann. Je nachdem, wie viel innerer Raum vorhanden ist, können sich die Ausprägungen des Festhaltens und Loslassens unterscheiden. Wir haben das in den vorangegangenen Kapiteln im Hinblick auf andere Spannungen gesehen. Aber lassen Sie uns zunächst einen Blick darauf werfen, wie die zeitgenössische Kultur mit den Polen des Festhaltens und Loslassens im Hinblick auf die guten Dinge im Leben umgeht.

## Eine Gesellschaft jung gebliebener Konsumenten

Mit dem effektiven Einsatz von Penizillin und einem hygienischeren Lebensstil nach dem Zweiten Weltkrieg begannen die Menschen in der nordatlantischen Welt älter zu werden. In Deutschland wurde Ende des 19. Jahrhunderts das Rentenalter auf 65 Jahre festgelegt, was der durchschnittlichen Lebenserwartung der damaligen Deutschen entsprach. Heute gelten Menschen, die in diesem Alter sterben, als zu jung gestorben. Wir leben länger, sehen jünger aus und bleiben in besserer Gesundheit als jede Generation vor uns. Es wurde eine ganze Wissenschaft und Industrie entwickelt, um ein erfolgreiches Altern zu unterstützen, und da das psychologische Tabu über das Sterben weit verbreitet ist, scheint es nicht notwendig zu sein, darüber nachzudenken das Leben loszulassen.

Die Verlängerung der Lebenserwartung des Menschen und der Erhalt der Jugendlichkeit fördern eine Mentalität des Festhaltens und nicht des Loslassens. Und das wird durch viele medizinische und technologische Entwicklungen unterstützt, die uns helfen, weiterhin aus dem ewigen Jungbrunnen zu trinken – kosmetische Chirurgie und die Verwendung von Viagra, um nur einige zu nennen. Als Folge dieser Kultur der Erhaltung sind viele Menschen nicht bereit, über Patientenverfügungen oder die Aussicht auf das Sterben nachzudenken. Es gibt auch viele, die niemandem gesagt haben, was im Falle eines Unfalls ihre Wünsche wären, wenn sie bewusstlos in ein Krankenhaus kommen würden.

Es scheint aber auch eine wachsende Zahl älterer Bürger*innen zu geben, die noch gesund sind, und dennoch ihr Leben nicht mehr für lebenswert halten. Obwohl ihr Alterungsprozess körperlich erfolgreich war, leben sie in einem „Gewirr aus Unfähigkeit und Unwilligkeit, sich mit dem eigenen tatsächlichen Leben zu verbinden“ (Wijngaarden et al. 2016, S.265).

Dieses psychosoziale und spirituelle Leiden lässt sie darüber nachdenken, ihr Leben zu beenden oder sogar tatsächlich einen Suizid zu planen. Die gleiche Entwicklung zeigt sich bei Menschen, die das Leiden an Demenz fürchten. Die Angst, in naher Zukunft an dieser Krankheit zu leiden, veranlasst viele Menschen, darüber nachzudenken, wie sie diese Situation beenden können, bevor sie nicht mehr die Person sind, die sie bis dahin waren.

Diese existenziellen Kämpfe lassen sich im Rahmen der vorangegangenen Spannungen beschreiben: Je zerbrechlicher die Beziehung zu sich selbst wird oder gar verschwindet, desto mehr wird die persönliche Identität durch die zwischenmenschliche und institutionelle Dimension aufrechterhalten – ein für viele Menschen erschreckendes Szenario. In den Worten der Pole Tun und Ertragen gesagt: Es fällt vielen schwer, diesen Prozess des Verlustes ihres Lebenssinns und ihrer Identität zu ertragen und auszuhalten. Viele Menschen denken in dieser Situation darüber nach, etwas dagegen zu unternehmen: In Ländern, in denen das ärztlich assistierte Sterben legal ist, geben sie proaktiv Sterbehilfe-Erklärungen ab, nur für den Fall, dass dies der einzige Ausweg sein sollte. Im Hinblick auf die Spannung, die im Mittelpunkt dieses Kapitels steht, könnte man sagen, dass diese Menschen bereit sind, an ihrem Leben festzuhalten, solange das Leben gut für sie ist. Aber wenn das Leben zu hart wird, sind sie bereit, es auf eine sehr radikale Weise loszulassen.

Dies führt uns zu einer genaueren Betrachtung des Loslassens. Ist es wirklich ein Loslassen, was in solchen Fällen passiert? Ist diese Haltung von „nicht so" nicht eher eine Form des „Wegwerfens", die in unserer Kultur weitaus weiter verbreitet ist als das Loslassen? Wir leben in einer Konsumgesellschaft, die uns ständig dazu drängt, mit unserer Situation unzufrieden zu sein. Werbung macht uns glauben, dass wir entweder etwas Wichtiges verpassen, das uns glücklicher machen könnte, oder dass wir bessere Optionen oder Wahlmöglichkeiten haben. In beiden Fällen wird uns suggeriert, dass wir ein bestimmtes Produkt oder einen bestimmten Anbieter nicht mehr verwenden und gegen etwas anderes eintauschen sollten. Der Neoliberalismus hat uns gelehrt, unzufriedene Kund*innen zu sein, die ständig nach besseren und billigeren Optionen suchen und bereit sind, das, was sie bereits haben, wegzuwerfen. Dinge wegzuwerfen und zu ersetzen, ist zu einem wichtigen Gebot für diejenigen geworden, die auf dem Laufenden bleiben wollen. Die Technologie entwickelt sich so schnell, dass die von uns verwendeten Mobiltelefone so konzipiert sind, dass sie alle zwei Jahre ausgetauscht werden. Das Gleiche gilt für viele andere Geräte, an die wir uns gewöhnt haben.

Der polnisch-britische Soziologe Zygmunt Bauman hat unsere Zeit als „flüssige Moderne" bezeichnet, was bedeutet, dass wir ohne dauerhafte Bindungen leben, flexibel in unseren gesellschaftlichen Rollen und in unserem eigenen Leben wie Tourist*innen (Bauman 2000). Wir sind nicht mehr an lebenslange Beziehungen und Loyalitäten gebunden und ihnen verpflichtet, sondern passen uns kontinuierlich neuen Entwicklungen, neuen Situationen und neuen Chancen an. Die Norm, die unser Denken prägt, heißt, sich umzustellen und nicht stehenzubleiben. Und umstellen bedeutet, auf eine bestimmte Weise loszulassen.

Um einen präziseren Rahmen für das Verständnis der Spannung zwischen den Polen Festhalten und Loslassen zu entwickeln, werden wir uns etwas mehr auf diese beiden Begriffe konzentrieren und sehen, wie sie sich ändern können, je nachdem, wie sie mit dem Inneren Raum verbunden sind.

## Festhalten und loslassen

Wie wir bereits gesehen haben, können im Falle der Spannung zwischen Tun und Lassen beide Pole gegensätzliche, inkompatible Positionen darstellen, und es gibt ebenso Möglichkeiten, wie beide Pole integriert werden können. Im Falle des Festhaltens und Loslassens kann man das gleiche Phänomen sehen. Es gibt Möglichkeiten, sich festzuhalten, die dem Loslassen völlig entgegengesetzt sind. Jemand, der an einer Klippe hängt und versucht, sein Leben zu retten, klammert sich an die Klippe und sollte sie festhalten. Den Felsen loszulassen würde bedeuten, das Leben zu verlieren.

Dieses Beispiel für ein Festhalten veranschaulicht sehr gut, warum es hier keinen inneren Raum gibt: Es gibt nur eine Option, es gibt keine Alternativen und jede Offenheit würde die Situation direkt gefährden. Auf diese Art und Weise leugnet auch ein humorloser Diktator oder Fundamentalist jede andere Sicht auf die Realität, die sich von seiner Sichtweise unterscheidet. Dieses Festhalten hat den Charakter des Klammerns, hartnäckig und entschlossen. Das Bild besteht darin, ein Objekt so fest zu halten, dass es zusammengedrückt wird.

Das Gegenteil dieser Art des Festhaltens ohne inneren Raum ist jede Form des Loslassens ohne inneren Raum. Es ist ebenfalls hartnäckig und entschlossen, ohne jede andere Möglichkeit. Das Loslassen in diesem Sinne hat den Charakter des Wegwerfens. Festhalten ist keine Option, es geht darum, etwas loszuwerden. Das Bild hier ist das einer Hand, die einen Baseball wirft: sie öffnet sich, aber mit dem Ziel, so schnell wie möglich loszulassen.

Doch es gibt auch Arten des Loslassens, die einen anderen Charakter haben. Nehmen wir zum Beispiel das Loslassen eines Kindes, das gehen oder Rad fahren lernt. Festhalten ist nicht mehr notwendig, es behindert sogar den Prozess, und die Hand wird geöffnet, sodass eine Art Freiheit entsteht. Oder nehmen wir das Beispiel eines kleinen Vogels, der zwischen zwei Händen gefangen ist. Wenn die Hände geöffnet sind, ist der Vogel frei zu gehen, nichts hält ihn und nichts drückt oder wirft ihn weg. Der innere Raum ist hier eine absolute

Offenheit. Ob der Vogel wegfliegt oder bleibt, beides ist in Ordnung.

Diese Offenheit des Loslassens kann auch eine bestimmte Richtung haben, wenn jemand etwas gibt oder anbietet. Jemandem ein Geschenk zu kaufen und es ihm zu geben, ist ein Beispiel dafür, wie man mit einer Absicht loslässt. Der innere Raum ist hier gefüllt mit Gefühlen der Freundschaft, Dankbarkeit oder Liebe. Es ist immer noch eine offene Geste, denn nichts wird im Gegenzug verlangt, aber es gibt eine bestimmte Richtung. Das Geschenk wird in dem Vertrauen gegeben, dass es jemandem etwas Gutes tun wird. Es besteht immer das Risiko, dass das Geschenk nicht angenommen wird, was den Schenkenden verletzlich macht. Aber wenn das Geschenk mit Offenheit gegeben wird, wird es den Schenkenden nicht enttäuschen.

Die gleiche offene und vertrauensvolle Haltung findet man auch bei dem Fallenlassen. Wir alle kennen das vom Einschlafen oder von Momenten tiefer Entspannung. Und auch hier können wir uns vorstellen, dass es Möglichkeiten des Fallenlassens gibt, bei denen man sich hingibt im Vertrauen darauf, dass man gut empfangen wird. Denken Sie an die Hingabe aus Liebe, die geschieht, wenn Menschen Liebe machen, oder wenn jemand in dem Vertrauen stirbt, dass er von den liebenden Händen Gottes empfangen wird.

So wie sich der Charakter des Loslassens bei mehr innerem Raum verändert, so ist es auch beim Festhalten. Denn neben dem Klammern oder Quetschen gibt es Möglichkeiten des Festhaltens, die sich in einem perfekten Gleichgewicht zwischen zu eng und zu locker befinden. Das Schwingen einer Axt beim Holzhacken führt nur dann zum Erfolg, wenn das richtige Gleichgewicht gefunden wird: Wer zu fest hält, verliert den Schwung, der die Kraft zum Spalten des Holzes erzeugt; wer zu locker hält, läuft Gefahr, die Axt zu verlieren. Der richtige Mittelweg, den wir auch aus dem Studium der Tugenden kennen, ist notwendig.

Andere Formen des Festhaltens sind offen für das Loslassen. Die Hand eines Vaters bringt dem Sohn das Gehen oder Radfahren bei, sie ist als Halt und Unterstützung da und ist bereit, loszulassen, wenn es nötig ist. Auch das Bild des Vogels, der gehalten wird, aber die Freiheit hat zu fliegen, wenn er will, hat den gleichen Charakter des inneren Raums.

Auch diese Formen des Festhaltens können eine Richtung und eine Absicht haben. Das Halten, das man bei der Ehrung von jemandem findet, ist ähnlich wie das Geschenk, über das wir gesprochen haben. Wir sehen an diesem Beispiel, dass es möglich ist, gleichzeitig festzuhalten und loszulassen. Es scheint eine perfekte Verflechtung von beidem zu geben.

Wie dies am Ende des Lebens praktiziert werden kann, zeigt eine Geschichte, die mir einer meiner ehemaligen Kollegen einmal erzählt hat: Als seine erste Frau an Krebs starb, hatte er sie in den letzten Stunden ihres Lebens mit der Hand an ihrem Unterarm gestreichelt, um sowohl seine Liebe zu ihr als auch seine Unterstützung während ihres Leidens auszudrücken. Plötzlich erkannte er jedoch, dass dieses Streicheln mit der Innenseite seiner Hand zu viel eines Wunsches ausdrücken könnte, sie bei sich zu behalten. Ihr Tod war unvermeidlich, also wollte er sowohl seine Nähe und Unterstützung als auch ihre Freiheit, das Leben loszulassen, zum Ausdruck bringen. Die Lösung, die er fand, war, ihren Arm mit der Außenseite seiner Hand zu streicheln. Damit konnte er in einer Geste gleichermaßen das Festhalten und das Loslassen ausdrücken.

Obwohl beide Pole manchmal integriert werden können, kann die Kombination aus Festhalten und Loslassen auch noch polyphoner ausgedrückt werden: einige innere Stimmen erlöschen zu lassen, während wir anderen Stimmen mehr Raum zur Entwicklung geben. Oder, wie es der amerikanische Bioethiker Daniel Callahan in einem Bild über das Altern ausdrückte: Die Kunst des guten Alterns ist wie die Kunst, einen Blumenstrauß zu bewahren (Callahan 1988). Nach einer Woche nehmen Sie die verwelkten Blüten heraus, um den übrigen Blüten mehr Platz zum Blühen zu geben. Festhalten und Loslassen erscheinen als gegensätzliche Aktionen, sie werden aber gleichzeitig durchgeführt und sind gleichermaßen wichtig für das angestrebte Ergebnis.

Was kann uns diese Reflexion über Bettinas Situation sagen? Welche Möglichkeiten ergeben sich für ihren Mangel an innerem Raum und die Art und Weise, wie sie in ihrer Situation gelitten hat?

## Innerer Raum

Bettina befand sich in einer Situation, in der es ihr fast unmöglich war, das Leben loszulassen. Sterben bedeutet, alles loszulassen, was man hat und ist. Konfrontiert mit der Frage: „Wer bist du und was willst du wirklich?", würde Bettina ihre Antwort vollständig im Hinblick auf den anderen Pol formulieren. In erster Linie war sie Mutter ihrer 15-jährigen Tochter, die Geld gestohlen hatte, um sich zu trösten und sich für die schwierige Situation zu entschädigen, in der sie sich befand: von ihrer Mutter und ihrem Vater verlassen zu werden (so empfand sie es). Bettina definierte und erlebte sich vor allem durch die Beziehung zu ihrer Tochter, und aus dieser Perspektive war ihr klar, dass es nur eine Möglichkeit gab: sich so lange wie möglich an das Leben zu klammern, um sicherzustellen, dass es ihrer Tochter nach ihrem Tod gut gehen würde. Der Ich-Pol, verbunden mit ihrer unvollendeten Lebensgeschichte, war ihr in weit geringerem Maße wichtig. Zwar musste sie Mitte vierzig das letzte Kapitel ihrer Lebensgeschichte schreiben, was sie sich etwa vierzig Jahre später erhofft hatte. Aber der Schmerz über diese Tatsache hatte nicht so sehr etwas damit zu tun, dass sie so viele Pläne für ihr Leben hatte – sie hatte nie das Gefühl gehabt, dass es im Leben viel zu wählen gab –, wie sie Pläne für ihre Tochter hatte. Deshalb hätte es für Bettina einen direkten Einfluss auf ihren Schmerz und ihre Angst, wenn man ihr die Unsicherheit darüber nehmen könnte, wo ihre Tochter wohnen und wie das Mädchen in der Schule unterstützt werden würde.

Da die Menschen in einem lebenserhaltenden Netz miteinander verbunden sind, waren auch Bettinas enge Verwandte – ihre Tochter, ihr Mann, ihre Eltern – nicht in der Lage, sie gehen zu lassen. Ihre Tochter brauchte ihre Mutter mehr als alles andere. Ob ihr Diebstahl eine Möglichkeit war, nach Aufmerksamkeit zu schreien, eine selbstzerstörerische Tat, eine Möglichkeit, Geld zu bekommen, um sich zu trösten, oder eine Kombination aus allen Dreien, spielte keine Rolle. Es war klar, dass das Mädchen genauso verzweifelt war wie seine Mutter.

Bettinas Eltern taten alles, was sie konnten, um sich um ihre Tochter und Enkelin zu kümmern. Und Bettinas Mann war verstrickt in Schuldgefühlen gegenüber der Frau, von der er sich scheiden lassen wollte und die dann plötzlich unheilbar krank geworden war. Von allen Verwandten war er der unberechenbarste. Wut und Ärger über seinen Schwiegervater wechselten sich ab mit Mitleid mit Bettina und aus dem heraus er versuchte, etwas zu organisieren, worauf sie sich freuen konnte.

Und schließlich fühlten sich auch die Betreuer*innen so, als seien sie mit einer aussichtslosen Situation konfrontiert. Viele von ihnen waren im gleichen Alter wie Bettina und identifizierten sich in vielerlei Hinsicht mit ihr. Auch für sie war die Situation schwer zu bewältigen und forderte von ihnen viel ihres inneren Raums.

Wenn wir Bettina durch die Brille der drei Polaritäten der neuen Ars Moriendi betrachten, über die wir gesprochen haben, könnte man sagen: in Bezug darauf, wer sie war und was sie wirklich wollte, befand sie sich am Pol „die Anderen“ und nicht am Ich-Pol; in Bezug darauf, wie sie mit dem Leiden umgegangen ist, mehr am Lassen-Pol als am Tun-Pol; und in Bezug auf ihr Abschiednehmen mehr am Festhalten-Pol als am Loslassen-Pol. Und bei all dem schien es wenig innere Freiheit oder inneren Raum zu geben. Und das spiegelte sich in der Art und Weise wider, wie angespannt und gestresst ihr Körper war.

Wenn man Bettinas Innenleben aus dieser Perspektive betrachtet, kann man damit anfangen zu erforschen, wie man es ihr ermöglichen könnte, einen größeren inneren Raum zu entwickeln. Es war klar, dass zunächst einmal ihre größten Sorgen adressiert werden mussten.

Wie könnte ein sicherer Ort für ihre Tochter gefunden werden, ein Ort, vom dem Bettina wusste, dass ihre Tochter geliebt und versorgt werden würde? Um diese Frage zu beantworten, müssen wir uns das lebenserhaltende Beziehungsnetz um Bettina und ihre Tochter ansehen. Der Vater und die Großeltern werden als wichtige Akteure gebraucht, um Auskunft darüber zu geben, welche Möglichkeiten es gab.

Aber die zweite Frage war ebenso wichtig. Wie könnte man Bettina helfen, eine aktiv Handelnde zu sein, die die Kontrolle hat und sich nicht nur passiv in diesen Bereichen bewegt, in denen sie aktiv sein möchte? Wenn Bettina immer ein Leben geführt hätte, in dem andere Menschen die Initiatoren waren und sie nur darauf reagiert hatte, hätte es keinen Sinn ergeben, zu versuchen, sie jetzt in ihren letzten Wochen zu ändern. Aber es könnte auch spezifische Themen oder Probleme geben, bei denen sie gerne eine aktivere Rolle spielen würde, aber nicht wusste, wo sie anfangen sollte.

Und das brachte uns zur ersten Frage: Wer bin ich und was will ich wirklich? Bettina neigte dazu, ihre Identität in erster Linie als Mutter zu definieren. Aber natürlich war sie mehr als nur ihre Rolle. Sie war eine Mutter auf ihre eigene, spezifische und einzigartige Art und Weise. Sie näher an dieses Thema heranzuführen, würde ihr helfen, sich mehr mit dem Ich-Pol ihrer Identität zu verbinden. Indem sie bewusster mit sich selbst und ihrer Lebensgeschichte verbunden war, konnte sie eingeladen werden, darüber nachzudenken, was sie ihrer Tochter für das spätere Leben erzählen wollte oder wie sie erinnert werden wollte. Es gab viele Möglichkeiten, wie sie dies tun konnte, z.B. Briefe an ihre Tochter für bestimmte Anlässe wie ihren 18. und 21. Geburtstag oder ihren Hochzeitstag zu schreiben. Aber egal, welche Optionen es gab, mit diesen Spannungen zu arbeiten, das Wichtigste in unserer neuen Ars Moriendi war, dass Bettinas innerer Raum der Ausgangspunkt war. Die Hauptaufgabe der Betreuer*innen bestand darin, damit leben zu lernen, dass sie Möglichkeiten und Lösungen sehen, die die Sterbende nicht will.

Fast drei Monate nach der Aufnahme auf die Palliativstation starb Bettina. Ihre Tochter hatte sie viele Male besucht, und Bettina war relativ sicher, dass sie gut versorgt war. Ihr Mann hatte versucht, für sie eine Bootsfahrt zu organisieren, die aufgrund des Wetters nicht stattfinden konnte. Bis zum Schluss litt sie unter starken Schmerzen. Aber sie entschied sich dafür, auf diese Weise zu sterben, um klar und nah an den Menschen zu sein, die sie liebte. Der Pfarrer formulierte es so: „Sie konfrontierte uns mit der Frage: Kannst du akzeptieren, dass ich es nicht akzeptieren kann?" Er erzählte uns auch, dass ihre Eltern in einer ihrer letzten Nächte an ihrem Bett waren. Ihr liebevoller Umgang hatte ihn sehr berührt. „Es war, als hätten sie auf sie aufgepasst, ihre Wiege gehütet. In jenen Zeiten, vor mehr als vierzig Jahren, überrascht, jetzt verblüfft, aber nicht weniger fürsorglich." Ihre Trauer war jenseits aller Worte. Es gibt keine Worte für den Schmerz, den Menschen spüren, wenn ein eigenes Kind stirbt. Bettina hatte das schon einmal selbst erlebt.

### Über Sterben und Trauer

Obwohl der*die Patient*in zentrale*r Akteur*in in der neuen Ars Moriendi ist, haben wir immer wieder gesehen, wie wichtig die Angehörigen sind. In diesem Sinne ist die Kunst des Sterbens eher wie das Erlernen der ersten Geige in einem Quartett, als das Erlernen des Solospiels. Die Geigen und das Cello spielen ihre Rollen und jedes Instrument bestimmt mit, wie die anderen Instrumente klingen. Beim Abschied am Ende des Lebens stehen sowohl Patient*innen als auch Angehörige in der Spannung zwischen Festhalten und Loslassen. Dieser Prozess beginnt während der Krankheitsphase und setzt sich für die Angehörigen in der Trauerphase nach dem Tod weiter fort.

Trauer ist nicht etwas, das erst erlebt wird, wenn jemand gestorben ist. Trauer ist eine natürliche Reaktion auf jeden Verlust, den Menschen in ihrem Leben erleiden können. Menschen, die sterben, erleben auch Trauer, obwohl es nicht immer eine Trauerzeit gibt, in der sie sich an den Verlust anpassen. Weil die neue Ars Moriendi ein Modell ist, das sowohl Patient*innen als auch Angehörigen helfen könnte und Trauer Teil des Prozesses von Festhalten und Loslassen ist, fragen wir uns: Wie kann man diese Themen in Bezug zum inneren Raum setzen?

Wenn man mit Trauer konfrontiert wird, wird man unweigerlich auf vier Ideen stoßen, die weit verbreitet sind und immer wieder wiederholt und fraglos kopiert werden, weil sie so selbstverständlich erscheinen (Bout 1999). Fassen wir sie kurz zusammen:

- Trauer besteht aus einer Reihe von Trauerphasen, die man durchlaufen muss.
- Während dieser Phasen werden alle Arten von negativen Emotionen erlebt (Wut, Trauer, Schuld etc.).

- Man muss diese Emotionen bewusst durcharbeiten, um sich aus der Bindung zu der verstorbenen Person lösen zu können.
- Nach etwa einem Jahr wird das Leben wieder ins Gleichgewicht kommen und man kann seinen Trauerfall beenden.

Das Problem mit diesem weit verbreiteten Bild der Trauer besteht darin, dass es zwar Menschen gibt, für die diese eine Beschreibung des Trauerprozesses zutrifft, dass es jedoch alles andere als selbstverständlich ist, dass jeder einen ähnlichen Prozess durchleben wird. Schlimmer noch: Weil dieses Bild so dominant ist, kann es den Blick auf die einzigartigen Trauerprozesse bestimmter Individuen versperren und ihre persönliche Art zu trauern missachten.

Werfen wir einen genaueren Blick auf diese vier Ideen und auf das, was ihr Wert sein könnte:

- Die Vorstellung, dass Trauer aus mehreren Phasen besteht, basiert auf der Arbeit von Elisabeth Kübler-Ross (1969). Obwohl sie in ihrer früheren Arbeit die Idee von fünf Trauerphasen vorstellte, die jede*r durchlaufen müsse (Verleugnung, Wut, Verhandlung, Depression, Akzeptanz), nuancierte sie diese Idee später mit dem Gedanken, dass dies Aspekte der Trauer sind, die in jeglicher Reihenfolge erlebt werden können. Die Existenz von Trauerphasen, die man durchlaufen muss, wurde nie durch eine langfristige wissenschaftliche Arbeit bestätigt. Es kann aber durchaus zutreffen, dass Trauer eine Reihe von Aufgaben mit sich bringt (Worden 2002). Die Realität des Verlustes zu akzeptieren zum Beispiel, ist eine

Aufgabe, die jede*r Trauernde erfüllen muss, aber nicht jede*r muss unbedingt dauerhaft Schmerz und Trauer erleiden. Die Anpassung an ein neues Leben ohne das Verlorene wiederum ist eindeutig eine Aufgabe, an der jede*r arbeiten muss. Welche Aufgaben es auch immer geben mag, sie können nicht wie Punkte auf einer Einkaufsliste abgehakt werden. Aus diesem Grund sprechen andere Forscher*innen lieber von einem doppelten Prozess, den Trauernde durchlaufen und der zwischen zwei Polen oszilliert: auf der einen Seite befindet sich das, was mit dem Tod und den damit verbundenen Gefühle verknüpft ist, auf der anderen Seite all die Herausforderungen, die mit Wiederherstellung zu tun haben, wie dem Erwerb neuer Rollen und der veränderten Beziehungen zu Freunden und Familie (Stroebe und Schut 1999).

- Die Vorstellung, dass in der Trauer alle Arten von negativen Emotionen erlebt werden, ist ebenfalls nur ein Teil der Realität. Manchmal fühlen sich Menschen zu ihrer Überraschung und Verwirrung erleichtert oder sogar glücklich. Aber wie geht man mit solchen Gefühlen um, die nicht in das gesellschaftliche Bild von jemandem passen, der trauert? Viele Menschen können das nicht verstehen und sind sogar schockiert darüber. Einige Überlebende beklagen sich daher darüber, dass sie nur unter anderen Trauernden das Gefühl haben, lachen zu dürfen.
- Aber wenn es negative Emotionen gibt, müssen wir sie durcharbeiten, damit das Band zum Verstorbenen getrennt werden kann? Auch hier ist die Antwort: nicht unbedingt. Es gibt Menschen, die sich nicht mit ihren negativen Emotionen auseinandersetzen müs-

sen. Sie haben eine andere Art der Trauer. Und die Bindung an den Verstorbenen muss nicht unterbrochen werden. Seit den 1990er-Jahren wird akzeptiert, dass dauerhafte Bindungen an Verstorbene von großer Bedeutung sein können (Klass, Silverman und Nickman 1996). Ich erinnere mich an eine ältere Frau im Pflegeheim, die ein kleines Foto in Schwarz-weiß an der Wand neben ihrem Bett hatte, auf dem ein kleiner Junge abgebildet war. Als ich sie darauf ansprach, erzählte sie mir, dass es eines der wenigen Bilder ihres Sohnes sei, der vor 56 Jahren im Alter von zwei Jahren ertrunken war. Als sie mir das sagte, füllten sich ihre Augen langsam mit Tränen und ihr Mund zitterte.

- Schließlich: Gibt es eine definierte Zeit – vielleicht ein Jahr –, nach der das Leben wieder ins Gleichgewicht kommt? Auch hier handelt es sich um ein weit verbreitetes Missverständnis. Natürlich wäre es toll, wenn man wüsste, wann die Wunde der Trauer verheilt sein wird, aber es ist gefährlich, sich hier auf irgendwelche Zeiträume festzulegen. Die Menschen sind vielfältig und was ein Mensch innerhalb von Monaten oder gar Jahren durchlebt, dauert für einen anderen ein paar Wochen. Das kann für das Umfeld der trauernden Person schmerzhaft oder schwer zu verstehen sein, aber emotionale Prozesse folgen ihrem individuellen Zeitrahmen.

Die Einzigartigkeit der Trauernden anzuerkennen, ist vielleicht die wichtigste der neuen Erkenntnisse, die sich in der Forschung durchgesetzt hat, gesellschaftlich aber schwer zu verbreiten ist. Was bedeuten diese neuen Erkenntnisse über das Trauern für unsere neue Ars Moriendi? In gewisser Weise unterstreichen sie nur die Bedeutung des inneren Raums für die Trauer. Trauernde erleben die Spannung zwischen Festhalten und Loslassen auf vielfältige Weise. Der innere Raum hilft ihnen, mit verwirrenden und unvorhersehbaren Erfahrungen im Umgang mit dem Verlust und in der Anpassung an ein neues Leben zu leben. Aber der innere Raum hilft uns auch, Geduld mit denen zu haben, die den Prozess des Verlustes eines geliebten Menschen auf ihre je einzigartige Weise durchleben.

## Kapitel 7
## Wie schaue ich auf mein Leben zurück?

Als ich Michael das erste Mal aus nächster Nähe sah, war ich schockiert: ein Mann Anfang 30, abgemagert, mit einem seltsam geschwollenen Bauch. Ich hatte ihn von Zeit zu Zeit gesehen, wie er auf seinem Pflegeheim-Scooter zum Restaurant und wieder zurück fuhr. Aber jetzt saß ich in seinem Zimmer vor ihm. Als ich sein Gesicht betrachtete, sah ich einen Schädel. Es waren vor allem seine Knochen, die dem Kopf seine Form gaben. Hohläugig sprach er langsam und monoton. Auf dem Bild, das hinter ihm an der Wand hing, hielt er stolz einen riesigen Zander in seiner Hand. Er liebte es zu angeln und ging an den Wochenenden mit Freunden aus. Doch in nicht mehr als eineinhalb Jahren hatte der Magenkrebs einen gesunden jungen Mann in ein Wrack verwandelt.

Zuerst fiel es mir schwer, Kontakt mit Michael aufzunehmen, aber als ich mich auf seine tägliche Pflege einließ, begann ich, eine Art Verbundenheit zu spüren. Ich half den Krankenschwestern, ihn zu duschen und anzuziehen, und nach einer Weile konnte ich ihm allein helfen. Er begann, mir von seinem Leben zu erzählen, von seinen beiden kleinen Kindern, die ihn regelmäßig besuchten, von der Mutter seiner Kinder (die Frau, von der er sich hatte scheiden lassen) und von seiner neuen Freundin, die ihn fallen gelassen hat wie eine heiße

Kartoffel, als sie von seiner unheilbaren Krankheit erfuhr.

Nach und nach machte ich mich mit der kleinen Welt eines todkranken Patienten vertraut: mit der Genauigkeit, mit der sein Bett gemacht werden musste, damit es keine Falten oder Knicke gab; mit seiner enormen Freude an einer Tasse Kaffee; mit der Bedeutung der richtigen Temperatur des Kaffees; mit der großen Bedeutung der kleinen Dinge.

Michael hatte um Sterbehilfe gebeten. Nicht, weil er sterben wollte. „Jeder Tag ist noch ein anderer Tag, nicht wahr?", sagte er immer. Aber es schenkt ihm eine innere Ruhe zu wissen, dass er nicht würde leiden müssen, wenn die Schmerzen ihn quälen würden. Die Injektionen waren bereits vorbereitet. Der Arzt sagte mir, dass es in seinem Fall jederzeit zu einer Krise kommen könnte, die seine Situation unhaltbar machen würde.

Michael lebte wochenlang weiter. Er magerte mehr und mehr ab, hatte zunehmend Schwierigkeiten beim Sprechen und starke Schmerzen beim Schlucken. „Sein Wille zu leben hält ihn lebendig", sagten sie auf der Station. In meiner letzten Woche auf der Palliativstation habe ich ihm gesagt, dass ich in ein paar Tagen gehen würde. Er fing an, über seine Angst vor dem Sterben zu sprechen; über seine Kinder, die genau verstanden, was geschah; über seinen Sohn, dessen Wut plötzlich aufflammte, und über seine Tochter, die plötzlich anfing zu weinen oder ihn umarmen wollte. Er sagte mir, dass er seine Kinder seit einiger Zeit nicht mehr gesehen habe, das letzte Mal kurz nach der Scheidung. Seine Frau wollte nicht, dass sie seine neue Freundin kennenlernen. Wieder begann er über den Tod zu sprechen und über seine Angst vor dem Unbekannten. „Weißt du", sagte er, „ich stelle mir vor, dass ich auf meinem Sarg sitze und alles sehe, wenn ich tot bin."

Michael starb eine Woche, nachdem ich meine Arbeit auf der Palliativstation beendet hatte. Eine der Betreuerinnen erzählte mir, dass am Abend vor seinem Tod die Schmerzen zugenommen hatten. Er hatte um eine zusätzliche Dosis Morphium gebeten, die ihm auch verabreicht worden war. Es scheint, als hätte er es kommen sehen, denn er hatte seine Ex-Frau gebeten zu bleiben. Das war ihr wegen der Kinder nicht möglich gewesen und natürlich fühlte sie sich danach schuldig. In dieser Nacht, um drei Uhr, wurde er tot aufgefunden. Er war allein gestorben.

Ein paar Tage später wurde Michael begraben. Mit einigen Kollegen von der Station nahm ich an seiner Beerdigung teil. Als wir die Kapelle des Friedhofs betraten, lief Musik: „Only the good die young ..." Nachdem alle Platz genommen hatten, verkündete der Zeremonienmeister, dass Michael ein Tonband vorbereitet habe. Seine langsame und monotone Stimme war plötzlich wieder da. Er hieß alle willkommen und scherzte, dass er uns alle dort sitzen sehen konnte. Ich musste an seine Bemerkung vor einer Woche über das Sitzen auf seinem Sarg denken. Dann begann er, sich von uns allen zu verabschieden: seine Kinder („Papa ist jetzt im Himmel ... sei lieb zu Mama ... Ich hoffe, du wirst es besser machen als ich"); seine Ex-Frau („Ich liebe dich immer noch, trotz allem ..."); seine Freunde („Erinnerst du dich, als wir gesagt haben, dass wir unser Auto reparieren würden, aber in der Kneipe gelandet sind ... Erinnerst du dich an die Party mit diesen Damen ... Entschuldigung dafür, was auf deiner Verlobungsfeier passiert ist … Sei lieb zu deiner Mutter und repariere ihr altes Haus …“); sein Vater („Dad, krieg dein Leben wieder auf die Reihe … Nimm mich als Beispiel: Wenn ich kämpfen kann, kannst du es auch schaffen …“). Das Thema seiner Rede war, dass es wichtig war, weiter zu kämpfen, aber auch, dass er hoffte, dass andere besser sein würden als er und dass sie ein besseres Leben verdient hätten.

Michael war ein gewöhnlicher Kerl, einer von vielen. Er war ein junger Mann, der mitten im Leben unheilbar erkrankt war und dem das Leben ein Strich durch die Rechnung gemacht hatte. Als er die vielen offenen Enden und Brüche seines Lebens sah, die an die Oberfläche kamen, versuchte er, sie auf seine eigene Weise in eine positive Richtung zu lenken. Das Tonband auf seiner Beerdigung war seine Art, Verantwortung zu übernehmen und die letzte Chance wahrzunehmen, die Dinge in Ordnung zu bringen.

## Eine Gesellschaft strahlender und glücklicher Menschen

Eine der grundlegenden kulturellen Veränderungen, die die 1960er-Jahre prägten, war der Aufstieg eines Demokratisierungsideals, begleitet von einer Ablehnung jeder Autorität. In Musik, Kunst und Mode entstand eine Populärkultur, die sich gegen traditionelle Konventionen auflehnte und diese in jeder erdenklichen Weise durch Drogenkonsum, freien Sex und laute Musik verletzte. Die Studierenden besetzten Universitätsgebäude und forderten Mitspracherechte bei der Gestaltung der Studiengänge und Entscheidungen, die bis dahin von den Universitätsgremien getroffen worden waren. Und selbst in den Kirchen war ein neuer Geist zu spüren, der diese Kultur der Demokratisierung widerspiegelte. In der hierarchischen und sehr traditionellen römisch-katholischen Kirche zum Beispiel wurde in vielen Ländern die lateinische Heilige Messe durch eine Liturgie in der jeweiligen lokalen Sprache ersetzt. Laien begannen, sich an der Vorbereitung der Liturgie zu beteiligen, und in vielen Kirchen verjagten Schlagzeuge mit langhaarigen Jugendlichen die traditionellen Kirchenbesucher von ihren Sonntagmorgenritualen.

Die Auswirkungen dieser antiautoritären und demokratischen Entwicklungen können kaum überschätzt werden und sie werden in neuen Formen noch immer fortgesetzt, weiterentwickelt und vermarktet. Was für dieses Kapitel wichtig ist, ist die Tatsache, dass sie einen neuen Ansatz zur Moral initiiert haben. Traditionell wurde Moral als etwas angesehen, das von den Institutionen gestützt wurde. Die Kirchen zum Beispiel kommentierten gesellschaftliche Entwicklungen und beteiligten sich in der Rolle eines moralischen Kompasses an der gesellschaftlichen Debatte. Doch nun lehnten Menschen jede externe Autorität ab, suchten nach einer neuen Orientierung und fanden sie in sich selbst. Entweder das Gewissen oder die Gefühle wurden zu einer neuen Grundlage für die Moral, und Authentizität zu einem neuen moralischen Ideal, das auf der Entfaltung des einzigartigen Individuums und nicht auf Institutionen beruhte.

Der Übergang vom Institutionellen zum Individuellen in Fragen der Moral wurde durch einen Wechsel vom Religiösen zum Psychologischen begleitet und unterstützt. In Nordwesteuropa wurde die Moral traditionell religiös durch Begriffe wie Schuld und Pflicht bestimmt. Erfüllte man diese nicht, würde man Schuldgefühle verspüren. Dies wurde als eine natürliche und gesunde Reaktion auf die Überschreitung eines moralischen Gebotes angesehen. Es bewies, dass man ein gut entwickeltes Gewissen besaß. Mit dem Kampf gegen Tabus und dem Aufstieg der Psychologie wurde Schuld jedoch als etwas Ungesundes angesehen, das Depressionen und Gefühle des Unglücks fördert. Schuldgefühle konnten in der Therapie behandelt und Menschen von einer verinnerlichten Moral befreit werden, die mit ihren individuellen authentischen Gefühlen nicht übereinstimmt. Wo das alte moralische Ideal darin bestand, frei von Sünden und Schuldgefühlen zu sein (man denke an die Teufel in den mittelalterlichen Ars Moriendi, die eine Liste der Sünden hochhalten, die im Laufe des Lebens begangen worden waren), war das neue moralische Ideal, an der eigenen Selbstentwicklung oder Selbstverwirklichung zu arbeiten.

Interessanterweise schuf dieses neue moralische Ideal neue Formen des Drucks. Der Mensch musste von allen Arten äußerer Moral und Tabus befreit werden, um ein freies, authentisches Individuum zu werden. Im dritten Kapitel begegneten wir dieser Entwicklung in Form einer Verschiebung vom Anderen-Pol zum Ich-Pol. Zum Thema dieses Kapitels – wie man mit den Dingen im Leben umgeht, die nicht gut gelaufen sind oder sogar moralisch fragwürdig, schlecht oder falsch waren – werden wir sie in die Spannung zwischen Erinnern und Vergessen einrahmen.

Während sich die traditionelle Moral darauf konzentrierte, sich an die Sünden zu erinnern, die in der Vergangenheit begangen wurden, um die Dinge in Ordnung zu bringen, konzentrierte sich die neue Moral darauf, zu vergessen, was getan worden war, um auf eine Zukunft der Selbstverwirklichung hinzuarbeiten. In Kapitel 2 diskutierten wir verschiedene Arten, die Moral zu betrachten: Die traditionelle Moral ist eher eine Landkarte, aus der sich vergangene Übertretungen ablesen lassen, während die neue Moral eher einer Eichel ähnelt, die sich zu einem einzigartigen Baum entwickelt. Beide Ansätze existieren nebeneinander und bieten unterschiedliche Perspektiven auf Schuld und Glück.

Das Paradoxe an der Selbstverwirklichung als Pflicht ist, dass wieder ein äußerer moralischer Druck aufkommt, dessen Kriterium sich aber innerhalb des Individuums befindet (Taylor 1991). Nur ich kann herausfinden, wie ich mich zu dem authentischen Individuum entwickeln kann, das ich sein soll. Durch den subjektivistischen Charakter des Ganzen werden Emotionen und Gefühle zu einem wichtigen moralischen Kompass. Wenn es sich „gut anfühlt", wenn es nach „meiner Wahrheit" ist, wenn es mit „meinem wahren Selbst" übereinstimmt, dann sollte es gut sein. Es gibt keine äußere moralische Autorität, die beurteilt, denn jeder Mensch hat seine eigene Wahrheit.

Die Pflicht zur Selbstverwirklichung geht einher mit einer weiteren Pflicht, die paradoxerweise einen äußeren Druck verursacht: der Pflicht, glücklich zu sein. Glück ist etwas, das wir psychologisch verstehen und sogar an Universitäten erforschen. Wir wissen, was es ist, und es liegt in der eigenen Verantwortung, daran zu arbeiten, ein glücklicher Mensch zu werden. Glücklich zu sein bedeutet, sich gut zu fühlen. Es gibt viele Wege, dieses Ziel zu erreichen, entweder durch harte Arbeit oder einfach nur durch Glück. Und wenn man sich depressiv fühlt, gibt es Therapien, damit man sich wieder gut fühlt. Alles kann repariert werden.

Aber was ist mit anderen kulturellen Hintergründen als einem traditionell christlichen? Gilt das Gleiche für Menschen, die aus einer Kultur der Scham und nicht aus einer Kultur der Schuld kommen? Es gibt einen großen Unterschied zwischen einer Kultur der Schuld, in der das eigene Urteil über mich selbst eine zentrale Rolle spielt, und einer Kultur der Scham, in der die Urteile anderer Menschen über mich entscheidend sind. In Kulturen, in denen die Gemeinschaft wichtiger ist als das Individuum – beispielsweise Marokko oder Japan – ist die Angst vor Gesichtsverlust der äußere Kompass, der das moralische Verhalten lenkt. Im Wesentlichen haben wir es hier jedoch mit der gleichen Logik der Erinnerung zu tun: Was falsch gemacht wurde, sollte bestraft und korrigiert werden.

Obwohl die neue Moral der Selbstverwirklichung ihren Ursprung in den 1960er-Jahren hat, sind die beiden Sichtweisen auf Recht und Unrecht, Erinnern und Vergessen nach wie vor vorhanden und Teil unseres Alltags. Gesetze sind eine Möglichkeit, gesellschaftliche Moralvorstellungen aufrechtzuerhalten, und kein Polizist wird sich davon überzeugen lassen, wenn man sagt, dass man die rote Ampel oder das Tempolimit ignorieren musste, weil es für die Selbstverwirklichung wichtig war. Die Boulevardpresse verdient viel Geld mit den Verfehlungen von Prominenten, egal was deren individuelle Vorstellungen von Glück sind.

Der Umgang mit Schuld, Recht und Unrecht in der nordatlantischen Welt ist zu einem komplexen Thema geworden, in dem eine Reihe von Subkulturen mit jeweils eigenen moralischen Ausrichtungen aufeinandertreffen. Eine Frau, die sich scheiden lässt, kann von einigen Freund*innen gelobt werden, weil sie den Mut hat, auf ihre Bedürfnisse zu schauen, während andere das Gefühl haben, dass sie nicht genug getan hat, um ihre Ehe zu retten, und ein Dritter sagt, dass man darüber nicht urteilen könne, weil das Leben manchmal einfach so läuft. Oft finden sich diese unterschiedlichen moralischen Orientierungen sogar in einer Person wieder. In unserem Inneren erklingt eine Polyphonie, in der sich unterschiedliche moralische Positionen präsentieren. Das bringt uns wieder zur Frage des inneren Raums.

### Erinnern und Vergessen

Wenn wir auf unser Leben zurückblicken, konzentrieren wir uns auf die Vergangenheit. Viele Menschen haben dieses Bedürfnis, wenn sie spüren, dass ihr Leben zu Ende geht. Es ist verbunden mit dem Bedürfnis zu verstehen, wer man war und was man wirklich will, was zum Teil durch das Vollenden der eigenen Lebensgeschichte beantwortet wird. Wir haben das in Kapitel 4 diskutiert. Die Konzentration auf die Vergangenheit kann bei verschiedenen Menschen unterschiedlich ausfallen. Für einige Menschen ist es wie der Besuch einer Schatzkammer, die mit großartigen Erinnerungen an goldene Zeiten gefüllt ist. Für andere birgt das Nachdenken über die Vergangenheit das Risiko, sich früheren traumatischen Ereignissen auszusetzen. Menschen können unterschiedliche Motive haben, um auf ihr Leben zurückzublicken oder es zu vermeiden.

Die vielen Möglichkeiten, wie wir uns auf vergangene Ereignisse beziehen können, befinden sich im Spektrum zwischen den beiden Polen „Erinnern“ und „Vergessen“. Auch hier werden wir eine große Vielfalt an Positionen entdecken, je nachdem, wie viel innerer Raum existiert.

Beginnen wir mit dem Pol des Erinnerns. Man kann sich vorstellen, dass in der extremsten Form Menschen so sehr auf die Vergangenheit fixiert sein können, dass sie sich dadurch nicht mit dem Hier und Jetzt auseinandersetzen. Der ältere Bankdirektor in Kapitel 4 ist ein gutes Beispiel für jemanden, der sich auf seine einstige gesellschaftliche Position konzentrieren muss, um seine Selbstachtung zu wahren. Bei ihm war es eher der Blick auf seine goldenen Zeiten, aber es kann auch bei schwierigen Geschehnissen der Fall sein. Einer der älteren Männer im Pflegeheim wurde so sehr von heftigen Gewissensbissen geplagt, dass er nicht in der Lage war, seine aktuelle Situation zu betrachten. Vor langer Zeit hatte er seine Frau mit einer anderen Frau betrogen, und er hatte nie den Mut gehabt, es ihr zu sagen. Seine Frau war vor einigen Monaten gestorben und jetzt warf er sich vor, nie darüber gesprochen zu haben. Das unausgesprochene Geheimnis wurde zu einer Barriere, die ihn daran hinderte, mit seiner Frau in Verbindung zu bleiben. Der Pfarrer schlug vor, dass er mit seiner Frau sprechen könnte, indem er das Foto von ihr ansprach, das auf seinem Nachttisch stand. Das war eine Möglichkeit, an die er nie gedacht hatte. Nach einem emotionalen „Gespräch“ spürte er einen inneren Raum, der ihm half, mit dem umzugehen, was er sich vorwarf.

Mit mehr innerem Raum kann die Fixierung auf die Vergangenheit zu einer Form der Erinnerung werden, die zwar Schmerz oder Scham nicht vollständig wegnimmt, uns aber hilft, damit zu leben. Vergleichen Sie es mit dem Bild des Vogels, der in einer offenen Hand sitzt, wie wir es im vorherigen Kapitel besprochen haben. Der innere Raum kann uns helfen, das, was in der Vergangenheit geschehen ist, als etwas wirklich Vergangenes zu betrachten, das nicht noch einmal besucht werden muss, wenn es nicht dazu beiträgt, die aktuelle oder zukünftige Situation zu verbessern.

Genauso können am anderen Ende des Spektrums die Ausprägungen des Vergessens unterschiedliche Gesichter haben, je nachdem, wie sie mit dem inneren Raum verbunden sind. In seiner extremsten Form kann Vergessen bedeuten, das, was in der Vergangenheit geschehen ist, zu unterdrücken oder sogar zu löschen. Wenn Erinnerungen zu schmerzhaft sind, kann es unmöglich sein, mit ihnen zu leben, und es bleibt einem keine andere Wahl, als sie zu verdecken. Es gibt überhaupt keinen inneren Raum und keine Toleranz. Diese extreme Art des Vergessens kann unbewusst geschehen, etwa wenn die Psyche ein traumatisches Ereignis unterdrückt, oder es kann eine bewusst gewählte Strategie sein, um zu überleben oder mit sich selbst leben zu können. Vergessen kann auch heißen, die Verantwortung für ein Verhalten in der Vergangenheit zu leugnen und es umzudeuten als notwendiges Sprungbrett, um sich zu der Person zu entwickeln, die man jetzt ist.

Ist aber mehr innerer Raum vorhanden, kann Vergessen auch ein anderes Gewand haben. Es kann bedeuten, das zurückzulassen, was einst war, weil es im aktuellen Leben keine Bedeutung mehr hat. Es kann bedeuten, milde und großzügig eine vergangene Situation zu betrachten, sie so zu akzeptieren, wie sie war, und sie dort zu lassen.

Wie wir sehen, können die beiden Pole des Erinnerns und Vergessens mit der Vergrößerung des inneren Raums weniger gegensätzlich und stärker miteinander integriert werden. Dies kann auf verschiedene Weise geschehen. Erstens gibt es eine Form der Integration, die erreicht wird, wenn man in der Lage ist, mit der inneren Polyphonie zu leben; die verschiedenen Stimmen in sich selbst, die z. B. beschuldigen, verstehen oder entschuldigen, koexistieren und eröffnen viele Möglichkeiten, wie eine Situation verstanden werden kann. Es bedarf keiner endgültigen Beurteilung, sondern der Akzeptanz des Lebens in seinen vielen Facetten.

Die zweite Art, Erinnern und Vergessen zu integrieren, ist Versöhnung oder Vergebung. Die Fähigkeit zu verzeihen ist ein Zeichen für inneren Raum. Man ist nicht mehr an die Vergangenheit gebunden, weder durch eine Fixierung auf sie noch durch Unterdrückung. Im Falle der Vergebung gibt es sowohl einen Moment der Erinnerung (was in der Vergangenheit schief gelaufen ist, wird in die Gegenwart gebracht) als auch einen Moment des Vergessens (nachdem es anerkannt wurde, wird es in die Vergangenheit zurückgeschoben). Vergebung schließt vergangene Kapitel ab, um neue Kapitel zu öffnen. Als Nelson Mandela gefragt wurde, wie er den Wachen, die ihn all die Jahre gefangen hielten, vergeben könne, antwortete er: „Als ich aus der Tür zum Tor hinausging, das zu meiner Freiheit führen würde, wusste ich, wenn ich meine Bitterkeit und meinen Hass nicht zurücklassen würde, wäre ich immer noch im Gefängnis."

Vergebung ist etwas, das Zukunft eröffnen kann, und sie kann so ein großes Geschenk für die Hinterbliebenen sein. Weil das manchmal so schwer zu erreichen ist, können Rituale helfen. Aber Rituale funktionieren nur, wenn sie zur geistigen und emotionalen Situation einer Person passen. Einer der älteren Männer im Pflegeheim lag im Sterben und die Familie hatte um ein Ritual gebeten, um sich von ihm zu verabschieden. Der alte Mann hatte einen schwierigen Charakter und immer noch widersetzte er sich seiner endlichen Situation, in der er sich befand. Mit ihm zu kommunizieren war herausfordernd, denn er war schon immer sehr verschlossen. In Anbetracht seines Geisteszustands hatte der Pfarrer einen Psalm des Protestes für ihn geschrieben, einen Text, in dem Unzufriedenheit des Mannes mit dem Leben zum Ausdruck kam und der mit den Familienmitgliedern geteilt werden konnte. Nachdem der Pfarrer den Psalm gelesen hatte, fragte er den Mann, ob es noch etwas anderes gäbe, das er sagen oder teilen wollte. Plötzlich geschah etwas völlig Unerwartetes: Der Mann drückte seine Liebe zu seiner Frau aus. Es war ein sehr intimer Moment und der älteste Sohn übernahm nahezu selbstverständlich die Leitung der Zeremonie. In diesem Moment schluchzte der jüngste Sohn auf und er begann zu sprechen: Sein Vater sei nie für ihn da gewesen und er habe sich immer wie das schwarze Schaf in der Familie gefühlt. Diese Äußerung ebnete den Weg zur Versöhnung zwischen dem Vater und seinem jüngsten Sohn.

## Innerer Raum

Die zentrale Frage dieses Kapitels ist: Wie kann ich auf mein Leben zurückblicken? Als Michael mit dieser Frage konfrontiert wurde, tat er etwas Außergewöhnliches. Er betrachtete sein Leben und beschloss, auch den schlechten Dingen eine positive Wendung zu geben. In seiner Abschiedsrede wandte er sich direkt an die wichtigsten Menschen in seinem Leben, er drückte seine Gefühle ihnen gegenüber aus, indem er ihnen entweder erzählte, wie sehr er sich um sie sorgte oder wie sehr er ihnen wünschte, dass sie ihr Leben besser machten und damit das tun, was er nicht mehr tun konnte.

Michaels Rede wurde mit viel innerem Raum vorbereitet. Er war sich klar darüber, was Spaß gemacht hatte und was in seinem Leben schief gelaufen war, er entschuldigte sich, wo er dachte, dass dies nötig sei, und er versuchte nicht, jemandem einem Tritt in den Allerwertesten zu geben. Darin entdecken wir etwas Neues über den inneren Raum. Als ich Michael kennenlernte, hatte ich nicht den Eindruck, dass er über viel inneren Raum verfügte. Er hatte Angst zu sterben und war schnell verstört, wenn die Dinge anders waren als seine Erwartungen oder Hoffnungen. Als er aber auf sein eigenes Leben zurückblickte, stellte sich heraus, dass er viel inneren Raum besaß. Das zeigt, dass Menschen interessanterweise auch im Hinblick auf den inneren Raum polyphon sein können, indem sie in einem Bereich recht entspannt und offen sind und in einem anderen sehr verschlossen und gestresst.

Betrachten wir Michaels Rede vor dem Hintergrund der Polarität zwischen Erinnern und Vergessen, sehen wir, dass er weder an die Vergangenheit gefesselt zu sein scheint noch Erinnerungen unterdrücken muss. Obwohl er nicht akzeptieren konnte, dass er relativ jung sterben würde, hatte er die Fähigkeit, in reifer Weise auf sein Leben zurückzublicken. Damit half er den Hinterbliebenen enorm.

Das führt uns zur Frage, welche Rolle die Angehörigen beim Erinnern und Vergessen spielen. Aufbauend auf dem, was wir über den intrinsischen Beziehungscharakter der menschlichen Identität in Kapitel 4 gesagt haben, könnten wir vermuten, dass der Prozess der Balance im Leben nie nur eine individuelle Angelegenheit ist. Die eigene Antwort auf die Frage: „Wie schaue ich auf mein Leben zurück?“ kann eine völlig andere sein als die Antwort, die andere Menschen geben würden. In der Palliativmedizin stehen sowohl Patient*in als auch Angehörige im Mittelpunkt und idealerweise teilen beide Parteien eine gemeinsame Sichtweise. Um sich mit der Dimension von Vergangenheit und Zukunft und der Rolle der Zeit zu befassen, werfen wir einen Blick auf die folgende Geschichte aus meinem Tagebuch.

## Zeit

1. Juli – Heute traf ich Herrn Jansen, einen Mann Ende 60, der sich mit seinem Schicksal versöhnt hat und geduldig auf seinen Tod wartet. Vor zwei Wochen gab es ein Abschiedsritual mit seiner Frau, seinen Kindern und Enkeln. Nach Ansicht des Arztes ist die Art und Weise, wie ruhig er sein Lebensende verbringt, etwas ganz Besonderes.

3. Juli – Heute Morgen haben wir Herrn Jansen gebadet. Er ist ein freundlicher, stiller Mann. Er ist aufgrund einer Kachexie sehr abgemagert und hat einen trockenen, schwarzen Humor. Zwei Waschschüsseln, die auf seinem Waschbecken standen, störten ihn. „Ich glaube, sie sind für morgen bestimmt", sagte ich. „Das ist ziemlich voreilig", antwortete er.

9. Juli – Herr Jansen wartet wirklich. Er ist nicht sehr zugänglich. Alles ist gesagt worden, er hat sich von seiner Familie verabschiedet, und jetzt scheint es, als sei er in einem schwarzen Loch gelandet. Er ist leicht irritiert von kleinen Dingen. Er will nicht mehr, dass seine Enkelkinder ihn besuchen. Er hat dem Pfarrer gesagt, dass er das Ende näher rücken fühlt.

15. Juli – Am späten Nachmittag fand ein Treffen mit der Familie von Herrn Jansen, aber ohne ihn selbst statt. Zu Beginn lud der Pfarrer alle Anwesenden ein, zu erzählen, wie es ihnen geht. Herr Jansens Frau sagte, sie könne es nicht mehr ertragen. Es ging nun schon jahrelang so, zunächst mit der Pflege zu Hause und nun im Pflegeheim. Sie hatten sich vor vier Wochen verabschiedet und jetzt musste sie sich jeden Tag wieder verabschieden, als wäre es der letzte Tag. Sie war völlig erschöpft. Die Kinder sagten, dass ihre Mutter nicht zeigen würde, wie müde sie wirklich ist. Dieser Erfahrungsaustausch war eine große Erleichterung. Es schien, dass zwar alle Kinder ihren Vater besuchten, aber nicht untereinander darüber sprachen. Dieses Treffen trug dazu bei, Erfahrungen auszutauschen und Resilienz zu entwickeln. Das Gespräch dauerte mehr als eineinhalb Stunden, und es kamen viele Dinge über die Vergangenheit zur Sprache. So etwa, dass Herr Jansen in der

Psychiatrie war, wo seltsame Dinge passiert waren. Er hatte seltsame blaue Flecken gehabt und eines Tages war er fast aus dem Fenster gesprungen. Seine Familie verdächtigte die Ärzte, Dinge zu vertuschen.

17. Juli – Die Atmosphäre ist angespannt. Herr Jansen ist auf der Station als Palliativpatient, verhält sich aber immer mehr wie ein chronischer Patient. Alle haben Schwierigkeiten, sich auf eine chronische Perspektive einzustellen, nachdem sie sich von einem sterbenden Patienten verabschiedet hatten.

1. August – Während der Teambesprechung stellte sich eine große Diskrepanz heraus zwischen der freundlichen Atmosphäre während des Abschiedsrituals in der Kapelle Mitte Juni und der schwierigen Ehe von Herrn Jansen. „Hätte ich vorher alles gewusst, hätte ich ihn nicht geheiratet", hatte seine Frau gesagt. Dem Mann ist manchmal schwer zu folgen: Er beschwert sich bei seiner Familie über Schmerzen in seinem Bauch, aber versichert den Krankenschwestern, dass seine Schmerzen verschwunden seien. Hat er Angst, die Krankenschwestern zu enttäuschen, oder verursacht ihm seine Familie Bauchschmerzen? Aus diesen Gesprächen entsteht das Porträt eines Mannes, der immer die Fäden in der Hand hatte und nicht bereit ist, das zu ändern.

7. August – Es wird immer deutlicher, wie wütend Frau Jansen auf ihren Mann ist, und das schon seit 20 Jahren. Trotzdem haben sie sich nicht scheiden lassen, und jetzt kommt sie immer noch jeden Tag zu ihm.

8. August – Es gab ein intensives Gespräch zwischen der Stationsleitung und Frau Jansen und anschließend auch ein Gespräch mit dem Psychologen. Frau Jansen

scheint sehr wütend auf ihren Mann zu sein. Sie berichtete, dass ihr Mann früher als Wirtschaftsprüfer gearbeitet habe. Er war immer sehr korrekt gewesen und nicht bereit, an dem, was er gefunden hatte, herumzufummeln. Er hatte kein Verständnis für Menschen mit anderen Perspektiven. Er war nicht beliebt, und er war stolz darauf. „Manchmal ist es schwer, Sympathie für diesen Mann aufzubringen", sagte einer der Teammitglieder.

20. August – Herr Jansen ist gestorben. Seine Situation hatte sich langsam verschlechtert. Das Team ist immer noch in Kontakt mit seiner Frau, denn sein Tod hat in der Familie viele Emotionen freigesetzt.

Die Geschichte von Herrn Jansen hilft uns, eine wichtige Dimension des Themas zu erkennen, die im Mittelpunkt dieses Kapitels steht: wie schwer es ist, sich selbst und anderen gegenüber ehrlich zu sein, wenn es um die Dinge im Leben geht, die schlecht sind oder scheiterten. Es besteht kein Zweifel, dass das Abschiedsritual Mitte Juni ein authentisches Ereignis für alle Beteiligten war. Aber es hätte nur gut funktionieren können, wenn Herr Jansen kurz darauf gestorben wäre. Nachdem Frau Jansen 20 Jahre lang in einer schwierigen Ehe gefangen war, war das Ritual als endgültiger Abschluss sehr befreiend. Wäre es bei diesem harmonischen Ende geblieben, hätte die Erleichterung, dass es vorbei war, ihre Wut, Reue und Trauer überwogen. Sie hatte den inneren Raum, vor dem Zusammenbruch direkt nach dem Ziel die letzte Meile aufrecht zu gehen. Aber dann kam das Ziel nicht und sie musste noch zwei Monate weiterlaufen. Und das war zu viel verlangt.

War das Abschiedsritual zu oberflächlich harmonisch gewesen und verbarg es, was wirklich vor sich ging? Hatte es versagt, weil es nicht ehrlich oder gründlich genug war? Fragen wie diese sind schwer zu beantworten. In der neuen Ars Moriendi gibt es kein anderes klares Kriterium als den inneren Raum, der in allen Menschen vorhanden ist, die am Ritual teilgenommen haben. Aus dieser Perspektive scheint es, dass das Ritual dem wertvollen Zweck diente, die Bedeutung des Zusammenseins als Familie in einem so schwierigen Moment des Lebens auszudrücken. Manchmal führen Rituale zu unerwarteten Versöhnungsprozessen, die aber nie geplant oder erzwungen werden können.

Die Frage „Wie schaue ich auf mein Leben zurück?" ist für denjenigen, der mit Schuld und Versagen zu tun hat, mit Scham, Zögern und Widerstand verbunden. Es braucht viel inneren Raum, um hier ehrlich sein zu können, sowohl zu sich selbst als auch zu anderen Menschen. Wir alle wollen erfolgreich und glücklich sein, oder zumindest wollen wir glauben und so tun, als wären wir es. Den richtigen Moment zu erkennen, um Themen anzusprechen, die die Menschen leugnen oder vergessen, ist in der Begleitung Sterbender und ihrer Angehöriger eine wichtige Fähigkeit. Doch nicht alles, was im Leben schief geht, kann mit Begriffen wie Kausalität oder Schuld erklärt werden. Herr Jansen war ein Beispiel für jemanden, der aufgrund einer Mischung aus Charakterzügen, psychiatrischen Faktoren und den mehr oder weniger freien Entscheidungen, die er im Leben getroffen hatte, eine schwierige Persönlichkeit war. Damit kommen wir zum Thema des letzten Abschnitts dieses Kapitels: das Tragische.

## Das Tragische

Beim Nachdenken über die Polarität zwischen Tun und Lassen haben wir festgestellt, dass wir in einer Kultur des Handelns und der Kontrolle leben. Wenn bei jemandem, der seit 30 Jahren Kettenraucher ist, Lungenkrebs diagnostiziert wird, ist es durchaus möglich, dass uns das nicht überrascht. Menschen, die selbst nicht rauchen, könnten dies sogar als eine gewisse Beruhigung empfinden, weil es der statistischen Wahrscheinlichkeit folgt. Im ersten Kapitel habe ich die Vermutung geäußert, dass dies einer der Streiche sein könnte, die der Tod uns spielt, um uns glauben zu machen, dass ein gesunder Lebensstil mit einem langen Leben belohnt wird. Solange die Statistiken zuverlässig sind, kann man sich bemühen, auf der richtigen Seite zu bleiben, und alles ist unter Kontrolle.

Was in der Polarität zwischen Tun und Lassen als Handlung und Kontrolle erscheint, präsentiert sich im Spannungsfeld von Vergeben und Vergessen als Verantwortung. Freiheit und Verantwortung sind die Grundlagen der Moral und sie führen zu der Vorstellung, dass gutes Handeln durch Glück und Wohlstand belohnt wird. Falsches oder ungerechtes Handeln wird von Schuld und Bestrafung begleitet. Im Falle von Herrn Jansen und seiner Familie haben wir jedoch festgestellt, dass das Leben viel komplexer und unzuverlässiger ist. Im Leben passieren viele Dinge, bei denen es schwer ist, klar zu erkennen, wer wofür verantwortlich war. Für manche Situationen gibt es keine klare Lösung oder Erklärung. Sie stehen im Zusammenhang mit der Verletzlichkeit und Unvorhersehbarkeit unserer Existenz. Der Fall von Herrn Jansen appellierte an unsere Fähigkeit auszuhalten und nicht an unsere Fähigkeit zu handeln. Er konfrontiert uns mit der Dimension des Tragischen.

Die Frage, wie ich auf mein Leben zurückschaue, mit innerem Raum zu stellen, bedeutet, unser Leben mit einer gewissen Milde zu betrachten und offen zu sein für die Unsicherheit, Ungerechtigkeit und Unverständlichkeit, die für die Welt, wie wir sie kennen, charakteristisch sind. Unsere Verletzlichkeit als Mensch konfrontiert uns mit der „Zerbrechlichkeit des Guten" (Nussbaum 1986). Was bedeutet dies für unser Bemühen, unserem Leben einen Sinn zu geben und die Dinge zu verstehen, für die sich keine klaren Verantwortlichkeiten finden lassen? Vielleicht kann uns die Konfrontation mit dem Tragischen vier Dinge lehren (Manschot 2003).

Erstens bittet uns die Tragik, offen zu sein für die menschliche Realität, wie sie sich darstellt. Vor der Analyse oder dem Verstehen einer Situation fordert das Tragische Offenheit und Aufmerksamkeit – einen inneren Raum, der es uns ermöglicht zu sehen, dass viele Menschen, die kompliziert oder verletzend für andere Menschen sind, oft selbst auch Opfer sind. Die Realität anzunehmen, ohne sie zu beurteilen, hilft uns, eine Situation tiefer zu verstehen sowie uns mit unserer inneren Polyphonie und den an der Situation beteiligten Menschen zu verbinden.

Zweitens bestätigt das Tragische erneut die Bedeutung der Emotionen für das Verständnis einer Situation. Wenn Emotionen ernst genommen werden, eröffnen wir den Weg zu unseren Intuitionen und der Ambiguität vieler Situationen. Emotionen verbinden uns auch mit der inneren Perspektive anderer Menschen und helfen uns, ihre Situation existenzieller zu verstehen.

Da das Tragische uns mit der Unsicherheit des menschlichen Lebens konfrontiert, ist es drittens wichtig, zuverlässig zu sein und Vertrauen zu schaffen. Die ältere Frau in Kapitel 2 (die Dame mit der Sterbehilfe-Erklärung in der Tasche) konnte mit ihrer Situation erst dann anders umgehen, als sie das Vertrauen gewonnen hatte, dass ihr Arzt wirklich um sie besorgt war. Von da an verstand sie, dass sie nicht mehr auf sich selbst aufpassen musste, sondern sich auf einen Arzt verlassen konnte, der sie nicht allein ließ.

Für diejenigen, die formelle oder informelle Pflege leisten, bedeutet das viertens, dass sie offen für Risiken sein müssen und bereit, die Grenzen zwischen der beruflichen und der privaten Dimension des Lebens zu überschreiten (Heijst 2011). Menschliches Handeln impliziert Unsicherheit und Risiken. Wer versucht, dies zu beseitigen, beseitigt eine wichtige menschliche Dimension der Fürsorge, die mit unserer Freiheit und Originalität als Menschen zusammenhängt. Die Frage „Wie schaue ich auf mein Leben zurück?“ kann nur durch mitfühlende Ohren und Augen und eine mitfühlende Präsenz gut beantwortet werden.

## Kapitel 8
# Worauf kann ich hoffen?

Eines Morgens, nachdem ich Michael gebadet hatte, pflegte ich seine Haut mit Öl. Als ich das Öl sanft in seine empfindliche Haut einmassierte, fragte ich ihn, ob er sich entschieden habe, was zu tun sei, wenn seine Situation plötzlich so schlimm würde, dass es unerträglich sei. „Ja", sagte er, „ich habe mich um alles gekümmert. Sie wissen genau, was zu tun ist. Aber die Angst bleibt." „Angst wovor?", fragte ich. „Angst vor dem Schmerz oder vor dem, was danach kommt?" „Nicht vor dem Schmerz", antwortete er. Die Ärzte werden dafür sorgen, dass ich keine Schmerzen mehr spüre. Aber niemand weiß, was danach kommt. Niemand hat jemals bewiesen, dass es danach etwas geben wird. „Aber niemand hat das Gegenteil bewiesen, dass es danach nichts gibt", entgegnete ich. „Das stimmt", sagte er, „aber wenn es danach etwas geben würde, dann wären Milliarden von Menschen irgendwo. Und die Welt ist bereits überbevölkert." „Einige Menschen haben dennoch das Vertrauen, dass nach dem Tod etwas Gutes passiert", antwortete ich. Er lächelte: „Ja, nun, ich bin nicht darauf vorbereitet. Es ist einfach noch nicht meine Zeit. Ich bin nicht bereit dafür." Natürlich, dachte ich, kann ein junger Vater in den frühen Dreißigern mit zwei kleinen Kindern und so vielen losen Enden jemals bereit sein für den Tod?

Wenn ich jetzt, viele Jahre später, auf dieses Gespräch zurückblicke, kann ich nicht anders, als mich für meinen Anteil zu schämen. Ich hatte Michael nicht wirklich zugehört. Ich hatte ihn nicht nach seiner Angst gefragt. Ich hatte ihm ungeschickt Ansichten vorgeschlagen, die andere Leute zur unbeantwortbaren Frage haben, was nach diesem Leben kommt. Und er hatte sehr deutlich gemacht, dass er noch nicht bereit war zu gehen, indem er das gleiche Gefühl in drei unterschiedlichen Sätzen ausdrückte.

Hätte ich es besser machen können? Hätte mir die neue Ars Moriendi hier helfen können? Ja, ich denke, die neue Ars Moriendi hätte mir hier sehr gut helfen können; zunächst einmal durch die Unterscheidung zwischen den Inhalten, über die jemand nachdenkt – das ist die Ebene, auf der ich versucht habe, seine Gedanken zu beantworten –, und dem zugrundeliegenden Fundament dieses Inhalts: der Art von Wissen, das ihm bei der Beantwortung unbeantwortbarer Fragen hilft.

Bei den großen Fragen des Lebens hat die nordatlantische Kultur nicht eine einzige Grundlage, die von allen geteilt wird. Im Gegenteil: Es gibt viele verschiedene Ansichten über Gott, den Tod und das Jenseits. Für unsere neue Ars Moriendi ist die Logik, die ihr zugrunde liegt, wichtiger als die große Vielfalt der Ansichten. Bevor wir diese Logik erklären, werfen wir zunächst einen Blick auf die Richtung, in die uns die heutige Gesellschaft führt.

## Eine entzauberte Gesellschaft

Wie wir in früheren Kapiteln skizziert haben, ist die Kultur, in der wir leben, durch einen starken Glauben an die Rationalität gekennzeichnet. Wir sind noch immer Kinder der Aufklärung, welche die Art und Weise, wie wir die Realität wahrnehmen, stark beeinflusst hat. Bereits im 16. und 17. Jahrhundert hatte es eine empirische Wende in unserem Umgang mit der Welt gegeben. In diesen Jahrhunderten wurden die Grundlagen der modernen Medizin gelegt. Medizinisches Wissen wurde nicht mehr dadurch weitergegeben, dass man die Bücher großer Autoritäten abschrieb, sondern es wurde durch eine Kombination aus Experimenten und logischem Denken neues Wissen geschaffen. Viele Entdeckungen von Menschen wie Nikolaus Kopernikus und Isaac Newton hatten die Idee verstärkt, dass die Struktur der Realität durch empirische Experimente, Logik und Mathematik verstanden werden könne. Und indem man die Realität verstehe, könne sie auch kontrolliert und manipuliert werden.

Eines der zentralen Merkmale der Moderne, wie die große kulturelle Transformation nach dem Mittelalter auch genannt wird, ist die Ablehnung von Tradition und Autorität. Auf Basis der Rationalität wurden neue Fundamente des Wissens gesucht. Dies betraf sogar die Bereiche, die traditionell die Domänen der Kirchen waren: Metaphysik und Moral. Immanuel Kants Reflexionen über die Grundlagen von Wissen und Moral haben unsere Kultur stark beeinflusst. Und David Humes Ideen der Grundlagen der Moral auf empirischer Basis haben die Art und Weise, wie die meisten von uns Ethik betrachten, noch deutlicher geprägt. Zwar uneinig über die Grenzen des menschlichen Denkens und darüber, ob rationales oder empirisches Wissen die Grundlage unserer Weltanschauung sein sollte, waren sich beide

Denker aber einig, dass Tradition und Autorität als Grundlagen der Ethik abgelehnt werden sollten.

Nachdem die Grundlagen des modernen Denkens gelegt waren, kratzten die Werke von Darwin, Marx und Freud im 19. und 20. Jahrhundert ein weiteres Stück mehr an der Illusion der Überlegenheit der Menschheit. Die Entwicklung der Hermeneutik nach Schleiermacher ebnete den Weg für die Bedeutungskrise in der Postmoderne, und die großen Massaker des 20. Jahrhunderts zeigten, dass sich Rationalität und Technik auch gegen die Menschlichkeit wenden konnten. Die Zeit, in der wir heute leben – es ist umstritten, ob wir sie als Spät-, Post-, Flüchtige- oder Hochmoderne bezeichnen sollen – ist geprägt von der Entzauberung und Fragmentierung des Wissens.

Die Entzauberung der Welt zeigt sich in der nordatlantischen Welt in der Marginalisierung der institutionalisierten Religion. Obwohl dieser Prozess in den verschiedenen Ländern unterschiedliche Formen annimmt, haben sie alle gemeinsam, dass die religiöse Autorität schwindet. Abgesehen von Minderheiten, die sich an Fundamentalismus oder Traditionalismus klammern, distanziert sich die Mehrheit der Bevölkerung weiter von traditionellen Überzeugungen eines persönlichen Gottes und eines Lebens nach dem Tod. Das Verlangen nach rationalen Argumenten und empirischen Beweisen hat das Vertrauen in die Weisheit alter Institutionen ersetzt. Presseberichte über finanzielle und sexuelle Skandale haben die Fehlbarkeit dieser Institutionen noch einmal deutlich gemacht. Viele Menschen sind aus diesen Gründen bereits aus der Kirche ausgetreten.

Aber dieser Prozess ist auch in der institutionalisierten Religion sichtbar, wo ein säkularerer Ansatz für Moral und Metaphysik den traditionellen Sinn des Heiligen ersetzt hat. Wir erleben die Fragmentierung des Wissens in vielen Bereichen und auf vielen Ebenen. In der Medizin hat das produzierte Wissen zu einem kontinuierlichen Spezialisierungsprozess geführt. Die Menschen wissen mehr über weniger, und es wird schwieriger, das große Ganze im Blick zu behalten. In der Praxis führt dies dazu, dass Patient*innen auf Organe reduziert werden und die Person nicht als Ganzes behandelt wird. Auf wissenschaftlicher Ebene hat dies zu einem Aufkommen der evidenzbasierten Medizin geführt, die darauf abzielt, den Informationsüberschuss zu bewältigen, indem sie ihn nach strengen Maßstäben radikal reduziert, bevor sie ihn mit klinischer Erfahrung und Patientenwerten kombiniert. Die evidenzbasierte Medizin wird durch eine Reihe weiterer Entwicklungen ergänzt, die darauf abzielen, die Komplexität zu reduzieren und die Fragmentierung zu erhöhen.

Welche Auswirkungen haben diese übergeordneten Entwicklungen auf den kulturellen Kontext, in dem sich Patient*innen die metaphysische Frage stellen: Worauf kann ich hoffen? Erstens sehen wir, dass die Frage der Hoffnung als eine Bitte um Information und nicht als eine Bitte um Inspiration interpretiert wird. Hoffnung wird als Wissen über die Zukunft interpretiert, und wenn Wissen auf Messungen basiert, wird die Frage der Hoffnung als eine Frage der realistischen Prognose interpretiert. Darauf werden wir später näher eingehen.

Zweitens findet in diesem Rahmen auch eine Verschiebung in der Wertschätzung der spirituellen und religiösen Dimension unserer Existenz statt. Diese beiden Dimensionen werden im Rahmen einer entzauberten und rationalen Weltanschauung als möglicherweise funktional angesehen. Wenn der spirituelle Glaube an ein Leben nach dem Tod jemandem Kraft gibt, mit einer Situation umzugehen und die Erfahrung von Schmerzen zu reduzieren, ist er funktionell und kann effektiv genutzt werden. Als Bewältigungsstrategie wird Hoffnung so Teil einer medizinischen Art und Weise, die Realität zu gestalten, im Gegensatz dazu, wie Spiritualität und Religion aus der Innenperspektive funktioniert: als übergreifender Bedeutungshorizont.

Drittens, in einer Kultur, die Autoritäten skeptisch gegenübersteht, wird niemandem die Freiheit verweigert, sich selbst zu suchen und dies auf ganz eigene Weise auszudrücken. Bis zu einem gewissen Grad wird dies sogar durch eine Vielzahl von Büchern, Kursen, Methoden oder Praktiken in Bezug auf gesundes Verhalten, ökologische Nachhaltigkeit und globale Gerechtigkeit angeregt und kommerziell genutzt. Der grundlegende Unterschied zu den vorangegangenen Jahrhunderten besteht darin, dass Spiritualität und Religion nicht mehr mit einem gemeinsamen Horizont verbunden sind, sondern privatisiert und individualisiert werden. Worauf die Menschen hoffen oder woran sie glauben, ist ihre persönliche und private Entscheidung. In einigen Ländern zögert Fachpersonal aus Gesundheitsberufen aus diesem Grund sogar, danach zu fragen. Die eigene Spiritualität wird als Teil des eigenen intimen Bereichs gesehen, völlig subjektiv, nicht zu kritisieren und somit außerhalb des Bereichs der Moral.

## Wissen und Glauben

In meinem Gespräch mit Michael ist es mir nicht gelungen, mich mit seinen Anliegen zu verbinden. Ich habe ihm oberflächlich geantwortet, in dem ich ihm erzählt habe, woran Menschen glauben, anstatt zuzuhören, wo und wie er nach einem festen Boden für die Beantwortung der großen Frage gesucht hat. Worauf kann ich hoffen? Inwieweit kann die neue Ars Moriendi hier helfen, dass Michael so gehört werden kann, dass er mehr inneren Raum erlebt?

Die Art und Weise, wie Menschen in der oben beschriebenen desillusionierten Gesellschaft nach einem festen Boden für metaphysische Fragen suchen kann auf einem Kontinuum dargestellt werden, das vom Wissen auf der einen bis zum Glauben auf der anderen Seite reicht. Auch hier werden wir sehen, dass die Positionen in diesem Kontinuum einen unterschiedlichen Charakter haben können, je nachdem, wie viel inneren Raum es gibt. Je mehr sich Menschen an ein Extrem klammern, desto fixierter sind sie auf der Suche nach etwas, an dem sie sich festhalten können. Da „Wissen" und „Glauben" Konzepte sind, die je nach Kontext, in dem sie verwendet werden, unterschiedliche Bedeutungen haben können, werde ich sie hier auf eine bestimmte Weise definieren.

Der Pol des Wissens wird hier definiert als eine Position, in der mit einer bestimmten Form von Wissen – empirisch basiertem rationalem Wissen – nach festem Boden gesucht wird. Im Hinblick auf neue Formen der Autorität ist für viele Menschen, die religiöse Ansichten ablehnen, die Wissenschaft ein neuer Anbieter zuverlässiger Informationen. Nach wissenschaftlichen Erkenntnissen wird das Gehirn aufhören zu funktionieren, wenn es länger als ein paar Minuten vom Sauerstoff abgeschnitten ist. Da wir Dinge nur so lange erleben können, wie unser Gehirn funktioniert, können wir sicher sein, dass wir nach dem Sterben nichts mehr erleben werden.

Diese Erklärung für die Unmöglichkeit eines Jenseits ist weit verbreitet. Es wird als eine rationale und empirisch fundierte Position betrachtet. Aber es kann auf verschiedene Art gelebt werden, je nachdem, wie viel inneren Raum Menschen haben. Wenn es überhaupt keinen inneren Raum gibt, werden sich Menschen an diese Position klammern und jede Diskussion darüber ablehnen. Für sie ist diese Position die einzig mögliche rationale Sichtweise, und es ist wichtig, sie zu verteidigen, um in der Unsicherheit metaphysischer Fragen Halt zu finden.

Man könnte sich jedoch fragen, ob die Position selbst eine wissenschaftliche ist. Wissenschaft kann nur dann vorankommen, wenn es eine grundlegende Offenheit für neue Erkenntnisse gibt. Um diese Offenheit aufrechtzuerhalten, ist jede Theorie der Realität genau das, was sie ist: eine menschliche und fehlbare Hypothese über einen Teil der Realität, die in einem Modell dargestellt wird, das auf Komplexitätsreduktion basiert. Innerhalb des theoretischen Rahmens, in dem das Modell formuliert ist, kann alles rational klar und überzeugend sein. Aber die Wissenschaft wird wirklich spannend, wenn Phänomene auftauchen, die sich nicht durch ihren dominanten theoretischen Rahmen erklären lassen. Dann sollten entweder die Phänomene geleugnet oder der theoretische Rahmen überarbeitet werden.

Ein interessantes Beispiel dafür ist die Forschung des niederländischen Kardiologen Pim van Lommel, der 344 Herzpatient*innen befragte, die nach einem Herzstillstand in zehn niederländischen Krankenhäusern erfolgreich reanimiert wurden (Lommel et al. 2001). Von diesen Patient*innen berichteten 18 Prozent von einer Nahtoderfahrung. Mit dem aktuellen wissenschaftlichen Konsens darüber, dass das Gehirn Informationen produziert, konnte van Lommel seine Ergebnisse nicht erklären. In seiner späteren Arbeit entwickelte er daher eine alternative Erklärung für Nahtoderfahrungen, nach der das Gehirn Informationen empfängt, anstatt sie zu produzieren. Van Lommel wurde von vielen seiner Kollegen heftig kritisiert, weil er den dominanten Erklärungsrahmen verlassen hatte. Man kann nicht leugnen, dass seine Haltung wissenschaftlich sehr aufgeschlossen ist.

Die Offenheit von van Lommels Position basiert auf der Erkenntnis, dass wissenschaftliche Erklärungen fehlbar sind, weil sie hauptsächlich reduktionistisch sind. Im Hinblick auf metaphysische Fragen kann dies zu einer offenen Haltung gegenüber anderen Wissensquellen führen, die sich von rationalem Wissen unterscheiden. Aus diesem Grund ist van Lommel zum Beispiel offen für Kunst und spirituelle Traditionen in anderen Kulturen, wo er Informationen findet, die seinen Erkenntnissen eher entsprechen.

Die Anerkennung der Grenzen des wissenschaftlichen Paradigmas (die ein Hinweis auf inneren Raum ist) kann aber auch dazu führen, dass die Möglichkeit, verlässliches Wissen über die Grenzen der Wissenschaft hinaus zu gewinnen, verweigert wird. Diese Position gegenüber metaphysischen Fragen kann als agnostisch bezeichnet werden. Diejenigen, die diese Position einnehmen, haben eine gewisse Offenheit und behaupten, dass es unmöglich ist, für bestimmte Dinge etwas über die Grenzen der Wissenschaften hinaus zu wissen. Die Religion mag Recht haben mit dem, was nach dem Tod passiert, aber das Problem ist, dass wir es nicht beweisen können.

Interessanterweise passt auf der anderen Seite des Spektrums die extremste Form des Glaubens sehr gut zu dieser agnostischen Position. Nach dem traditionellen Judentum, dem Christentum und dem Islam zum Beispiel heißt glauben, das zu befolgen, was die Wissenschaft nicht beweisen kann; und gerade weil es die Wissenschaft nicht beweisen kann, hat Gott der Menschheit mit zusätzlichem Wissen auf der Grundlage der göttlichen Offenbarung geholfen. Wiederum sehen wir, dass sich beide Pole des Kontinuums zwischen Wissen und Glauben gegenseitig ausschließen können, wenn sie auf eine bestimmte Weise definiert werden.

Die extremste Form am Pol des Glaubens ist die Position, die als Fideismus bezeichnet wird. Der besagt, dass der Glaube unabhängig und der Vernunft überlegen ist. Diese Position kann mit verschiedenen Autoritäten und mit mehr oder weniger innerem Raum verbunden sein. Eine extreme Form ist zum Beispiel der Fundamentalismus, der an einer „wörtlichen" Interpretation heiliger Texte als Grundlage eines bestimmten Glaubens festhält. In dieser Position gibt es keinen inneren Raum, der andere Interpretationen oder die Vorstellung von Religion als historische Entwicklung zulässt. Es gibt auch keine andere mögliche Quelle, die die einzigartige Interpretation, die die richtige ist, infrage stellen könnte. Jede Abweichung von dieser Interpretation wird als ein Abweichen vom Glauben betrachtet.

Aber am Pol des Glaubens sind auch andere Positionen möglich. Es gibt auch eine Position, die subjektiver ist und auf persönlichen Erfahrungen basiert. Im Zusammenhang mit dem Pol des Vergessens haben wir im vorherigen Kapitel beschrieben, dass das, was man glaubt, die authentische und einzigartige Antwort auf die Erfahrungen ist, die man gemacht hat. In dieser Position gibt es mehr inneren Raum, als wir im Falle des Fundamentalistischen finden werden: Der subjektive Glaube kann sich entwickeln und wachsen, neue Erfahrungen vertiefen und neue Dimensionen entdecken. Diese Position entspricht eher der Logik der Eichel, während sich der Fundamentalist lieber an den Fahrplan hält.

Betrachtet man Versionen beider Pole mit immer mehr innerem Raum, so stellt man wieder fest, dass umso mehr Integration oder Polyphonie der verschiedenen Positionen möglich ist, je mehr inneren Raum es gibt. Es ist in der Tat möglich, als Grundlage für das eigene Weltbild eine Kombination von Elementen zu haben, die sich aus Wissenschaft, spirituellen Traditionen und eigenen Erfahrungen ableiten. Diese können in eine persönliche Weltanschauung integriert werden, aber auch parallel zueinander und gleichzeitig existieren.

Die Position mit dem Maximum an innerem Raum ist vielleicht die radikale Position, die kein festes Fundament in metaphysischen Angelegenheiten braucht. Es kann aber durchaus sein, dass dann an anderer Stelle ein solides Fundament gefunden wurde, auf dem man mit den offenen Fragen leben kann. Ich erinnere mich, dass ich im Alter von 15 Jahren den örtlichen Pfarrer gefragt habe, ob er enttäuscht sein würde, wenn er beim Betreten der himmlischen Tore feststellt, dass es keinen Gott gibt und ein großer lächelnder Buddha ihn begrüßen würde. Der Priester lachte und sagte: „Überhaupt nicht. Ich lebe ein Leben, das ich für wertvoll halte und das ich jeden Tag gerne lebe. Ich denke nicht darüber nach, was nach meinem Tod kommt. Ich mag es, überrascht zu werden."

## Innerer Raum

Michael hatte keine Angst zu sterben. Er hatte Angst vor dem, was danach kommt, weil er nicht wusste, was er davon halten sollte. Interpretieren wir seine Position vor dem Hintergrund der Polarität von Wissen und Glauben, scheint er in einer Einbahnstraße um den Pol des Wissens gefangen gewesen zu sein. Sein rationales Denken sagte ihm, dass es unmöglich sei, dass es nach dem Tod etwas gibt. Aber offensichtlich war er mit dieser Schlussfolgerung nicht ganz zufrieden. Sein rationales Denken half ihm nicht weiter und er wusste nicht, wie er anders vorgehen sollte. Seiner Ansicht nach war der Glaube die einzige Alternative, aber er hielt sich nicht für eine religiöse Person.

Wenn ich an Michaels Position zurückdenke, erkenne ich darin die Position vieler Menschen, die den großen Fragen des Lebens hilflos gegenüberstehen. Wissenschaft hilft nicht, Religion ist keine Option, und wie man einen dritten Weg findet – oder eine andere Perspektive auf das Thema – ist für sie ein Rätsel. In der neuen Ars Moriendi schlagen wir vor, Menschen dadurch zu unterstützen, dass wir uns auf die Entwicklung des inneren Raums konzentrieren. Wir können diesen inneren Raum finden, indem wir auf unsere innere Polyphonie hören und den Raum zwischen den vielen Stimmen entdecken, die Teil dessen sind, was wir sind.

Wir werden die innere Polyphonie in zwei Schritten erforschen. Zuerst werden wir vier Bedeutungen des Todes diskutieren, die wir oft in unserer Kultur finden, und sehen, was der innere Raum in Bezug auf jede der vier Bedeutungen erreichen kann. Anschließend konzentrieren wir uns auf unsere innere Polyphonie im Hinblick auf den Begriff der Hoffnung, der sowohl ein bedeutsamer Begriff am Lebensende als auch Teil der zentralen Frage dieses Kapitels ist. Aber hören wir zunächst von vier Mitarbeiter*innen auf Palliativstationen, die unterschiedliche Ansichten zur Frage formulierten, wie sie den Tod sehen und worauf ihre Patient*innen hoffen könnten.

> „Ich wurde religiös erzogen, aber ich gehe nie in die Kirche. Ich habe eine Art Vertrauen, dass es da draußen etwas gibt und dass es ein Leben nach dem Tod gibt. Aber wie genau, weiß ich nicht. Ich muss nicht alles wissen. Es ist in Ordnung, so wie es ist." (Psychologe, 32 Jahre alt)

> „Wo wirst du sein, nachdem du gestorben bist? Dünger für die Pflanzen! Ich glaube, dass der Geist eines Menschen bei dir bleiben kann. Im Moment des Sterbens ist nicht alles auf einmal weg. Es braucht Zeit,

um sich zu verabschieden, um es zu verarbeiten. Dann gibt es noch eine Art Präsenz." (Krankenschwester, 29 Jahre alt)

„Der Tod ist schrecklich, Verabschieden von Menschen, die man liebt. Dennoch kann ich sehen, dass es Teil des Lebens und eine Lösung für Menschen ist, die zu einem Wrack werden und verkommen. Ich glaube nicht an Gott: Man kann sich nicht vorstellen, was das sein könnte. Dennoch bin ich fast überzeugt, dass es etwas gibt: Alles ist so genial gemacht. Es muss etwas für alle Menschen geben, die gelebt haben. Es kann nicht einfach so vorbei sein." (Oberschwester, 53 Jahre alt)

„Natürlich bin ich oft mit dem Tod konfrontiert. Ich bin bewusst bemüht, es nicht als Routine zu betrachten. Das wäre falsch. Ich muss sagen, dass sich meine Sichtweise auf den Tod geändert hat. Es ist kein belastetes Thema mehr. Ich kann mit einer Familie darüber sprechen und dabei entspannt sein. Der Tod ist dem Leben inhärent. Und doch bleibt der Tod wundersam. Ich bin auf einem Bauernhof geboren und aufgewachsen und sehe eine große Ähnlichkeit mit der Geburt, zum Beispiel das Ende der Atmung im Tod gegenüber dem Beginn der Atmung. Nach dem Tod beginnt etwas anderes." (Arzt, 35 Jahre alt)

Der Tod hat viele Gesichter und Bedeutungen. Wenn wir diese Ansichten von Menschen lesen, die beruflich in einem Pflegeheim arbeiten und regelmäßig mit dem Tod konfrontiert werden, scheint es, dass sie alle eine innere Polyphonie haben. Sie betrachten sich selbst nicht als religiös oder kirchlich, aber ihre Ansichten spiegeln Fragmente der traditionellen christlichen Erzählung wider. Die innere Polyphonie verschiedener Gesichter oder Bedeutungen des Todes, die gleichzeitig vorhanden sind, zu entdecken, kann auf zweifache Art dabei helfen, inneren Raum zu schaffen.

Erstens kann das Erkennen und Akzeptieren, dass verschiedene Bedeutungen des Todes in der eigenen Erfahrung gleichzeitig eine Rolle spielen, kognitiven Raum im Sinne der Öffnung verschiedener Perspektiven und emotionaler Räume schaffen. Man akzeptiert hierbei, dass man von verschiedenen Emotionen und Gefühlen zerrissen oder zwischen ihnen gespalten ist. Zweitens kann jedes dieser Gesichter des Todes auch verschiedene Bedeutungen haben, die eine eigene innere Polyphonie erzeugen. Auch die Entdeckung dieser inneren Polyphonie kann Raum schaffen, indem sie neue Perspektiven auf die Realität eröffnet, die man erlebt.

Werfen wir einen genaueren Blick auf drei grundlegende Bedeutungen des Todes. Sie sind offen für jede Position im Kontinuum von Wissen und Glauben, die in den vier obigen Zitaten vorhanden ist, und sie zeigen, inwieweit die Anerkennung der Polyphonie dazu beitragen kann, inneren Raum und Trost zu schaffen.

Eine erste mögliche Vorstellung vom Tod bezieht sich auf den menschlichen Lebenszyklus und versteht den Tod als ein natürliches Lebensende. Alles, was lebt, wird geboren, um zu sterben. Oder wie Benjamin Franklin es 1789 in einem Brief an Jean-Baptiste Leroy formulierte: „Auf dieser Welt kann man nichts als sicher bezeichnen, außer den Tod und die Steuern." Diese Idee vom Tod als unvermeidliches Schicksal aller Menschen kann viele Bedeutungen haben: Sie kann als Beweis für die Hoffnungslosigkeit, Absurdität und Sinnlosigkeit des menschlichen Lebens angesehen werden; sie kann großen Trost spenden durch den Gedanken, dass allem Leid ein Ende gesetzt ist; sie kann uns unsere Verbundenheit mit allen anderen Lebewesen, die das gleiche Schicksal haben, bewusst machen; sie kann uns die einzigartigen Möglichkeiten und die Bedeutung jedes Moments bewusst machen, die wir in unserem Leben haben.

Jede dieser Bedeutungen kann einzeln untersucht werden und alle bieten Möglichkeiten, einen inneren Raum zu schaffen. Wenn wir zum Beispiel erkennen, dass wir mit allen anderen Lebewesen verbunden sind, können wir begreifen, dass es keinen Grund gibt, etwas so Natürliches wie das Sterben zu fürchten. Milliarden von Menschen haben es schon getan, und Milliarden werden es tun, nachdem wir gestorben sind. Wenn wir uns auf diese Weise mit anderen Menschen solidarisch fühlen, ordnen wir uns ein in das große Ganze der Menschheit. Dies kann uns helfen, unsere Selbstbezogenheit und unsere Neigung zur Selbsterhaltung – koste es, was es wolle – zu überwinden.

Ein zweites Gesicht des Todes, das mit der sozialen Natur des Menschen zusammenhängt, ist der Tod als Zerstörer von Bindungen, traditionell dargestellt als der Seelensammler, der die Beziehungen zwischen Lebenden und Toten trennt. Er beendet Leben ohne Unterschied und ist der größte Feind, den man sich vorstellen kann. Er nimmt uns sogar die Menschen, die wir am meisten lieben. Es ist naheliegend, dass dieses Gesicht des Todes – stark verbunden mit der Polarität des Festhaltens und Loslassens – oft so dominant ist, dass es alle anderen Bedeutungen des Todes verdrängt. Aber auch dieses Gesicht des Todes hat viele Bedeutungen: Es kann als letztes Argument gesehen werden, warum man sich nie verlieben und an jemanden binden sollte; wenn es um schlechte Beziehungen geht, kann der Tod so verstanden eine große Befreiung sein, die den Zurückgelassenen eine zweite Chance im Leben gibt; es kann eine Quelle der Schuld sein bei allem, was man jemandem sagen oder antun wollte; es kann als eine große Quelle der Angst gesehen werden, die Liebsten zu verlieren.

Der innere Raum hilft nicht dabei, in der Zukunft den Verlust der Verstorbenen zu verhindern, aber er kann die Aufmerksamkeit auf das Hier und Jetzt lenken. Viele Menschen erleben die Zeit am Sterbebett als sehr kostbar, weil sie viel intensiver miteinander kommunizieren. Sie empfinden diese Monate oder Wochen manchmal als die wertvollsten ihrer langen Beziehung, als eine Zeit, die sie nie hätten verpassen wollen. Weil uns plötzlich die Einzigartigkeit jedes Tages und jedes Augenblicks bewusst wird, erkennen wir, wie wertvoll die Zeit ist, die wir mit unseren Lieben teilen können. Diese Erkenntnis kann uns sanfter machen und inneren Raum schaffen und uns erlauben, die Momente, die wir miteinander teilen, wirklich zu leben. Zwar werden wir auch dann traurig sein, wenn wir das Leben gemeinsam bis zum Äußersten ausgeschöpft haben, aber wir werden nicht mit dem Gefühl zurückgelassen werden, das John Lennon in seinem Lied „Beautiful Boy“

besingt: „Life is what happens when you're making other plans."

Eine drittes Gesicht des Todes, das sich auf die Grenzen des menschlichen Wissens bezieht, ist die des großen Unbekannten. Jede Idee, was es bedeutet, tot zu sein oder was nach dem Tod passieren könnte, basiert auf dem, was wir als lebendige Menschen wissen. Die vielen Perspektiven, die man auf den Tod als Tür zum großen Unbekannten haben kann, wurden bereits bei der Darstellung der verschiedenen Positionen auf dem Kontinuum zwischen den Polen des Wissens und des Glaubens diskutiert. Wie im Falle von Michael können sie eine Quelle des Trostes und der Angst sein. Alle diese Positionen können mit mehr oder weniger innerem Raum erlebt werden.

Gleichwohl: Den Tod als Grenze menschlichen Wissens anzunehmen, kann eine Quelle für mehr inneren Raum sein, wenn man auch die unbeantworteten Fragen integriert hat. Mit unbeantworteten Fragen zu leben, kann das Ergebnis von Desinteresse sein, aber das ist hier nicht gemeint. Hier geht es um eine großzügige Haltung, in der man nicht den Drang verspürt, Grenzen zu überschreiten oder zu verschieben, sondern leben kann mit der radikalen Andersartigkeit des Todes. Indem wir nicht neue Bedeutungen in das schwarze Loch des Todes projizieren oder uns hinter dem Vorhang eine schöne nächste Etappe vorstellen, können wir demütig und großzügig die Grenzen unseres Wissens akzeptieren.

Die vielen Gesichter des Todes und die Polyphonie ihrer Bedeutungen können verwirrend, befreiend und rätselhaft sein oder wir sehen sie als eine weitere Art und Weise an, wie der Tod uns einen Streich spielt. In der neuen Ars Moriendi geht es nicht darum, bestimmte Bedeutungen hervorzuheben und andere Bedeutungen zu unterdrücken, wie es bei den mittelalterlichen Ars Moriendi der Fall war. Der innere Raum als Grundlage und Perspektive zielt darauf ab, uns zu helfen, unsere innere Polyphonie zu akzeptieren. Mit ihm können wir entdecken, welche Stimmen Ausgangspunkte sein könnten, einen größeren inneren Raum zu entwickeln, um mit den Paradoxien und Spannungen von Leben und Tod umgehen zu können.

Die vielen Gesichter des Todes und ihre Bedeutung beeinflussen die Frage: Worauf kann ich hoffen? Aber auch die Hoffnung selbst ist ein komplexes Phänomen. Deshalb wenden wir uns nun der Polyphonie der Hoffnung zu.

## Die Polyphonie der Hoffnung

Die Hoffnung ist eine wichtige Kraft im menschlichen Leben, sie verbindet uns mit der Zukunft. Hoffnung hilft uns weiterzumachen, sie ist ein wichtiges Element des Wohlbefindens und hat einen positiven Einfluss auf Genesung. Aber was ist, wenn es keine Genesung gibt und scheinbar auch keine Zukunft, mit der man sich verbinden kann? Ist die Frage „Was kann ich hoffen?" nicht eine besonders grausame in der neuen Ars Moriendi? Sollten wir uns bei todkranken Patient*innen nicht lieber auf das Gegenteil von Hoffnung konzentrieren?

Wenn wir nach dem Gegenteil von Hoffnung fragen, gibt es interessanterweise zwei einander gegenüberstehende Optionen, die ganz unterschiedlicher Natur sind

(Kylmä und Vehviläinen-Julkunen 1997). Das erste Gegenteil von Hoffnung ist Hoffnungslosigkeit. Hoffnung ist eine Kraft voller Energie und Vitalität ist, die uns mit zukünftigen Dingen verbindet, die schwer oder scheinbar unmöglich zu erreichen sind. Hoffnungslosigkeit dagegen ist der Verlust dieser Energie und Vitalität und taucht uns in eine Atmosphäre der Apathie. Demgegenüber steht das zweite Gegenteil von Hoffnung: Es ist die Kraft, die als Verzweiflung bezeichnet wird. Im Falle der Verzweiflung sind wir überzeugt, dass das erhoffte Ziel nicht erreicht werden kann, aber wir sind immer noch im Besitz der Energie und Vitalität, die uns in die Zukunft führt. Verzweiflung ist die Kraft, die in der Zukunft nach anderen Lösungen oder neuen Objekten sucht, mit denen man sich verbinden kann.

Im Gegensatz zur Hoffnungslosigkeit und zur Verzweiflung ist die Hoffnung mit dem inneren Raum verbunden. Solange es Hoffnung gibt, gibt es Raum für eine andere Zukunft als jene, die mit größter Wahrscheinlichkeit erwartet oder prognostiziert wird. Hoffnung ist mit dem Glauben verbunden, da sie aufbauen kann auf dem, was nicht offensichtlich oder sichtbar ist. Sie ist mit Kreativität und Fantasie verknüpft, weil sie mit dem starken Wunsch verbunden ist, ein bestimmtes Ziel oder Objekt zu erreichen. Hoffnung und Kreativität sind Kräfte, die man weder machen noch planen kann, die unser Leben aber lebendig halten und auf die Zukunft ausrichten.

Hoffnung wird in verschiedenen Disziplinen unterschiedlich konzeptualisiert und betrachtet. Eine Analyse der Literatur über Hoffnung in der Palliativmedizin ergibt grob drei Zugänge zu dem, was Hoffnung für

Menschen bedeutet, die in der Pflege arbeiten (Olsman et al. 2014).

Die von Ärzt*innen am häufigsten verwendete Perspektive ist, die Hoffnung der Patient*innen vor dem Hintergrund der Frage zu betrachten, ob diese Hoffnung realistisch ist. Die Hoffnung wird an der Prognose gemessen, und wenn die Hoffnung positiver ist als die Prognose, wird sie unrealistisch genannt. In diesem Fall sehen Ärzt*innen es als ihre moralische Pflicht, Patient*innen ehrlich zu informieren, damit diese ihre Hoffnung an die Realität anpassen können. Die medizinische Prognose gilt als der zuverlässigste Zugang zu wahrem Wissen. Eine*n Patient*in in falscher Hoffnung zu belassen, wird mit Betrug oder Lüge gleichgesetzt. Nur wenn die Hoffnung der Patient*innen realistisch ist, können sie anfangen, Pläne zu machen und die Zukunft zu antizipieren.

Obwohl dieser Ansatz der Hoffnung wichtig und in der medizinischen Literatur der häufigste ist – oft im Zusammenhang mit medizinisch-ethischen Fragen rund um das Thema, „die Wahrheit sagen" –, bringt er auch ein Problem mit sich. Abgesehen davon, dass Hoffnung, wenn sie an einer Prognose gemessen wird, oft mit schwer verständlichen Wahrscheinlichkeitsberechnungen verbunden ist, ist Hoffnung auch eine Lebenskraft, die Menschen hilft, mit ihrer Situation umzugehen. In einigen südeuropäischen Kulturen ist es zum Beispiel wichtig, die Hoffnung nie aufzugeben und dafür zu sorgen, dass Patient*innen mit dieser Lebenskraft verbunden bleiben. Dieses Verbundensein ist wichtiger als die Information über prognostizierte Wahrscheinlichkeiten.

Die zweite Perspektive, die wir im Gesundheitswesen finden, ist Hoffnung verstanden als Bewältigungsmechanismus. In dieser Perspektive wird die Kraft der Hoffnung voll anerkannt, und es gilt als das Wichtigste, die Hoffnung der Patient*innen zu unterstützen, damit diese besser mit ihrer Krankheit umgehen können. Diese Perspektive, die Hoffnung aus einem psychosozialen Blickwinkel betrachtet, findet sich oft in der Arbeit von Psycholog*innen und Sozialarbeiter*innen wieder. Hoffnung wird als eine funktionale Kraft angesehen, die hilfreich ist. Ob diese Hoffnung realistisch ist, ist zwar eine wichtige Frage, aber nicht die erste und wichtigste. Wichtiger ist die Frage, wie Menschen es schaffen, mit einer ungewissen Zukunft zu leben, die notwendigen Behandlungen zu ertragen und eine gewisse Lebensqualität zu erhalten.

Die dritte Perspektive ist noch weniger am Verhältnis der Hoffnung zu einer realistischen Prognose interessiert. Hier wird Hoffnung als eine Möglichkeit gesehen, in einer bestimmten Situation Bedeutung und Sinn zu erfahren. Diese Perspektive könnte als narrative Perspektive bezeichnet werden, denn Hoffnung wird in erster Linie im Rahmen der eigenen Lebensgeschichte interpretiert. Sie ist in der Arbeit von Seelsorger*innen und Psycholog*innen zu finden. Wie wir in Kapitel 4 gesehen haben, ist man angesichts des eigenen Todes gezwungen, das letzte Kapitel seiner Lebensgeschichte zu schreiben. Menschen finden einen Sinn in dem, was mit ihnen geschieht, indem sie es in eine sinnvolle und kohärente Ordnung bringen, die zu ihrem Selbstverständnis passt. Solch eine bedeutsame Ordnung ist eine Geschichte, die sich mit der Zeit entwickelt und die

Vergangenheit, Gegenwart und Zukunft umfasst. Sie hat immer eine zukunftsoffene Dimension, die in sich schon wertvoll ist, ob realistisch oder nicht.

Viele Patient*innen, die unheilbar krank sind, wissen sehr wohl, dass sie nicht bis zur nächsten Fußballmeisterschaft leben werden, wie etwa Herr Neuberg in Kapitel 5. Dennoch wollen sie sich auf eine solche Perspektive konzentrieren. Oder sie beginnen z. B. damit, Spanisch zu lernen oder das gesamte Werk Johann Sebastian Bachs anzuhören, obwohl sie wissen, dass sie es niemals zu Ende bringen können. Aus der realistischen Perspektive betrachtet, könnte man vermuten, dass das, was sie Hoffnung nennen, eigentlich eine Form der Verleugnung ist. Aus narrativer Sicht erscheinen diese Initiativen jedoch eher als Handlungen, durch die Patient*innen zum Ausdruck bringen, dass sie noch mit dem Leben oder mit Dingen verbunden sind, die für sie von großer Bedeutung sind. Diese Handlungen haben einen Wert an sich. Aus funktionaler Sicht könnte man sagen, dass die Bedeutung dieser Maßnahmen darin besteht, sicherzustellen, dass Patient*innen in der Lage sind, mit ihrer Situation umzugehen und weiterzumachen.

Die drei Perspektiven der Hoffnung können einzeln oder in Kombination miteinander vorkommen. Manchmal überschneiden sie sich. In der Kommunikation mit Patient*innen kann man versuchen, sich auf ihre jeweiligen Bedürfnisse einzustellen, indem man die Perspektive wählt, die am besten zu ihren Anliegen passt. Oder man untersucht die beiden anderen Perspektiven. In der nordatlantischen Kultur ist die Perspektive der Hoffnung als etwas, das an eine realistische Prognose angepasst werden muss, dominant und nahe am Pol des Wissens. Die anderen beiden Perspektiven sind näher am Pol des Glaubens. Nur mit dem inneren Raum ist man in der Lage, die Distanz zwischen den beiden Ansätzen zu überbrücken.

Wenn wir uns der Frage „Worauf richte ich jetzt meine Hoffnung?“ mit dem inneren Raum nähern, im Kontinuum von Wissen und Glauben, im Bewusstsein der vielen Gesichter des Todes und ihrer Bedeutungen und auch der Konzeptualisierungen von Hoffnung, schaffen wir einen Raum, am Ende des Lebens eine sinnvolle Perspektive zu erkunden und aufzubauen. Die innere Polyphonie der Patient*innen variiert im Laufe der Zeit und ähnelt einem Chor, in dem Stimmen mehrstimmig singen, sich abwechseln oder sich vom Vordergrund in den Hintergrund bewegen (Olsman et al. 2015). Aber dieser Reichtum kann durchaus von Vorteil sein, wenn man nach Themen sucht, die helfen, den inneren Raum zu entwickeln.

## Kapitel 9
# Das Ars-Moriendi-Modell aus religiöser Perspektive

Die neue Ars Moriendi wurde entwickelt, um einen spirituellen Rahmen zu bieten, der in den interdisziplinären Ansatz der Palliativmedizin integriert werden kann. Das Modell ist offen für jeden, der über die wichtigen Fragen am Lebensende nachdenken möchte. Da viele Menschen ihre Spiritualität auf religiöse Weise betrachten, wäre die neue Ars Moriendi ein Misserfolg, wenn sie nicht offen für diese Option wäre. In diesem Kapitel werden wir daher die vorhergehenden Kapitel aus religiöser Sicht betrachten. Wir werden feststellen, dass die Struktur der Ars Moriendi in dieser Betrachtungsweise die gleiche bleibt, aber einige grundlegende Änderungen in der Funktionsweise des Modells auftreten.

Da es nicht eine abstrakte religiöse Perspektive gibt, sondern eine Vielzahl von Perspektiven aus bestimmten religiösen Traditionen, werde ich in diesem Kapitel meine Perspektive auf eine bestimmte Tradition beschränken. Die religiöse Perspektive, die ich entwickeln werde, kann in der römisch-katholischen Tradition situiert werden. Weil sich jedoch die 1,27 Milliarden Menschen, die dieser Tradition angehören, durchaus unterscheiden in dem, wie und was sie glauben, sollte dieses Kapitel als eine bestimmte Version des römischen Katholizismus gelesen werden.

Ich beschränke mich auf die römisch-katholische Tradition, weil es die einzige religiöse Tradition ist, die ich von innen kenne. Ich bin in dieser Tradition (oder zumindest in der niederländischen Version davon) geboren und aufgewachsen und habe ihre Theologie viele Jahre lang studiert. Dies ermöglicht es mir, aus der Perspektive eines Insiders zu schreiben und einer gelebten Spiritualität nahe zu bleiben. Andere Nutzer*innen der Ars Moriendi könnten eine andere Sichtweise als ihre eigene spirituelle Tradition entwickeln.

Warum ist es so wichtig, aus der Sicht eines Insiders zu schreiben? Weil man aus der Sicht eines Außenstehenden nicht wirklich verstehen kann, was es bedeutet, religiös zu sein. Religiös zu sein, ist, wie in einer liebevollen Beziehung zu sein. Viele Aspekte davon sind nur verständlich, wenn man sie lebt. Der wahre Wert davon kann nur durch das gelebte Engagement erfahren werden, das aus dem Willen entsteht, an jemanden zu glauben. Und umgekehrt: Die Erfahrung, von jemandem geliebt zu werden, eröffnet eine neue Perspektive auf den Partner und sich selbst.

Betrachten wir nun die fünf zentralen Fragen der Ars Moriendi, um zu sehen, wie sie aus einer religiösen Perspektive klingen. Manchmal erzeugen sie eine Resonanz mit anderen Fragen, manchmal erweitern sie die Frage oder fassen sie neu, aber nie verlassen sie den Rahmen, der aus den fünf Polaritäten besteht.

## Wer bin ich und was will ich wirklich?

Als wir einen Rahmen für die Reflexion über die menschliche Identität und Autonomie entwickelten, identifizierten wir drei grundlegende Beziehungen, die in einem dialektischen Verhältnis zwischen den Polen „Ich" und „die Anderen" stehen können. Wir entdecken, wer wir sind und was wir wirklich wollen, durch die Beziehung zwischen dem Ich und meinem Selbst, mir und meinen Mitmenschen, mir und der institutionellen Dimension meines Lebens. Aus religiöser Sicht kommt eine neue Beziehung hinzu, die die bestehenden drei stark beeinflusst: die Beziehung zu Gott. Diese Beziehung gefährdet nicht die Autonomie, sondern präsentiert sich als ein Horizont, vom dem aus alles in einer neuen Perspektive erscheint.

Gott hat viele Gesichter, und kaum ein Wort ruft so viele umstrittene Reaktionen hervor wie dieses. In diesem Kapitel werde ich das Wort Gott für ein „persönliches Geheimnis der Liebe" verwenden. Lassen Sie mich die drei Elemente dieses Satzes klarstellen. Erstens wird Gott nicht als eine abstrakte oder gesichtslose Kraft der Liebe betrachtet, sondern als ein persönlicher Gott, mit dem man eine Beziehung eingehen kann. Zweitens: Obwohl man in dieser persönlichen Beziehung Gott besser kennenlernen kann, wird er nie so bekannt sein, wie Geschöpfe üblicherweise andere Geschöpfe kennen: Gott bleibt ein unverständliches Geheimnis jenseits dessen, was in der geschaffenen Sprache gedacht oder ausgedrückt werden kann (Sokolowksi 1982). Und drittens ist Gott die schöpferische Liebe, die will, dass alles Geschaffene an seiner schöpferischen Liebe teilhat.

Wenn wir uns auf die Beziehung zwischen mir und meiner selbst konzentrieren, kommt es durch die Beziehung zu Gott zu zwei grundlegenden Veränderungen. Erstens: Die eigene Lebensgeschichte ist in eine größere Geschichte eingebettet; in die Geschichte von Gott mit der Menschheit, als deren theologische Zusammenfassung das apostolische Glaubensbekenntnis angesehen werden kann. In diesem größeren Rahmen erhält meine Lebensgeschichte einen neuen Anfang und ein neues Ende. Sich in das Geheimnis der Liebe Gottes einzubringen, eingeladen zu sein, aktiv und bewusst an diesem Schöpfungsprozess Gottes teilzunehmen, bedeutet, dass ich von Anfang an als Kind Gottes geliebt werde, egal wie schwierig meine Situation auf Erden ist. Und am Ende meines Lebens kann ich mich den liebevollen Händen Gottes anvertrauen, in der Gewissheit, dass er sich um mich kümmert und weiß, was er mit dem tun soll, was von mir bleibt.

Zweitens: Abgesehen davon, dass meine Lebensgeschichte Teil einer größeren Geschichte wird und das Leben ein Ziel bekommt, geschieht in dieser Dimension auch noch etwas anderes. Mit den Augen des Glaubens werde ich entdecken, dass ich die Geschichte meines Lebens nicht ganz allein schreibe, sondern dass jemand, der größer ist als ich, meinen Stift hält. Ich bin eingeladen, Co-Autor zu sein und meine Geschichte als persönliche Version einer universellen Geschichte zu schreiben. Meine Lebensgeschichte ist intertextuell mit der Lebensgeschichte von Jesus von Nazareth verbunden – dem einzigartigen Menschen, in dem sich Gott ein für allemal in Bezug auf die Menschlichkeit offenbart hat – und allen Heiligen, die nach ihm gelebt haben. Meine Lebensgeschichte ist eine einzigartige Version der universellen Geschichte jedes Menschen, der erkennt, dass er in einer liebevollen Beziehung zu Gott ist.

Auch in der interpersonalen Dimension finden zwei wichtige Veränderungen statt. Zuerst wird meinem Leben eine neue interpersonale Beziehung hinzugefügt. Das Gespräch mit Gott macht mein Leben zu einem Leben im Dialog, noch bevor ein anderer Mensch ins Spiel kommt. Dieser Dialog prägt das Selbst durch die Praxis des täglichen Gebets, das hilft, meinen inneren Raum zu erweitern und mein Leben auf das göttliche Geheimnis der Liebe auszurichten. Das Gebet ist ein ständiges Üben in dem Wunsch, mit der Liebe Gottes vereint zu sein, in diesem irdischen Leben und danach.

Die zweite grundlegende Änderung betrifft die Beziehung zu meinen Mitmenschen. Das zentrale Gebet der christlichen Tradition ist das „Vaterunser". Indem ich die Worte dieses Gebets spreche, wird die Realität anders gerahmt. Dadurch dass ich Gott „Vater" nenne, werde ich ein Kind Gottes, und alle Mitmenschen – als Kinder desselben Vaters – werden Brüder und Schwestern. In diesem einen kurzen Gebet verbirgt sich ein lebenslanges moralisches Programm.

Auch die institutionelle Dimension – die katholische Kirche als Glaubensgemeinschaft – ist für die Beziehung zu Gott von entscheidender Bedeutung. Wir haben keinen direkten Zugang zu Gott als Geheimnis der Liebe. Wie auch beim menschlichen Selbst haben wir nur indirekt Zugang, über Geschichten, Rituale, Texte und Gebete. In diesem Tradierungsprozess spielen Menschen aus allen Zeiten und von überallher eine Rolle und gemeinsam bieten sie die Schlüssel, um die Realität im Licht des Glaubens zu lesen und die Gegenwart Gottes in der Realität zu entdecken. Durch die Taufe werde ich wiedergeboren und meine Identität wird durch eine andere Dimension geprägt, die mir nicht gehört, die mich aber aufruft.

Die institutionelle Dimension ist somit die Grundlage für die Veränderungen in der persönlichen und der zwischenmenschlichen Dimension. Gleichzeitig könnte diese institutionelle Dimension am schwersten zu akzeptieren sein. Als eine Gemeinschaft von Sündern ist die katholische Kirche nicht besser als jede andere menschliche Organisation. Und die Tatsache, dass die katholische Kirche sich als von Gott gegeben betrachtet, hindert sie nicht daran, Gottes Güte von Zeit zu Zeit aus den Augen zu verlieren.

Was bedeutet das alles für die menschliche Autonomie? Im Licht des Glaubens erscheint das Selbst als Selbst im Gespräch mit Gott. Dieses Selbst ist so frei wie jedes andere Selbst, und wenn es dem folgt, was es für den Willen Gottes hält, tut es dies aus einer freien Entscheidung heraus, seinen Willen einer größeren Güte zu unterwerfen („Dein Wille geschehe"). Jede Wahl und jede Entscheidung in diesem Bereich basiert auf einem dialektischen Prozess, bei dem wiederum der innere Raum eine zentrale Rolle spielt.

## Wie gehe ich mit dem Leiden um?

Auf die Frage, was die schmerzhafte Knochenerkrankung für ihr religiöses Leben bedeutet, antwortete die niederländische Schriftstellerin Hannemieke Stamperius der Interviewerin (Stamperius 2009; Übers. C.L.):

> „Ich wurde niederländisch reformiert aufgezogen und einen Großteil meines Lebens war ich eine überzeugte Atheistin. Zu dem Zeitpunkt, als bei mir diese Knochenkrankheit diagnostiziert wurde, war zufällig Osterzeit. Ich sah diesem Mann wieder an jenem Kreuz hängen und erkannte plötzlich, dass Schmerz

im Mittelpunkt des Christentums steht. Und dass man daraus lernen kann, wie Seele und Körper in Harmonie miteinander sein können. Seitdem begann ich mich in die Theologie zu vertiefen. Es ist ein wundervolles Fach: das Zentrum aller Fragen, Gott, wird immer ein großes Unbekanntes bleiben. Gerade das macht mich fröhlich: dass du keine Antwort auf diese großen Fragen bekommen wirst. Ich habe begonnen zu glauben und sehe das als einen Sprung von meinem Schmerz zu dem Schmerz der Welt. Wenn du Schmerz nicht akzeptierst, bist du Mitleid erregend, mürrisch und niemand versteht dich. Wenn du es akzeptierst, bist du supernahe am Leid der anderen."

Diese Worte fassen einen langen Entdeckungsprozess durch gelebte Erfahrung zusammen. Was hier formuliert wird, ist im Wesentlichen genau das, was Papst Johannes Paul II. in seinem Apostolischen Schreiben *Salvifici doloris* (1984) sagte. Nachdem der Papst im Mai 1981 ein Attentat überlebt hatte, meditierte er während seiner Genesung über das menschliche Leid, was zu seinem Schreiben führte. Das Besondere an diesem Dokument ist die Tatsache, dass das Leiden als Geheimnis betrachtet wird und alle Antworten auf die Frage des Leidens unzureichend sind. Der Brief ist so geschrieben, dass der Leser eingeladen wird, einem Prozess der Suche nach Antworten zu folgen. Er beginnt mit einer Reise durch beide Testamente der christlichen Bibel und schließt mit der Feststellung, dass es keine andere Möglichkeit gibt, die „heilbringende Bedeutung des Leidens" (so lautet auch der Titel des Schreibens) zu entdecken, als diesen Weg selbst zu gehen. In der gelebten Konfrontation mit dem Leiden kann man den Sinn des Leidens verstehen, und je mehr man sich dem Leiden anderer Menschen öffnet, umso mehr entdeckt man den Sinn des eigenen Leidens. Das Leiden Christi kann dabei eine zentrale Rolle spielen, denn er hat einen Raum eröffnet, in dem Menschen in einem Prozess, der das Leiden in Liebe verwandelt, ihr Leiden mit dem Leiden anderer Menschen verbinden können.

Wer über das Leiden schreibt, muss dies aus der Insiderperspektive heraus tun, um in Verbindung zu bleiben mit echten menschlichen Leidenserfahrungen. Andernfalls kann dasselbe passieren, was passiert, wenn wir anfangen, über den Tod nachzudenken: Leiden kann uns viele Streiche spielen. Inwieweit die Verbindung mit dem Leiden Christi im wirklichen Leben tröstlich sein kann, zeigt eine Geschichte, die mir ein Freund erzählte, der damals Pfarrer war. Er wurde gerufen, um einen alten Bauern zu besuchen, der im Sterben lag. Als einfacher und gläubiger Mann hatte der Bauer große Schwierigkeiten, mit seinen Kindern zu kommunizieren, die nicht mehr mit der Kirche verbunden oder von ihr inspiriert waren. Als er unter Atemnot litt, sagte einer seiner Söhne zynisch: „Was hast du jetzt von deinem Glauben an Jesus Christus, Papa? Er ist nicht wirklich eine große Hilfe, jetzt, wo du im Sterben liegst, oder?“ Der alte Mann sah seinen Sohn ruhig an und antwortete: „Er ist eine größere Hilfe als du in diesem Moment, denn er hat das alles bereits erlebt.“

Wenn wir die Pole des Tuns und Lassens aus der Perspektive der christlichen Tradition betrachten, bietet diese Tradition viele Möglichkeiten, mit dem zentralen Geheimnis des in Liebe verwandelten Leidens in Beziehung zu treten. Obwohl der Glaube ein Akt, eine Praxis und eine Tugend ist, die mit Offenheit, Empfänglichkeit und Passivität verbunden ist, ist gleichzeitig klar, dass der dialektische Prozess der Verbindung mit Gott auch viel Aktivität und Tun erfordert. Auch hier sind wieder beide Pole des dialektischen Prozesses beteiligt.

Wenn wir schließlich über die Rolle des inneren Raums nachdenken, könnte man sagen, dass der innere Raum hier als die Bereitschaft erkannt wird, neue Dinge zu entdecken, die man nie für möglich gehalten hat. Hannemieke Stamperius berichtet, dass sie die meiste Zeit ihres Erwachsenenlebens eine überzeugte Atheistin war. Die Wiederentdeckung der Weisheit der religiösen Tradition ihrer Jugend erfordert Offenheit und Mut, die in ihrem Fall ein großer Segen ist.

## Wie kann ich mich verabschieden?

Der religiöse Glaube ist voll von Momenten des Festhaltens und Loslassens. An Gott zu glauben, ihm zu vertrauen und ihn zu lieben bedeutet, an einem göttlichen Geheimnis der Liebe festzuhalten, an einem Gott, der fast unverständlich ist und von dem wir glauben, dass er uns in seinen Händen hält. Gleichzeitig bedeutet der Glaube an Gott, alle Ideen über Gott loszulassen, die der Begegnung mit der wahren göttlichen Gegenwart im Wege stehen könnten. Man nimmt die Verantwortung an und hält an ihr fest, sein Leben so zu führen, wie man denkt, dass Gott es gemeint hat, und lässt gleichzeitig jede Erwartung an ein gutes Ergebnis oder eine Belohnung los.

Diese Dialektik des Festhaltens und Loslassens wird in der christlichen Spiritualität auf vielfältige Weise praktiziert. Als Vorbereitung auf die großen Feste von Weihnachten und Ostern gibt es zum Beispiel eine Zeit des Verzichts und der Reinigung. In der Fastenzeit verzichten Menschen auf die guten Dinge des Lebens, üben sich darin, sie loszulassen oder sie mit mehr innerem Raum festzuhalten.

Die radikalste Form des Loslassens als religiöse Lebenseinstellung zeigen Menschen, die ihr Leben Gott widmen, indem sie auf ihre Willensfreiheit (Gehorsam), irdischen Besitz (Armut) und sexuellen Beziehungen (Keuschheit) verzichten. Ein solches Leben, in dem man die Dinge loslässt, die die meisten Menschen für wesentlich und unerlässlich für das menschliche Glück halten, kann nur dann gelingen und erfüllend sein, wenn es auf einer authentischen Berufung beruht.

Wie wir oben in Bezug auf das menschliche Selbst gesehen haben, kann das Christsein ein lebenslanger Weg der Transformation sein. Unsere Beziehung zu Gott als himmlischem Vater verwandelt mich in ein Kind Gottes, und alle Mitmenschen erscheinen als Brüder und Schwestern. Durch die Beziehung zu Gott werde ich auf eine neue Art und Weise mit mir und meinen Nächsten verbunden: Wenn diese Beziehung zu Gott zum neuen Zentrum meines Lebens wird, sollte ich auf jeden Fall daran festhalten.

In der mittelalterlichen Theologie drückte sich das in der Idee der richtigen Ordnung der Liebe (Thomas von Aquin) aus. Zuerst einmal sollte ich Gott über alles andere lieben, aber auch in allem. Meine Liebe zu Gott sollte das verborgene Motiv in all meinen Handlungen sein und in der Art und Weise, wie ich mich selbst, meine Mitmenschen und alle anderen Geschöpfe behandle.

Zweitens sollte ich meine Seele lieben, weil sie es ist, die meine Beziehung zu Gott ermöglicht. Diese Beziehung ist das wichtigste Zentrum meines Lebens, denn sie verbindet mich mit meinem Ziel als Mensch, in diesem irdischen Leben oder im nächsten Leben im Himmel. Drittens sollte ich die Seelen meiner Nächsten lieben und ihnen helfen, ihr Ziel zu finden. Keine meiner Handlungen sollte ihre Beziehung zu Gott stören oder gefährden. Und ich sollte sogar bereit sein, mein Leben zum Wohle des Glaubens meiner Nächsten zu riskieren. Schließlich sollte ich meinen eigenen Körper lieben; ich sollte mich um ihn kümmern und ihn als Geschenk des Lebens respektieren, aber erkennen, dass er nur ein vorübergehendes Gefäß für etwas viel Wichtigeres und Ewigeres ist: die Beziehung zu Gott.

Diese Ordnung der Liebe kann hilfreich sein, um Raum für den Abschiedsprozess zu schaffen, der Teil des Sterbeprozesses ist. Aus christlicher Sicht sind alle irdischen Besitztümer ausgeliehen und haben immer einen temporären Charakter. Die Perioden (oder religiösen Lebensstile) der Enthaltsamkeit lehren uns dies. Das Gleiche gilt für den menschlichen Körper. Man kann den Körper loslassen, weil man weiß, dass man sich an Gott festhalten kann, der weiß, was er mit uns tut, wenn wir gestorben sind.

Hinsichtlich unserer Lieben kann die Beziehung zu Gott als die ewige und unvergängliche Verbindung mit einer Realität jenseits von Leben und Tod angesehen werden. Zu glauben bedeutet, festzuhalten an dieser Realität und an dem Vertrauen, dass es durch diese Verbindung irgendwie eine dauerhafte Verbundenheit zu unseren Lieben geben wird. Das bedeutet natürlich nicht, dass es aus christlicher Sicht nicht auch schwer oder traurig sein kann, das Leben loszulassen. Der Schmerz, Menschen zurückzulassen oder mit einem Verlust zu leben, ist so groß wie eh und je. Aber neben diesem Schmerz kann es eine Verbundenheit geben, die auf einer spirituellen Ebene tröstlich sein kann.

Je mehr man sein Leben als eine spirituelle Reise der Verwandlung in eine engere Verbundenheit mit Gott erfährt, desto mehr kann man das Leben loslassen und sich diesem großen Geheimnis der Liebe hingeben.

## Wie schaue ich auf mein Leben zurück?

Obwohl wir uns Gott als dem umfassenden Geheimnis der Liebe genähert haben, hat die christliche Tradition eine tiefe Ahnung davon, dass es keinen einfachen Weg gibt, wieder gutzumachen, was anderen Menschen angetan wurde. Eine einfache Wiedergutmachung ist aufgrund der Dynamik der Dezentrierung des Selbst, die wir oben beschrieben haben, unmöglich. Diejenigen, die aus der zentralen Beziehung zu Gott leben, leben aus einem Zentrum außerhalb ihrer selbst heraus. Aus dieser Perspektive kümmert man sich nicht in erster Linie um das eigene Geschäft. Jene, die andere Menschen benutzen – entweder, um ein Leben in privilegierter Verantwortungslosigkeit zu führen oder um ein Heiliger zu werden – haben nicht verstanden, worum es bei der christlichen Spiritualität geht.

Wenn man sich nicht in erster Linie mit seinen eigenen Angelegenheiten beschäftigt, passieren in Bezug auf die eigenen Mängel oder Fehler zwei Dinge. Erstens ist es einfacher, sie zuzugeben. Es geht nicht in erster Linie darum, in den Augen anderer Menschen gut auszusehen oder seine Mängel zu vertuschen. Das vorrangige Anliegen ist es, in den Augen Gottes, für den nichts verborgen ist, gut zu sein. Man kann sich selbst täuschen, aber man kann Gott nicht täuschen. Das Hauptanliegen ist, dass sich das Geheimnis der Liebe im täglichen Handeln widerspiegelt.

Zweitens entzündet die Liebe zu anderen Menschen – verbunden mit der Liebe zu Gott – den Wunsch, das wiedergutzumachen, was schiefgelaufen ist. Wahre Liebe und Freundschaft erkennt man daran, dass sie immer danach streben, Beziehungen wiederherzustellen und das lebenserhaltende Netzwerk menschlicher Beziehungen, das diese Welt zu einem guten Ort macht, zu erneuern. Diese Idee steht hinter der traditionellen Idee eines Fegefeuers nach dem Tod, in der sich die Seelen reinigten, bevor sie Gott erschienen: eine selbstgewollte und selbstverschuldete Periode der Reinigung.

Rituale können eine wichtige Rolle spielen, wenn es darum geht, in der letzten Lebensphase mit Schuld umzugehen und Kraft und Mut zu schöpfen. Die Geschichte des Protestpsalms, der laut vorgelesen wurde, um dem Kampf des alten Mannes in Kapitel 7 Worte zu geben, zeigt, wie überraschend nützlich ein Abschiedsritual am Ende des Lebens sein kann. In der römisch-katholischen Tradition gibt es – neben einer Reihe von Ritualen – drei Sakramente, die am Ende des Lebens wichtig sein können.

Sakramente sind Rituale, Praktiken, in denen sich die Beziehung zu Gott ausdrückt. Gleichzeitig sind Sakramente mehr als nur Rituale. In der römisch-katholischen Tradition gibt es den Glauben, dass Gott durch die Sakramente als das umfassende Geheimnis der Liebe wirkt, obwohl diese vom Menschen vollzogen und empfangen werden. In wichtigen Momenten des Lebens nehmen Sakramente die Menschen in die größere Geschichte von Gott und der Menschheit auf. Dies gilt auch, wenn sich das Ende des Lebens nähert. Sakramente verbinden das Sichtbare mit dem Unsichtbaren, sie haben ein Element der Erinnerung (sie sind mit dem Leben Christi verbunden) und ein Element des Vergessens (sie verbinden sich mit Gott und machen einen neuen Anfang im Leben).

Da ist zunächst das Sakrament der Buße. Dieses Sakrament kann nur funktionieren, wenn einem wirklich leidtut, was man getan hat, und der echte Wunsch besteht, das Verhältnis zwischen sich selbst und anderen Menschen, zwischen sich selbst und Gott wiederherzustellen. Was schiefgelaufen ist, sollte zugegeben – erinnert – werden, um anzuerkennen, dass Schuldgefühle auf echter Schuld beruhen. So kann die Arbeit der Wiedergutmachung beginnen und die Sünden vergeben – vergessen – werden, damit man das Schmerzhafte aus der Vergangenheit loslassen kann.

Zweitens gibt es das Sakrament der Krankensalbung (früher als Letzte Ölung bekannt). Sie besteht darin, die Hände und den Kopf zu salben. Dieses Sakrament kann jede*r Kranke erbeten, um geheilt oder dafür gestärkt zu werden, die eigene Situation zu ertragen, und um mit Gott verbunden zu sein. Aber dieses Sakrament kann auch der Moment sein, in dem das eigene Leiden mit der größeren Geschichte des erlösenden Leidens in der Welt verbunden wird, wie wir es oben in Bezug auf das Apostolische Schreiben „Salvifici doloris" besprochen haben.

Das dritte Sakrament, das eine Rolle spielen kann, ist die Eucharistie. Darin ist das letzte Abendmahl Christi auf Erden dargestellt, und die Teilnahme an der Eucharistie ist die Teilnahme an der Heilkraft dieses Ereignisses. Brot und Wein als leibliche Nahrung stehen symbolisch für die geistliche Nahrung, die man erhält, wenn man mit Gott verbunden ist. Traditionell wurde der letzte Empfang der Kommunion als „Wegzehrung" oder Viaticum bezeichnet, was dem Bild vom Leben auf Erden als Reise zum ewigen Ziel entspricht.

Sakramente helfen den Menschen, sich wieder mit Gott zu verbinden, dem Zentrum der Liebe, von dem aus sie leben und sterben. In Bezug auf die Frage: „Wie schaue ich auf mein Leben zurück?", findet eine wichtige Veränderung statt. Denn wenn das Selbst nicht auf sich selbst konzentriert ist, wird auch diese Frage neu formuliert: „Wie schaut Gott auf mein Leben zurück?" Und genau das kommt in der Idee des Jüngsten Gerichts zum Ausdruck. Ich habe vielleicht viele Ideen, wie gut oder schlecht mein Leben war, aber ich kann nie einen Überblick über alle Folgen meiner Taten haben, weder über die guten noch die schlechten.

Nur Gott weiß es, und nur Gott kann das endgültige Gericht sprechen. Damit kommen wir zur letzten Frage der neuen Ars Moriendi.

### Worauf kann ich hoffen?

Die Frage: „Worauf kann ich hoffen?" wurde im dialektischen Rahmen von Wissen und Glauben diskutiert. Wenn wir die Spannung zwischen Wissen und Glauben aus einer religiösen Perspektive überdenken, führt das dann nicht unweigerlich dazu, dass wir uns aus der

Spannung herausbegeben und uns allein auf den Glauben konzentrieren?

Wie wir im vorherigen Kapitel gesehen haben, schließt eine vom Pol des Glaubens inspirierte Position eine Beziehung zum Wissen nicht unbedingt aus. Dennoch beeinflusst eine religiöse Sichtweise beide Pole erheblich. Der Glaube kann mit dem inneren Raum in dem Maße verbunden werden, dass er die Realität möglicherweise ganz anders erscheinen lässt, als man sie sich hat vorstellen oder erwarten können. In der Geschichte des Christentums wurde das Wort Glaube aus zwei verschiedenen kulturellen Hintergründen beeinflusst, deren Verständnis sich vermischte. Der erste Hintergrund ist der hebräische, wo Glaube ähnlich wie Vertrauen verstanden wird. Der zweite ist der griechische Hintergrund, der Glauben als unsicheres Wissen definiert. Beide Elemente spielen eine Rolle, wenn wir über eine religiöse Perspektive nachdenken, und sie sind wechselseitig miteinander verbunden.

Um Gott zu vertrauen, müssen wir wissen, wem wir vertrauen sollen. Aber dieses Wissen kann durch kein anderes Wissen nachgewiesen werden als das Wissen, das durch Vertrauen erworben wurde. Aus diesem Grund kann die religiöse Perspektive durch Metaphern und Analogien unterstützt, aber die Erfahrung des Glaubens kann nicht vollständig vermittelt werden. Die Innen- und Außenperspektive unterscheiden sich grundlegend. Der Unterschied zwischen beiden ähnelt dem zwischen dem theoretischen Wissen über das Sterben und dem existenziellen Wissen über die eigene Sterblichkeit, was wir im ersten Kapitel diskutiert haben.

Wir haben uns entschieden, die religiöse Perspektive

zu verstehen als eine Beziehung zu Gott als dem persönlichen Geheimnis der Liebe. Wenn man in dieser Beziehung lebt, lernt man, mehr mit den Augen eines geliebten Menschen zu sehen (Wissen) und es kann Vertrauen wachsen, weil diese Lebensweise als wertvoll empfunden wird. Was bedeutet das für die drei Bedeutungen des Todes, die wir in Kapitel 8 besprochen haben?

Im Licht des Glaubens wird das Gesicht des Todes als natürliches Ende des Lebens umgewandelt in den Tod als Ende des Lebens auf Erden. Die christliche Tradition sieht das Leben auf der Erde als eine vorübergehende Existenz an, in der man eine Beziehung zu Gott aufbauen kann. Diese Beziehung wird als das innere Leben, ein Leben in Gnade, bezeichnet, das als viel wichtiger betrachtet wird als das Leben des Körpers. Dieser geistliche Kern eines Menschen wird in und von Gott bewahrt. Das Ende des Lebens auf Erden ist das Ende der freien Entwicklung zu einem Kind Gottes. Nach dem Tod übernimmt Gott.

Auch das Gesicht des Todes als Zerstörer von Bindungen wird verändert. Die Trauer und das Leid, von allen Menschen, mit denen man verbunden ist, abgeschnitten zu sein, bleibt weiterhin groß. Nach dem Tod ist keine Kommunikation mehr möglich. Andererseits kann es durch Gott immer noch eine Verbindung zwischen Lebenden und Sterbenden geben, weil alle Beziehungen in der zentralen persönlichen Beziehung mit Gott verwurzelt sind. Jeden Sonntag werden die Namen der Verstorbenen erinnert und es werden Gebete gesprochen. Die Kirche ist eine Gemeinschaft der Lebenden und der Toten, denn Gott ist größer als Leben und Tod.

Bedeutet das, dass das Gesicht des Todes als Tür zum großen Unbekannten verändert wird? Nochmals: ja und nein. Der Tod bleibt auch für Christ*innen ein großes Geheimnis, ein Vorhang, hinter den niemand schauen kann. Christ*innen glauben an eine neue Bühne hinter diesem Vorhang, aber dieser Glaube ist eine Form von Vertrauen und Zuversicht ohne Evidenz oder Beweise. In der christlichen Tradition sind viele Bilder entwickelt worden, die auf biblische Quellen zurückgehen und auf unterschiedliche Weise zum Ausdruck bringen, in welche Richtung man hoffen kann.

Das Bild von der Wiederkehr Christi ist ein Ausdruck dafür, dass diese einzigartige Person, die vor 2000 Jahren in Galiläa lebte, am Ende der Zeit immer noch das Maß der Menschlichkeit sein wird. Er wird derjenige sein, der das Jüngste Gericht hält – ein Bild von Gott, der das endgültige Urteil über unser Leben hat. Die Menschen, die ihre Freiheit genutzt haben, um ihre Liebe zu Gott zu entwickeln und Gutes zu tun, werden belohnt; diejenigen, die ihre Freiheit genutzt haben, um sich ausschließlich auf ihre eigenen Interessen zu konzentrieren, werden bestraft. Und auch hier ist der zentrale Gedanke, dass die Verbundenheit mit Gott das wichtigste Element ist.

Denjenigen, die mit Gott verbunden sind, wird ein neuer Körper gegeben, in dem sich diese Verbundenheit ausdrückt. Es wird kein Leiden mehr geben, sondern völlige Harmonie und Glück. Das ist die Essenz des Himmels. Diejenigen, die sich gegen Gott wenden, wenden sich gegen ihr eigenes Glück. Die Idee der Hölle ist nichts anderes als der Ausdruck dessen, was es bedeutet, wenn jemand sich widersetzt, die Art von Person zu werden, die Gott will und die er uns einlädt zu sein. Die Hölle ist die letzte Konsequenz aus Gottes Respekt vor der menschlichen Freiheit, der Freiheit, Gott abzulehnen.

Die religiöse Antwort auf die Frage: „Worauf kann ich hoffen?“, lässt sich in einem Satz zusammenfassen: sicher zu sein in den liebevollen Händen Gottes. Er weiß, was das Beste für uns ist, und er wird sich um uns kümmern, nachdem wir unser Leben auf Erden gelebt haben.

## Grenzen und Möglichkeiten

Nachdem wir herausgefunden haben, wie das Ars-Moriendi-Modell in einer christlichen Auslegung funktioniert, haben wir jedoch nur eine Möglichkeit unter vielen anderen betrachtet. Jede religiöse Tradition, jeder religiöse Lebensweg oder jede Weltanschauung wird ihre Art und Weise haben, das Modell nach den eigenen Bedürfnissen und Möglichkeiten neu zu interpretieren. Der Wert einer gemeinsamen Ars Moriendi könnte darin bestehen, dass sie als Schnittstelle fungiert, die dabei hilft zu verstehen, wie verschiedene Traditionen mit einer gemeinsamen anthropologischen Basis zueinander in Beziehung gesetzt werden können.

Ich kann mir allerdings mindestens zwei ernsthafte Einwände gegen diesen Vorschlag vorstellen. Erstens kann man argumentieren, dass die Positionierung der neuen Ars Moriendi als quasi neutrales Zentrum, mit dem sich eine Vielzahl von Religionen und Weltanschauungen verbinden können, tatsächlich ein christliches Modell als das zentralste und wichtigste fördert: Es überrascht nicht, dass das Modell in diesem Kapitel mühelos in christliche Begriffe eingebettet werden konnte. Obwohl es wahr ist, dass die neue Ars Moriendi auf einem mittelalterlichen Modell christlicher Herkunft basiert, hoffe ich, dass meine Dekonstruktion des Modells in Kapitel 2 in abstrakte und universelle anthropologische Kategorien gründlich genug war, um die Leser*innen davon zu überzeugen, dass ich wirklich nach einem universellen anthropologischen Rahmen gesucht habe, der für möglichst viele verschiedene kulturelle Zusammenhänge offen ist.

Zweitens könnte man argumentieren, dass das, was ich in diesem Buch versuche, von der naiven Annahme ausgeht, dass es so etwas wie ein Entkommen aus der für die nordatlantische Kultur typischen christlichen Weltanschauung gibt. Zu diesem Einwand kann ich nur sagen, dass ich voll und ganz zustimme, dass Universalität und Neutralität sehr problematische Konzepte sind, die ebenso von der Kultur geprägt sind, in der sie entwickelt wurden, wie jeder andere Versuch, die Kluft zwischen Sprachen und Kulturen zu überbrücken. Das neue Ars-Moriendi-Modell wurde nicht als theoretischer Rahmen für die Zusammenführung von Weltanschauungen entwickelt, sondern konzipiert als ein Werkzeug für die Menschen, die im wirklichen Leben mit dem Ende des Lebens konfrontiert sind. In diesem Sinne ist es nicht weniger christlich und nordatlantisch als die Philosophie der Palliativversorgung selbst.

Nach diesen Ausführungen kommen wir nun zum letzten Kapitel, in dem wir uns auf die Frage konzentrieren, wie das neue Ars-Moriendi-Modell in der Praxis eingesetzt werden kann.

## Kapitel 10
# Arbeiten mit dem Ars-Moriendi-Modell

Frau Bergmann war 58 Jahre alt, als sie in die Innere Medizin aufgenommen wurde. Aufgrund eines inoperablen metastasierten Magenkarzinoms konnte sie nicht essen und trinken. Die Onkologin, eine Frau Anfang 60, kannte Frau Bergmann seit ihrer Erstdiagnose vor drei Jahren. Nach einer Chemotherapie und einer Operation, bei der ihr Magen entfernt worden war, schien es in den letzten zwei Jahren Hoffnung auf Überleben zu geben. Aber der Krebs hatte sich wieder in ihrem Körper ausgebreitet, und sie war mit einer experimentellen Chemotherapie behandelt worden. Da dies zu keinem Ergebnis führte, wurde eine Laserbehandlung eingeleitet, damit sie wieder besser essen und trinken konnte. Trotz ihrer Behandlung kam alles, was sie schluckte, zurück. Sie saß mit einem Eimer in ihrem Bett. Flüssigkeit wurde ihr intravenös verabreicht.

Ich habe von Frau Bergmann gehört, als die Onkologin mich kontaktierte. Ihre Beziehung zu dieser Patientin war immer gut gewesen. Sie beschrieb sie als eine liebevolle Frau und Mutter von sieben Kindern, die immer hart für ihre Familie gearbeitet hatte. Ihr Mann hatte als Beamter eine hohe Position in der Stadtverwaltung inne und war oft nicht zu Hause.

Frau Bergmann war aktives Mitglied einer sehr konservativen protestantischen Kirchengemeinde. Sie las täglich die Bibel, besuchte sonntags zweimal die Kirche. Es gab keinen Fernseher im Haus und ihre Kinder waren nie geimpft worden. Im Krankenhaus angekommen, wurde sie jeden Tag von einem Kirchengemeinderat besucht, der mit ihr die Bibel las. Tagsüber wurde sie oft mit der Bibel in der Hand gesehen.

Man hatte auf ihren Wunsch hin begonnen, ihr Flüssigkeit zu verabreichen, und sie hatte auch auf die Verabreichung von Nahrungsmitteln gedrängt, um so lange wie möglich zu leben. Auch ihr Mann bat darum, dass alles getan wird, um das Leben seiner Frau zu verlängern.

In den letzten zwei Tagen hatte die Onkologin die Frau jedes Mal weinen sehen, wenn sie vorbeikam. Sie schien besorgt zu sein. Als sie sich hinsetzte, um Frau Bergmann zu fragen, was ihre größte Angst sei, antwortete diese, dass sie Angst vor dem Tod habe, oder besser gesagt, dass sie sicher sei, dass sie ein sündiger Mensch sei und für immer in der Hölle brennen würde. Sie wagte es kaum, nachts einzuschlafen, weil sie befürchtete, dass sie nicht wieder aufwachen würde.

Darüber hinaus sagte sie, dass sie gerne mit ihrer ältesten Tochter sprechen würde. Das Mädchen war im Alter von 18 Jahren aus dem Haus gegangen, weil sie sich von der Kirche abgewandt hatte. Sie war unerwartet schwanger geworden und hatte den Vater des Kindes geheiratet. Sie hatten zwei Kinder, die jetzt 14 und 18 Jahre alt waren. Frau Bergmanns Ehemann hatte jeden Kontakt mit ihrer ältesten Tochter abgelehnt und auch seiner Frau verboten, mit ihr Kontakt aufzunehmen. Von Zeit zu Zeit rief die älteste Tochter ihre Mutter zwar an, wenn Herr Bergmann im Ausland war, aber Frau Bergmann hatte ihre Enkelkinder nie gesehen.

Was macht man in einer solchen Situation? Welche Perspektive bietet die neue Ars Moriendi hier und wie könnte das Modell unterstützend in der schwierigen Situation dieser 58-jährigen Frau genutzt werden? In diesem letzten Kapitel werden wir diesen Fall untersuchen, um zu sehen, wie die fünf Fragen der neuen Ars Moriendi zusammenhängen und wie man mit dem Modell in der Praxis arbeiten kann.

## Eine Kultur des inneren Raums schaffen

Wenn ich diesen Fall in Workshops diskutiere, geht es bei meiner ersten Frage immer darum, was es mit dem eigenen inneren Raum macht, wenn wir einen solchen Fall hören. Wenn Menschen anfangen von dem zu erzählen, was sie erleben, beschreiben sie in der Regel vielfältige Emotionen: Wut auf die Kirche, die ein Glaubenssystem aufrechterhält, das am Ende des Lebens so viel Stress verursacht; Mitgefühl oder Mitleid für die Frau; ein Drang, die Frau mit ihrer Tochter und ihren Enkeln in Kontakt zu bringen, bevor es zu spät ist; Ressentiments gegenüber dem Mann, der seiner Frau verbietet, eine gute Mutter zu sein; ein Wiedererkennen, weil es genau das ist, was mit der eigenen Großmutter passiert ist; und viele andere Reaktionen.

Es gibt drei Gründe, warum es wichtig ist, zunächst den eigenen inneren Raum zu erkunden, wenn man mit dem Ars-Moriendi-Modell arbeitet. Der erste Grund ist, dass starke Emotionen von Patient*innen und Familie sofort wahrgenommen werden. Starke Gefühle wie Empörung, Wut oder Mitleid könnten in einem solchen Fall aber etwas völlig Falsches bewirken. Man könnte meinen, dass Frau Bergmann diese Emotionen als Ausdruck von Empathie und Solidarität mit ihrer Situation verstehen könnte, aber es könnte durchaus auch sein, dass sie diese Reaktion als Ablehnung von allem, was ihr lieb ist, interpretiert. Die Kirche und die liebevolle Aufmerksamkeit ihres Mannes haben sie ihr ganzes Leben lang unterstützt und sind ihr immer noch wichtig.

Der zweite Grund, warum es wichtig ist, zu Beginn den eigenen inneren Raum zu erforschen, ist, dass diese starken Impulse einen offenen, voraussetzungslosen Umgang mit der Situation verhindern können. Diese Emotionen werden durch eigene Erfahrungen und die eigene Lebensgeschichte ausgelöst. Wenn man eine Geschichte hört, wird sie sofort interpretiert und mit eigenen Erfahrungen verknüpft. Wie das funktioniert, lässt sich durch ein interessantes Experiment erklären, das sich aus einem hermeneutischen Ansatz zur moralischen Fallberatung ergibt, bei dem die Teilnehmer*innen eingeladen werden, einen Titel für den Fall zu erfinden, der ihrer Meinung nach das ausdrückt, was auf dem Spiel steht (Steinkamp und Gordijn 2003). Was Frau Bergmann betrifft, gibt es so unterschiedliche Titel wie „Sehnsüchtige Mutter und Großmutter", „Wie Religion die Angst vor dem Tod verstärkt" und „Die Falle der Medizintechnik". Jeder Titel rahmt den Fall auf eine andere Weise und schränkt die Möglichkeiten ein, zu sehen, was getan werden kann.

Der dritte Grund, warum wir mit der Erforschung unseres inneren Raums beginnen sollten, ist, dass wir uns nur dann auf die Bedürfnisse von Frau Bergmann einstellen können, wenn wir sowohl unsere eigenen inneren Stimmen als auch die Fragen hinter ihren Fragen hören können. Denken Sie an das Beispiel von Marie de Hennezel, das wir in Kapitel 3 diskutiert haben. Nur wenn wir unsere innere Polyphonie hören, können wir anfangen, darüber nachzudenken, wie wir am besten reagieren sollten. Wenn wir Frau Bergmann helfen wollen, ihren inneren Raum zu entwickeln, um mit ihrer Situation umzugehen, müssen wir selbst den inneren Raum mitbringen und ihr einen breiteren Raum bieten, um zu hören, was sie erlebt.

Wenn man sich Frau Bergmann mit innerem Raum nähert, kann man anfangen, ihr zuzuhören. Während des eigentlichen Gesprächs kann das Ars-Moriendi-Modell auf verschiedene Weise eine Rolle spielen, je nachdem, was am besten in die Situation passt. Wir werden zunächst das Ars-Moriendi-Modell als Rahmen für das Verständnis der Situation von Frau Bergmann verwenden und feststellen, wo es Raum für die Entwicklung des inneren Raums gibt. Dann werden wir verschiedene Möglichkeiten diskutieren, wie das Ars-Moriendi-Modell in der Praxis eingesetzt werden kann. Es folgt also eine Analyse, die von der tatsächlichen Dynamik eines Gesprächs getrennt ist. Um zu verstehen, wie die fünf Polaritäten funktionieren, könnte es jedoch hilfreich sein, so vorzugehen.

## Die fünf Polaritäten und ihre Zusammenhänge

Die erste Frage der neuen Ars Moriendi lautet: Wer bin ich und was will ich wirklich? Wir reflektierten über Identität und Autonomie innerhalb der Polarität zwischen mir und den anderen. Wenn wir Frau Bergmann aus dieser Perspektive betrachten, sehen wir zuerst eine Frau, deren Identität definiert wird durch viele andere. Sie hat viele Rollen in ihrem Leben, die sie mit anderen Menschen verbinden. Sie ist die Ehefrau eines hoch angesehenen Kommunalbeamten, Mutter von sieben Kindern, Mitglied einer Kirche, ein Kind Gottes – und in all diesen Rollen ist klar, was von ihr erwartet wird und wie sie sich verhalten soll.

Was wir nicht wissen und was es in einem Gespräch zu erforschen gilt, ist, inwieweit sie in diesen Rollen auch mit sich selbst verbunden ist. Damit verbunden ist die Frage, inwieweit sie in der Lage ist, diese Rollen mit innerem Raum einzunehmen. Wir können einen kleinen Einblick in ihre innere Polyphonie und die Art und Weise, wie Rollen im Konflikt miteinander stehen, erhalten. Wir erfahren, dass sie heimlich Kontakt zu ihrer Tochter hält, obwohl ihr Mann das verboten hat.

Man könnte meinen, dass die vielen Rollen ihre Freiheit eingeschränkt haben – gehorsam gegenüber ihrem Mann, der Kirche, Gott –, aber noch wichtiger ist die Frage, ob dieser Gehorsam mit ihrem inneren Raum und ihrem Ich-Pol verbunden ist. Darüber hinaus haben die gleichen Strukturen und Beziehungen, die ihre Freiheit eingeschränkt haben, ihrem Leben Stabilität und Sicherheit gegeben. Sie waren ein Rahmen, der ihr geholfen hat, ihr Leben sinnvoll zu gestalten.

Die Antwort auf diese erste Frage und die Freiheit und den inneren Raum, die wir dort finden können ist von großer Bedeutung für die Antwort auf die zweite Frage: Wie gehe ich mit dem Leiden um? Wir haben uns mit dieser Frage in der Polarität des Tuns und des Lassens auseinandergesetzt. Betrachtet man die Situation von Frau Bergmann aus dieser Perspektive, so stellt man fest, dass es eine große Diskrepanz gibt zwischen der physischen Dimension der (Für-)Sorge und der psychosozialen und spirituellen Dimension.

Was den physischen Teil betrifft, so sehen wir eine Menge handlungsorientierter Aktivitäten: Sowohl sie als auch ihr Mann verlangen, dass alles getan wird, um sie am Leben zu erhalten. Und obwohl sie weder essen noch trinken kann und keine Aussicht auf Genesung hat, wollen sie ihren Körper am Leben erhalten, auch wenn das bedeutet, dass ihr Leiden länger dauert. In den anderen drei Dimensionen von Care scheint jedoch wenig zu geschehen. Frau Bergmann hat Angst (psychologisch), sie ist von ihrer ältesten Tochter und ihren Enkelkindern abgeschnitten (sozial) und sie fürchtet sich davor, in der Hölle zu verbrennen (spirituell).

Die große Diskrepanz zwischen diesen Dimensionen von Care wirft Fragen auf. Eine zentrale Frage ist, warum sie und ihr Mann alles tun wollen, um ihre Lebenszeit zu verlängern. Der Schlüssel dazu kann in den Wechselbeziehungen zwischen den verschiedenen Dimensionen liegen. Ein Grund dafür, dass sie will, dass alles getan wird, um sie am Leben zu erhalten, könnte sein, dass jeder Tag, an dem sie länger lebt, kein Tag sein wird, an dem sie in der Hölle verbrennt. Gleichzeitig könnte jeder Tag, an dem sie länger lebt, der Tag sein, an dem sie zum ersten Mal ihre Enkelkinder in den Armen halten und sich von ihrer ältesten Tochter verabschieden könnte.

Aber es kann noch mehr Gründe geben, warum die Verlängerung ihres Lebens so zentral ist. Diese werden jedoch erst deutlich, wenn man etwas mehr von der religiösen Tradition weiß, zu der Frau Bergmann gehört. In den orthodoxen Traditionen des Judentums, des Christentums und des Islam gibt es einen starken Glauben daran, dass das Leben ein Geschenk Gottes ist, und nur Gott das Recht hat, es zurückzunehmen. Es ist daher verboten, alles zu tun, was den Tod beschleunigen oder sogar das Risiko erhöhen könnte, dass das Leben verkürzt wird. Die Zufuhr von Flüssigkeit und Nahrung zu stoppen, wird oft als ein solcher Akt angesehen, obwohl es bei Patient*innen am Lebensende oft nur das Leiden verstärkt.

Ein letztes religiöses Motiv, das Leben zu verlängern, könnte neben der Heiligkeit des Lebens die Hoffnung auf Annahme durch Gott sein. Nach der Tradition, der sich Frau Bergmann angeschlossen hat, wählt Gott nur sehr wenige Menschen aus, um mit ihm im Himmel vereint zu sein. Die meisten Menschen, die geboren werden, werden in der Hölle verbrennen. Die wenigen Menschen, die auserwählt sind, werden dies an einer geistlichen Erfahrung erkennen, die nicht erzwungen werden kann, sondern nur erhofft, indem sie eine Lebensweise leben, die Gott gefällt. Man wird jedoch von Gott nicht akzeptiert, weil man ein moralisch vollkommenes Leben geführt hat, denn dies würde die souveräne Freiheit Gottes gefährden. Der einzige Grund, warum Gott eine Frau wie Frau Bergmann akzeptieren würde, ist, dass es etwas ist, was Gott will. Jeder Tag, an dem Frau Bergmann länger lebt, ist also ein weiterer Tag, an dem sie hoffen darf, durch Gott angenommen zu werden.

Wenn man sich die Polarität von Tun und Lassen ansieht, scheint es bei Frau Bergmann auf den ersten Blick wenig inneren Raum zu geben. Aber wenn man die vielen Motive bedenkt, die sie am Leben erhalten, entdeckt man eine innere Kraft, eine Spiritualität, die sie am Leben festhalten lässt, trotz des Leidens, das es mit sich bringt. Die Frage „Wie gehe ich mit dem Leiden um?" hat in ihrem Fall eine sehr klare Antwort. Das Leiden ist Teil des Sterbeprozesses. Auch hier kann ihre religiöse Tradition eine Rolle spielen, wie wir an der Polarität im Umgang mit Schuld sehen werden.

Die dritte Frage der neuen Ars Moriendi lautet: Wie kann ich mich verabschieden? Im Rahmen der Polarität von Festhalten und Loslassen hält Frau Bergmann eindeutig an allem fest, womit sie im Leben verbunden ist. Sie hält an ihrem physischen Leben fest, an dem, was ihr Mann und die Kirche von ihr verlangen, an ihren Kindern und Enkeln und es scheint in keinem dieser Fälle ein Zeichen des Loslassens zu geben. Wiederum stellt sich die Frage, wie viel inneren Raum sie in diesem Bereich hat, denn das Festhalten kann den Charakter haben, frei mit etwas verbunden zu sein, was einem sehr wertvoll ist, oder es kann den Charakter haben, sich verzweifelt an etwas zu klammern.

Wenn man bedenkt, dass Frau Bergmann Mutter von sieben Kindern ist, fällt auf, dass sie nur von einer Tochter spricht – derjenigen, die das Haus verlassen hat und nicht mehr sichtbar zur Familie gehört. Dies ist für Frau Bergmann eine große Quelle von Trauer, und der Verlust nimmt ihren inneren Raum sehr ein. Es scheint eine tiefe Sehnsucht zu geben, ihre Tochter und ihre Enkelkinder sehen zu können. Und wenn man bedenkt, dass sich die Palliativmedizin sowohl auf Patient*innen als auch auf Angehörige konzentriert, sollte man sagen, dass es für beide Seiten von großem Interesse sein könnte, zu untersuchen, ob eine solche Begegnung organisiert werden kann: für Frau Bergmann, um das Leben loslassen zu können, und für die anderen, um den Trost zu haben, sich verabschieden zu können.

Da Frau Bergmann seit vielen Jahren mit einer geheimen Verbindung zu ihrer Tochter lebt, könnte diese Zeit die letzte Chance zur Versöhnung sein. Das ist jedoch kaum möglich, ohne die anderen Familienmitglieder einzubeziehen. Ihr Mann spielt dabei natürlich eine zentrale Rolle, aber auch ihre sechs anderen Kinder könnten eine wertvolle Ressource sein, um eine Brücke zwischen Herrn Bergmann und der Tochter zu schlagen. Da Frau Bergmann im Mittelpunkt ihrer Familie steht, wird ihr Tod große Auswirkungen auf ihren Mann, ihre Kinder und Enkelkinder haben. Trauern ist ein soziales Geschehen.

Frau Bergmann kann das Leben vielleicht erst dann loslassen, wenn sie ihre Tochter und ihre Enkelkinder festgehalten hat. Aber auch wenn das nicht möglich ist, könnte es eine Möglichkeit geben, Frau Bergmann zu helfen, ihre Tochter und ihre Enkelkinder auf eine andere Weise, mit mehr innerem Raum, festzuhalten. Zum Beispiel könnte sie ihnen einen Brief schreiben oder diktieren, um ihre Gefühle auszudrücken und sich von ihnen zu verabschieden. Oder sie kann sie in ihren Gebeten festhalten.

Die vierte Frage der Ars Moriendi lautet: Wie schaue ich auf mein Leben zurück? Frau Bergmann ist eine religiöse Frau, und aus ihrer Sicht ist die Frage, wie sie auf ihr Leben zurückblickt, weniger wichtig als die Frage, wie Gott sie beurteilt. Aus dieser Perspektive könnte sie eine Reihe von Sorgen haben wegen der Schuld, die auf ihren Schultern lastet. In ihrer Glaubenstradition ist für die Mehrheit der Menschen die Hölle vorherbestimmt und nur eine kleine Minderheit wird gerettet. Der Grund, für die Hölle bestimmt zu sein, liegt nicht in den tatsächlich begangenen individuellen Sünden, sondern darin, dass die menschliche Gattung zum Untergang verurteilt war, seit Adams und Evas Ungehorsam Gott gegenüber. Von diesem Moment an waren die Menschen fehlerhaft und nicht in der Lage Gutes zu tun. Das ist der Grund, warum sie in der Hölle verbrennen werden.

Darüber hinaus gibt es noch eine Reihe anderer Dinge, die Frau Bergmann Schuldgefühle machen könnten. Sie hängen alle mit den wichtigsten Beziehungen in ihrem Leben zusammen: Sie hat es versäumt, ihre älteste Tochter gut zu erziehen; sie hat Geheimnisse vor ihrem Mann; sie hat die Regeln Gottes und der Kirche überschritten; sie hat nicht darum gekämpft, ihre Tochter in der Familie zu behalten; sie hat nicht darum gekämpft, ihre Enkelkinder zu sehen.

Wenn man auf ihr Leben zurückblickt, scheint es so, als würde Frau Bergmann eher am Pol des Erinnerns kleben, ohne den inneren Raum, neue Perspektiven auf ihre Situation zu entwickeln. Um diesen inneren Raum zu ermöglichen, kann es notwendig sein, dass wir mit ihrem Mann – an dem sie festhält – sprechen. Was waren seine Gründe, seine Tochter wegzuschicken? War es die Liebe zu seinen anderen Kindern und der Wunsch, diese vor negativen Einflüssen zu schützen? War es eine Schande, dass er seine Tochter nicht richtig erzogen hatte? War es der Druck aus seinem sozialen Umfeld und die Angst, das Gesicht zu verlieren? Waren es Wut und Frustration, dass er seine Tochter nicht erreichen konnte? Es kann eine Vielzahl von Motiven – eine innere Polyphonie – geben, mit denen diese Entscheidung getroffen wurde. Sie ans Licht zu bringen kann Herrn Bergmann helfen, zu überdenken, ob seine Tochter vielleicht schon genug bestraft wurde und ob die Situation seiner Frau eine Haltung der Barmherzigkeit und Versöhnung verdient. Herrn Bergmann dabei zu unterstützen, seinen inneren Raum zu schaffen, ist letztendlich für ihn selbst, für Frau Bergmann wie auch für die ganze Familie wichtig.

Im Gespräch mit Herrn Bergmann brauchen auch die Pflegekräfte die Qualität des inneren Raums: Wenn er sich ebenfalls an den Pol der Erinnerung klammert und keine anderen Perspektiven als seine eigene zulässt, ist es wichtig, seine Gefühle respektieren zu können.

Die fünfte Frage der neuen Ars Moriendi lautet: Worauf richte ich jetzt meine Hoffnung? Da Frau Bergmann große Angst vor dem Sterben hat, weil sie fürchtet, in der Hölle verbrennen zu müssen, scheint die Antwort auf diese Frage klar zu sein. In der Polarität zwischen Wissen und Glauben klammert sie sich offensichtlich an die Position, die wir als Fideismus bezeichnet haben. Es gibt darin nur eine externe Autorität – die Bibel, wie sie durch ihre Tradition interpretiert wird – und diese Autorität hat für sie eine klare Zukunftsperspektive.

Es ist schwierig in diesem Bereich inneren Raum zu schaffen, aber genau die Souveränität Gottes, die jede Spekulation darüber verbietet, ob man auserwählt ist oder nicht, kann auch eine Quelle der Hoffnung bleiben. Und religiös gesprochen, kann der Gedanke, dass nur Gott weiß, was das Beste für mich ist oder was ich verdiene, ein Sprungbrett sein zu einer akzeptierenden Haltung gegenüber dem, was in Zukunft geschehen wird. Eine andere Möglichkeit, auf den inneren Raum hinzuarbeiten, kann es sein, mit Frau Bergmann gemeinsam die Bibel zu lesen. Wenn man ihrer inneren Polyphonie erlaubt, mit der Polyphonie ihrer Tradition in Resonanz zu gehen, kann das ihre Aufmerksamkeit von der Angst vor der Hölle auf Quellen lenken, die ihr helfen, die Last zu tragen, die Gott auf unsere Schultern legt.

Nachdem wir alle fünf Fragen der neuen Ars Moriendi diskutiert haben, können wir feststellen, dass jede Frage eine andere Perspektive auf die komplexe Situation von Frau Bergmann wirft. Jede Frage kann ein Ansatzpunkt sein, um ihr und ihrer Familie zu helfen, mehr inneren Raum zu entwickeln, um ihre Situation zu ertragen und auf einen guten Tod hinzuarbeiten. Wie sich dieser Prozess entwickeln wird, hängt von vielen Faktoren ab, unter denen der innere Raum der Beteiligten eine wichtige Rolle spielt. Und wie wir gesehen haben, bieten alle fünf Fragen unterschiedliche Zugänge zur komplexen Situation von Frau Bergmann.

### Fünf Möglichkeiten, das Ars-Moriendi-Modell in die Praxis umzusetzen

In diesem letzten Abschnitt werden wir fünf Möglichkeiten diskutieren, wie das Ars-Moriendi-Modell am Lebensende hilfreich sein kann. Diese fünf Möglichkeiten wurden in den letzten 15 Jahren in den Niederlanden und Belgien in verschiedenen Kontexten (Krankenhäuser, Pflegeheimen, Hospizen etc.) entwickelt. Sie können einen Eindruck von den vielen Möglichkeiten vermitteln, die das Ars-Moriendi-Modell bietet. Sie können aber auch als Einladung verstanden werden, neue Anwendungen für das Ars-Moriendi-Modell zu entwickeln.

Die neue Ars Moriendi ist als Rahmen für die Bewältigung der großen Fragen am Lebensende konzipiert. Streng genommen ist sie die Kunst desjenigen, der im Sterben liegt: Dies spiegelt sich in den fünf zentralen Fragen des Modells wider, die für jeden von uns persönliche Fragen sind. Aber da das Sterben in unserer Kultur in vielfältige Kontexte eingebunden ist und Menschen soziale Wesen sind, verstehen wir die Ars Moriendi hier als eine soziale Praxis, in der sich Sterbende im Dialog mit Verwandten, professionellen und informellen Versorgenden auf den endgültigen Abschied vorbereiten. Die hier gewählte Perspektive ist manchmal die des*der Patient*in und manchmal die des Pflegepersonals oder eine Kombination aus beidem.

Eine erste Möglichkeit, mit dem Modell zu arbeiten – als Patient*in, Verwandte*r oder Pflegende*r – ist, das Modell als Spiegel für sich selbst zu nutzen. Es konfrontiert uns mit der Frage, wie viel inneren Raum wir haben, und hilft uns, die Polyphonie in uns zu entdecken und ihr Raum zu geben. Es kann auch helfen, zu erkennen, dass alle Beteiligten mit einer inneren Polyphonie leben. Manchmal gehen zwei Personen bei einem Aspekt in irgendeiner Weise sehr stark in Resonanz miteinander, während sie sich in anderen Bereichen völlig unterschiedlich fühlen. Patient*innen kann das Verständnis dafür, dass man im Sterbeprozess manchmal zwischen verschiedenen Positionen in sich selbst hin- und hergerissen ist, helfen, innere Freiheit zu entwickeln. Um die spirituellen Bedürfnisse der Patient*innen befriedigen zu können, ist es wichtig, dass die Pflegenden in der Lage sind, die Bedeutung spiritueller und existenzieller Dimensionen in ihrem eigenen Leben zu erkennen und zu reflektieren (Gamondi, Larkin und Payne 2013a, 2013b).

Die Arbeit mit dem Ars-Moriendi-Modell erfordert Reflexionsvermögen und die Fähigkeit, gleichermaßen kritisch und mitfühlend mit sich selbst umzugehen. Für diejenigen, die über diese Fähigkeiten verfügen, ist das Modell nicht nur am Ende des Lebens hilfreich. Denn wenn man über das menschliche Dasein nachdenkt, wird man feststellen, dass die fünf Polaritäten universelle anthropologische Themen sind, die für unser ganzes Leben relevant sind. Für die, denen dieses Vermögen fehlt, ist es möglicherweise hilfreicher, das Modell auf eine der im Folgenden beschriebenen Arten zu verwenden, die interaktiver sind.

Eine zweite Möglichkeit, mit dem Modell zu arbeiten, besteht darin, es als Werkzeug zu verwenden, um ein Gespräch zu eröffnen. Im Rijnstate Hospital in Arnheim, Niederlande, zum Beispiel, bieten Palliativkrankenschwestern Patient*innen eine Broschüre mit einer grafischen Version des Modells an, die ihnen helfen kann, ihre Gedanken zu ordnen (Voskuilen 2012). Die Patient*innen nehmen diese Broschüren mit nach Hause, und in einem anschließenden Gespräch können sie bei Bedarf darüber reden, was bei der Betrachtung des Modells herausgekommen ist. Die Erfahrung der Krankenschwestern ist, dass das Modell alle möglichen existenziellen Fragen abdeckt, die aufgeworfen werden, obwohl einige Patient*innen Schwierigkeiten haben, Konzepte wie Autonomie zu verstehen. Der wichtigste Beitrag zu ihrem Prozess ist, dass das Modell den Patient*innen hilft, ihre Gedanken zu strukturieren. Einzigartig an dieser Art der Patient*innenfürsorge ist die Tatsache, dass diese die Möglichkeit erhalten, ihre existenziellen Fragen selbst in den Griff zu bekommen. Und indem sie entscheiden, wie sie diese Fragen mit den Menschen, die sie versorgen, teilen wollen, können sie die Führung übernehmen.

Eine dritte Möglichkeit, mit dem Modell zu arbeiten, besteht darin, es als Spiegel für unsere eigenen Gespräche über die spirituelle Dimension am Lebensende zu verwenden. Gespräche zu spirituellen Themen werden oft frei geführt; in der Regel stellt sich die Pflegekraft auf den Gesprächspartner ein und das Gespräch entfaltet sich mehr oder weniger dialogisch und intuitiv. Dies hat zwar große Vorteile, kann aber zu einer gewissen Einseitigkeit führen.

Bei einer spirituellen Fortbildung für Ärzt*innen und Seelsorger*innen fiel auf, dass es Vertreter*innen beider Gruppen leicht fiel, in ein Gespräch über die ersten drei Fragen des Ars-Moriendi-Modells einzusteigen, aber bewusst oder unbewusst vermieden haben, über die vierte und fünfte Frage zu sprechen (Leget, van Daelen und Swart 2013). Schuld, Scham und Glaube gelten als private und intime Angelegenheiten, über die nicht so einfach gesprochen wird. Wenn man sich im Anschluss an ein Gespräch Notizen macht und seine Reflexionen im zweipoligen Rahmen des Ars-Moriendi-Modells organisiert, kann man herausfinden, über welche Themen man am liebsten spricht und welche Themen eher nicht diskutiert werden. Je mehr man so arbeitet, desto mehr beginnt das Modell als Rahmen für das Verstehen und Organisieren der eigenen Gedanken im Gespräch zu funktionieren. Wenn dies zur Gewohnheit wird, kann das Gespräch frei werden und einen Rahmen für die kritische Selbstreflexion bieten.

Damit kommen wir zu einem vierten Weg, das Modell zu nutzen: als Werkzeug zur Kommunikation, zum Berichten und zur Interpretation der Anliegen von Patient*innen und Familien (Leget et al. 2008). In einem Kontext, in dem es Menschen schwer fällt, über ihre spirituellen Anliegen zu sprechen, hat das Sammeln und Organisieren von Fragmenten im Rahmen des Ars-Moriendi-Modells zwei Vorteile. Erstens wird diese Dimension der Fürsorge im System sichtbar und unterstützt diejenigen, die ein konkretes Modell benötigen, um spirituelle Probleme formulieren zu können. Das Modell ist besonders hilfreich, da es viele medizinisch-ethische Fragen – Autonomie, Behandlungsentscheidungen, erweiterte Pflegeplanung – mit der spirituellen Dimension verbindet. Zweitens trägt ein gemeinsames Raster dieser Art dazu bei, eine gemeinsame Sprache und einen gemeinsamen Bezugsrahmen zu entwickeln, um über die spirituelle Dimension der Palliativversorgung und ihre Bedeutung für die gesamte Versorgung zu sprechen.

Obwohl Seelsorger*innen in einigen Ländern zögern, vertrauliche Informationen über spirituelle Fragen von Patient*innen weiterzugeben – und Vertraulichkeit ist in der Tat eine wichtige Voraussetzung für eine gute spirituelle Begleitung –, kann das neue

Ars-Moriendi-Modell verwendet werden, um die Themen und Probleme zu kommunizieren, die für andere Disziplinen ebenso wichtig sind, ohne die Regeln der Vertraulichkeit zu verletzen.

Fünftens kann das Ars-Moriendi-Modell zur Aufklärung über spirituelle und ethische Fragen genutzt werden. Eines der Probleme in der Ausbildung zu Spiritual Care ist, dass das Thema für viele Menschen vage oder abstrakt erscheint. Oftmals führt dies zu Irritationen oder gar einer Ablehnung des Themas Spiritualität. Die großen Fragen des Lebens scheinen zu überwältigend und schwer zu verstehen zu sein. Mit der Präsentation des Ars-Moriendi-Modells wird Pflegenden – ebenso wie Patient*innen – ein konkreter Leitfaden angeboten, der ihnen hilft, ihre Gedanken zu strukturieren. Das diamantförmige Modell am Ende von Kapitel 2 kann als ein solcher Leitfaden verwendet werden.

Bezüglich der Diamantform des Modells können zwei Überlegungen hilfreich sein. Erstens macht die Tatsache, dass der innere Raum im Zentrum steht, sofort deutlich, dass es bei der neuen Ars Moriendi zentral um den inneren Raum geht. Wie wir in diesem Buch gesehen haben, hilft der innere Raum beim Umgang mit der inneren Polyphonie, beim Verständnis verschiedener Positionen und bei der Verbesserung der Qualität des Sterbeprozesses. Der innere Raum steht am Anfang und am Ende der neuen Ars Moriendi als Voraussetzung und Grundlage, als Qualitätsindikator und Ziel.

Zweitens sind die fünf Seiten des Modells wie die Facetten eines Diamanten: Jede Facette wirft ein neues Licht auf eine Situation und bietet eine neue Perspektive. Es ist von geringer Bedeutung, in welcher Reihenfolge die fünf Polaritäten betrachtet werden; vielmehr geht es darum, inwieweit existenzielle Kämpfe von Menschen beleuchtet werden und ein Rahmen für die Entdeckung des inneren Raums angeboten wird. Inwieweit das gelingt, hängt nicht nur vom Modell selbst ab. Es sind die Menschen, die mit dem Ars-morieni-Modell arbeiten, die es zum Leuchten bringen können.

# Bibliografie

Ariès, P. (1991) The Hour of Our Death. Oxford: University Press. [Geschichte des Todes. Hanser 1980]

Bauman, Z. (2000) Liquid Modernity. Cambridge: Polity Press. [Flüchtige Moderne. Suhrkamp 2003]

Bayard, F. (1999) L'art du bien mourir au XVe siècle. Paris: Presses de l'Université. Paris-Sorbonne.

Beauvoir, S. de (1964) Une mort très douce. Paris: Gallimard. [Ein sanfter Tod. Rowohlt 1964]

Becker, E. (1973) The Denial of Death. New York: Simon and Schuster. [Die Überwindung der Todesfurcht: Dynamik des Todes. Goldmann 1985]

Bout, J. van den (1999) „Het ongewone van ‚gewone' rouw." In: J. van den Bout, P. Poelen, R. Bruntink, J. Enklaar and M. Klaassen (eds.) Handboek sterven, uitvaart, en rouw. Maarssen: Elsevier, IV 1.1–20.

Brown, W. (2003) „Neoliberalism and the end of liberal democracy." Theory & Event 7:1 (no page).

Brugère, F. (2014) „Care and its political effects." In: G. Olthuis, H. Kohlen and J. Heier (eds.) Moral Boundaries Redrawn. The Significance of Joan's Tronto Argument for Political Theory, Professional Ethics, and Care as a Practice. Leuven: Peeters.

Callahan, D. (1988) Setting Limits. Medical Goals in an Aging Society. New York: Simon and Schuster.

Cassell, E. (2004) The Nature of Suffering and the Goals of Medicine. Oxford: Oxford University Press.

Chochinov, H. (2002) „Dignity-conserving care – a new model for palliative care: helping the patient feel valued." Journal of the American Medical Association 287, 2253–2260.

Chochinov, H. et al. (2005) „Dignity therapy: a novel psychotherapeutic intervention for patients near the end of life." Journal of Clinical Oncology 23, 5520–5525.

Collett, L. and Lester, D. (1969) „The fear of death and dying." Journal of Psychology 72, 179–81.

Dastur, F. (1995) La mort: essai sur la finitude. Paris: Hatier. [Tod: Ein Essay über Endlichkeit. Continuum 2002]

Dixon, T. (2003) From Passions to Emotions: The Creation of a Secular Psychological Category. Cambridge: Cambridge University Press.

Dubet, F. (2002) Le déclin de l'institution. Paris: Seuil.

Elias, N. (1985) The Loneliness of the Dying. Oxford: Blackwell. [Über die Einsamkeit der Sterbenden in unseren Tagen. Suhrkamp 1982]

Frankl, V. (2006) Man's Search for Meaning. Boston, MA: Beacon Press. [Der Mensch auf der Suche nach Sinn. Klett 1972]

Gamondi, C., Larkin, P. and Payne, S. (2013a) „Core competencies in palliative care: an EAPC white paper on palliative care education: part 1." European Journal of Palliative Care 20, 2, 86–91.

Gamondi, C., Larkin, P. and Payne, S. (2013b) „Core competencies in palliative care: an EAPC white paper on palliative care

education: part 2.“ European Journal of Palliative Care 20, 3, 140–145.
Girard-Augry, P. (1986) Ars moriendi (1492) ou L'art de bien mourir. Paris: Dervy.
Gorer, G. (1965) „The pornography of death.“ Encounter 5. In: G. Gorer (ed.), Death, Grief and Mourning. New York: Routledge.

Hansen, F. (2012) 'One step further: the dance between poetic dwelling and socratic wonder in phenomenological research. Indo-Pacific Journal of Phenomenology 12, (Special edition), 1–2.
Hennezel, M. de (1998) La Mort intime. Paris: Robert Laffont. [Den Tod erleben. Bastei Lübbe Taschenbücher 1996]
Hennezel, M. de (2000) Nous ne nous sommes pas dit au revoir. La dimension humaine du débat sur l'euthanasie. Paris: Robert Laffont.
Heijst, A. van (2011) Professional Loving Care. Leuven: Peeters.

Jankélévich, V. (1966) La Mort. Paris: Flammarion. [Der Tod. Frankfurt am Main: Suhrkamp 2005]
Johannes Paul II. (1984) Apostolisches Schreiben SALVIFICI DOLORIS von Papst Johannes Paul II. über den christlichen Sinn des menschlichen Leidens. Verlautbarungen des Apostolischen Stuhls 53 (11. Februar 1984)]

Kellehear, A. (2016) „The nature of contemporary dying: obsessions, distortions, challenges.“ Studies in Christian Ethics 29, 245–248.
Kennedy, J. (2002) Een weloverwogen dood. Euthanasie in Nederland. Amsterdam: Bert Bakker.
Kirchhoffer, D. (2013) Human Dignity in Contemporary Ethics. Amherst, NY: Teneo Press.

Klass, D., Silverman, P.R. and Nickman, S.L. (1996) Continuing Bonds: New Understandings of Grief. Philadelphia: Taylor & Francis.

Kübler-Ross, E. (1969) On Death and Dying. New York: The Macmillan Company. [Interviews mit Sterbenden. Herder 2018]

Kylmä, J. and Vehviläinen-Julkunen, K. (1997) „Hope in nursing research: a meta-analysis of the ontological and epistemological foundations of research on hope." Journal of Advanced Nursing 25, 2, 364–71.

Laager, J. (1996) Ars moriendi. Die Kunst gut zu leben und gut zu sterben: Texte von Cicero bis Luther. Zürich: Manesse Verlag.

Larochefoucauld, F. (2002) Réflexions ou sentences et maximes morales et réflexions diverses. Laurence Plazenet (ed.) Paris, Champion. [Maximen und Reflexionen. Französisch und deutsch. Übers. und Anhang Jürgen von Stackelberg. München 1987]

Lawton, J. (1998) „Contemporary hospice care: the sequestration of the unbounded body and ‚dirty dying'." Sociology of Health & Illness 20, 2, 121–143.

Lawton, J. (2000) The Dying Process. Patients' Experiences of Palliative Care. London and New York: Routledge.

Leget, C. (1997) Living with God: Thomas Aquinas on the Relation between Life on Earth and „Life" after Death. Leuven: Peeters.

Leget, C. (2000) „Moral theology upside down. Aquinas' treatise de passionibus animae considered through the lens of its spatial metaphors." Yearbook 1999 of the Thomas Institute at Utrecht. Utrecht: Thomas Institute.

Leget, C. (2003) Ruimte om te sterven. Een weg voor zieken, naasten en zorgverleners. Tielt: Lannoo.

Leget, C. (2008) Van levenskunst tot stervenskunst. Over spiritualiteit in de palliatieve zorg. Tielt: Lannoo.

Leget, C. (2013a) „Assisted dying – the current debate in the Netherlands." European Journal of Palliative Care 20, 4, 168–171.

Leget, C. (2013b) „Analyzing dignity: a perspective from the ethics of care." Medicine, Health Care and Philosophy 16, 945–52.

Leget, C., Daelen, M. van & Swart, S. (2013) „Spirituele zorg in de kaderopleiding Palliatieve Zorg." Tijdschrift voor Ouderengeneeskunde 3, 146–149.

Leget, C., Rubbens, L., Lissnijder, L. & Menten, J. (2008) „Naar een spirituele ‚checklist' in een palliatieve zorgeenheid." Nederlands Tijdschrift voor Palliatieve Zorg 8, 3, 93–101.

Lommel, P. van, Wees, R. van, Meyers, V. and Elfferich, I. (2001) „Near-death experience in survivors of cardiac arrest: a prospective study in the Netherlands." Lancet 358, 9298, 2039–2045.

Mahoney, J. (1987) The Making of Moral Theology: A Study of the Roman Catholic Tradition. Oxford: University Press.

Manschot, H. (2003) „De betekenis van het tragische voor de ethiek van zorg - en hulpverlening." In: H. Manschot and H. van Dartel (eds) In gesprek over goede zorg. Overlegmethoden voor ethiek in de praktijk. Amsterdam: Boom.

Merleau-Ponty, M. (1945) Phénoménologie de la perception. Paris: Gallimard. [Phänomenologie der Wahrnehmung. De Gruyter 1966/1974]

Nussbaum, M. (1986) The Fragility of Goodness. Luck and Ethics in Greek Tragedy and Philosophy. Cambridge: Cambridge University Press.

Nussbaum, M. (2001) Upheavals of Thought. The Intelligence of Emotions. Cambridge: Cambridge University Press.

Olsman, E., Leget, C., Onwuteaka-Philipsen, B. and Willems, D. (2014) „Should palliative care patients' hope be truthful, helpful or valuable? An interpretative synthesis of literature describing healthcare professionals' perspectives on hope of palliative care patients." Palliative Medicine 28, 1, 59–70.

Olsman, E., Leget, C., Duggleby, W. and Willems, D. (2015) „A singing choir: understanding the dynamics of hope, hopelessness, and despair in palliative care patients. A longitudinal qualitative study.« Palliative and Supportive Care 13, 6, 1643–1650.

Oz, A. (2010) How to Cure a Fanatic. Princeton: Princeton University Press. [*Liebe Fanatiker. Drei Plädoyers*. Suhrkamp 2018]

Puchalski, C., Ferrell, B., Virani, R., Otis-Green, S., Baird, P., Bull, J. and Pugliese, K. (2009). „Improving the quality of spiritual care as a dimension of palliative care: The report of the Consensus Conference." Journal of Palliative Medicine, 12, 10, 885–904.

Puchalski, C. M., Vitillo, R., Hull, S. K. and Reller, N. (2014). „Improving the spiritual dimension of whole person care: Reaching national and international consensus." Journal of Palliative Medicine, 17, 6, 642–656.

Ricoeur, P. (1990) Soi-même comme un autre. Paris: Seuil. [Das Selbst als ein Anderer. Fink 2005]

Scarry, E. (1985) The Body in Pain: the Making and Unmaking of the World. Oxford: University Press. [Der Körper im Schmerz: Die Chiffren der Verletzlichkeit und die Erfindung der Kultur. S. Fischer 1992]

Scherer, K.R. (2005) „What are emotions and how can they be measured?" Social Science Information 44, 4, 695–729.

Schotsmans, P. and Meulenbergs, T. (2005) Euthanasia and Palliative Care in the Low Countries. Leuven: Peeters.

Seale, C. (1998) Constructing Death. The Sociology of Dying and Bereavement. Cambridge: Cambridge University Press.

Seymour, J.E. (2000) „Negotiating natural death in intensive care." Social Science & Medicine 51, 8, 1241–1252.

Simpson, M.A. (1979) Dying, Death and Grief: A Critical Bibliography. Philadelphia: University of Philadelphia Press.

Smeele, H.P. (2002) Met de moed van een ontdekkingsreiziger. Utrecht: Servire.

Sokolowski, R. (1982) The God of Faith and Reason: Foundations of Christian Theology. Notre Dame and London: University of Notre Dame Press.

Stamperius, H. (2009) Hannes Meinkema, Interview von Iris Pronk in der Zeitung Trouw. Zu lesen auf www.trouw.nl/tr/nl/4324/Nieuws/article/detail/1172192/2009/10/17/Hannes-Meinkema.dhtml (Stand: 20. November 2020)

Steinkamp, N. and Gordijn, B. (2003) „Ethical case deliberation on the ward. A comparison of four methods." Medicine, Health Care and Philosophy 6, 3, 235–246.

Stroebe, M. and Schut, H. (1999) „The dual process model of coping with bereavement: Rationale and description." Death Studies 23, 3, 197–224.

Süsskind, P. (1985) Das Parfüm: Die Geschichte eines Mörders. Diogenes: Zürich.

Taylor, C. (1985) Philosophical Papers. Cambridge: Cambridge University Press.

Taylor, C. (1991) The Ethics of Authenticity. Cambridge, MA and London: Harvard University Press. [Das Unbehagen an der Moderne. Suhrkamp 1995]

Thich Nhat Hanh (1975) The Miracle of Mindfulness. New York: Beacon Press.

Tillich, P. (1952) The Courage To Be. New Haven: Yale University Press. [Zeiten der Achtsamkeit. Herder 1996]

Tongeren, P. van (2003) Deugdelijk leven. Een inleiding in de deugdethiek. Nijmegen: SUN.

Tronto, J.C. (1993) Moral Boundaries: A Political Argument for an Ethic of Care. New York and London: Routledge.

Voskuilen, J. (2012) Levensvragen van patiënten en het Ars moriendi model: Een kwalitatief onderzoek naar de betekenis die palliatieve patiënten geven aan de thema's van het Ars moriendi model. Thesis: Hogeschool Arnhem Nijmegen, Master of Advanced Nursing.

Walker, M.U. (2007) Moral Understandings: A Feminist Study in Ethics, 2nd revised edition. Oxford: Oxford University Press.

Walter, T. (1994) The Revival of Death. London: Routledge.

Wijngaarden, E.J. van, Leget, C.J.W. & Goossensen, A. (2016) „Disconnectedness from the here-and-now: A phenomenological perspective as a counteract on the medicalisation of death wishes in elderly people." Medicine, Healthcare and Philosophy 19, 2, 265–73.

Worden, J.W. (2002) Grief Counseling and Grief Therapy: A Handbook for the Mental Health Practitioner. New York: Springer Publishing Company. [Beratung und Therapie in Trauerfällen: Ein Handbuch. Hogrefe AG 2017].

## Der Autor

Foto: Eva Leget

Der Theologe und Ethiker Dr. Carlo Leget ist Professor am Lehrstuhl für Care Ethics an der Universiteit voor Humanistiek in Utrecht, Niederlande. Er ist in verschiedenen Organisationen aktiv, die sich im Bereich Palliativversorgung engagieren. Leget ist ein gefragter Referent und Autor mehrerer Bücher zum Thema.